权威·前沿·原创

皮书系列为

“十二五”“十三五”“十四五”时期国家重点出版物出版专项规划项目

中国大运河发展报告（2018）

ANNUAL REPORT ON DEVELOPMENT OF CHINA GRAND CANAL (2018)

主　编／吴　欣

图书在版编目(CIP)数据

中国大运河发展报告. 2018 / 吴欣主编. --北京：
社会科学文献出版社，2018. 2（2023. 11 重印）
（中国大运河蓝皮书）
ISBN 978-7-5201-2243-6

Ⅰ. ①中… Ⅱ. ①吴… Ⅲ. ①大运河-研究报告-中国-2018 Ⅳ. ①K928. 42

中国版本图书馆 CIP 数据核字（2018）第 024528 号

中国大运河蓝皮书
中国大运河发展报告（2018）

主　　编 / 吴　欣

出 版 人 / 冀祥德
项目统筹 / 宋月华　韩莹莹
责任编辑 / 韩莹莹　马续辉　孙以年　刘　丹
责任印制 / 王京美

出　　版 / 社会科学文献出版社 · 人文分社（010）59367215
地址：北京市北三环中路甲 29 号院华龙大厦　邮编：100029
网址：www. ssap. com. cn
发　　行 / 社会科学文献出版社（010）59367028
印　　装 / 北京虎彩文化传播有限公司

规　　格 / 开　本：787mm × 1092mm　1/16
印　张：22. 75　字　数：342 千字
版　　次 / 2018 年 2 月第 1 版　2023 年 11 月第 2 次印刷
书　　号 / ISBN 978-7-5201-2243-6
定　　价 / 128. 00 元

皮书序列号 / PSN B-2018-691-1/1

读者服务电话：4008918866

编撰机构简介

聊城大学运河学研究院

聊城大学运河学研究院是全国高校中最早以运河为研究对象的科研机构，现拥有两个科研平台："运河文化"研究基地和"运河与区域经济社会发展"研究基地。研究领域涵盖历史学、文学、地理学、社会学、艺术学等多个学科门类，形成了"运河学"研究体系；建立了"运河文献数据库"与"中国运河文物文献展览馆"，在建"运河民间文献数据库"；先后承担多项国家社会科学基金、自然科学基金项目，取得丰硕的研究成果。研究院目前已经发展成为全国运河学研究重镇，建立了大运河研究与文化带建设的智库咨询平台。

世界运河历史文化城市合作组织

世界运河历史文化城市合作组织（World Historic and Cultural Canal Cities Cooperation Organization，WCCO），成立于2009年，目前住所和秘书处设在江苏省扬州市，是由世界各国运河城市和相关经济文化机构自愿结成的非营利性国际组织。成立九年以来，WCCO以促进运河城市共同发展和繁荣为宗旨，每年举办世界运河城市论坛，致力于探讨运河遗产保护利用之道，寻找运河文化促进城市发展之路，推动世界运河城市增进友谊、加强合作、共同进步，已逐步成长为一家规范化、国际化、有一定影响力的国际城市交流合作机构。

主要编撰者简介

吴　欣（主编）　历史学博士，聊城大学运河学研究院教授、院长，山东省人文社科研究基地——运河文化研究基地首席专家、山东省“有突出贡献的中青年专家”。目前主要研究领域为明清社会史、运河学，尤其在运河史、运河区域社会组织、运河区域社会秩序及运河文化研究等方面成果显著。学术研究中，注重对一手资料的利用，通过大量田野调查和运河文献数据库建设，实现了对运河及其区域社会的多重认识与研究，形成了实证、严谨、扎实的学风。所研究的课题注重原创性并填补学术空白。发表论文50余篇，出版学术专著4部，获得各类奖励10余项。其中学术论文《村落与宗族：明清山东运河区域宗族社会研究》（《文史哲》2012年第3期）获山东省社会科学优秀成果一等奖；专著《清代民事诉讼与社会秩序》（中华书局2007年版）获山东省社会科学优秀成果二等奖。主持、完成国家社科基金项目两项，其中一项为国家社科基金重点项目“民间文献与京杭运河区域社会研究”（项目号：16AZS014）；另一项为国家社科基金项目“明清时期京杭运河区域社会组织研究”（结项号：20150409），已经结项，成果获得免于鉴定的殊荣。所授课程“古往今来话运河”被评为2015年教育部“精品视频公开课”。

陈丹阳　理学博士，主要从事科学技术史、历史地理学及文化地理学研究。已出版《地图的文明史》等多部译著，在《热带地理》等刊物发表论文多篇。参编《运河文献编》《运河人物志》等多部著作，在《地图》《中国科学报》《文汇报》等刊物发表文章数十篇。

裴一璞　历史学博士，聊城大学运河学研究院副教授，四川理工学院中国盐文化研究中心特聘研究员。主要从事盐业史与运河交通史研究。主持山东省与浙江省社科规划项目2项、四川省教育厅项目2项，参与国家社科基金及教育部课题多项。独立出版著作《山东运河区域老字号研究》，参著《宋代巴蜀政治与社会研究》《运河人物志》等多部。在《文献》《中国边疆史地研究》等国家级、省级刊物上发表论文30余篇，其中多篇被人大复印报刊资料或中国社会科学网全文转载。研究成果获聊城市、聊城大学等地、校级优秀科研成果奖多项。

摘 要

本书是聊城大学运河学研究院与世界运河历史文化城市合作组织共同推出的第一本中国大运河年度发展报告，由总报告、水利航运篇、旅游开发篇、学术文化篇、运河遗产篇、运河城镇篇六部分组成，共28篇研究报告。

总报告认为，中国大运河是人工开挖的工程化的水道，是南北走向与众多自然河道交叉汇通的河道。这两个特性，决定了大运河具有更强的人文意义和文化、经济战略价值。大运河是流动的文化，传承的载体，也是中国制度文化、技术文化、社会文化的集合体。目前各级政府部门已经出台各类大运河规划、规范、法规，内容涉及遗产保护、旅游规划、河道管理、交通运输等四大类，在制度层面为大运河文化的保护、利用及区域经济发展提供了目标和框架。大运河申遗成功后各项相关事业迅速发展，但仍存在很多问题，总报告对此提出了相应的对策建议。

水利航运篇聚焦中国大运河水利工程与交通运输事业的发展，考察了各河段的建设现状，并提出了相应建议。

旅游开发篇对中国大运河沿线八省市运河旅游发展状况进行了总结，分析了目前运河旅游存在的问题，展望了未来的发展趋势。

学术文化篇对最近两年来大运河相关论著研究状况以及相关会议、科研活动做了总结与分析。

运河遗产篇涉及大运河部分河段遗产点保护现状及大运河文化带建设的研究分析。

运河城镇篇分别探讨了大运河沿线的聊城市、扬州市邵伯镇、无锡市、杭州市和绍兴市的运河发展状况。

关键词： 大运河　世界文化遗产　运河学　水利工程　文化带

Abstract

This book is the first edition of *Annual Report on Development of China Grand Canal*, consisting of six parts with totally twenty-eight reports, including General Report, Water Conservancy and Shipping, Tourism Development, Academic Research, Canal Heritage and Canal Cities and Towns.

General Report points out that China Grand Canal is a man-made waterway, and also a north-south river crosses with a lot of natural river courses. These two features make the Grand Canal has more humanistic meaning and strategic value in culture and economy. The Grand Canal is a kind of flowing culture, a carrier of inheritance and aggregation of institutional, technological and social culture of China. Government departments at all levels had promulgated projects, laws and regulations, the contents of which heritage protection, tourism planning, watercourse management and transportation. It provides goals and frameworks for canal culture's protection and utilization, and also regional economic development in institutional level. Various related undertakings have developed rapidly after the success of application for the list of world heritage. But there are still many problems. The General Report discusses these points and puts forward corresponding countermeasures and suggestions.

Water Conservancy and Shipping includes reports on the development of water conservancy project and transportation, investigates the present situation of construction of each river sections, and puts forward corresponding Suggestions.

Tourism Development summarizes the development situation of canal tourism of eight cities and provinces along the Grand Canal, analyzes problems existing in canal tourism, and looks forward to its future.

Academic Research focuses on Research Status, Works and Conferences about the Grand Canal in the past two years.

Canal Heritage includes reports on conservation status of canal heritage sites and the Grand Canal culture belt construction.

Canal Cities and Towns discusses the development status of several settlements, includes Liaocheng, Shaobo, Wuxi, Hangzhou and Shaoxing.

Keywords: Grand Canal; World Cultural Heritage; Canal Research; Water Conservancy Project; Culture Belt

目 录

Ⅰ 总报告

Ⅱ 水利航运篇

Ⅲ　旅游开发篇

Ⅳ　学术文化篇

Ⅴ　运河遗产篇

Ⅵ 运河城镇篇

皮书数据库阅读**使用指南**

CONTENTS

Ⅰ General Report

Ⅱ Water Conservancy and Shipping

Ⅲ Tourism Development

Ⅳ Academic Research

Ⅴ Canal Heritage

Ⅵ Canal Cities and Towns

总 报 告

General Report

B.1

传承、保护与利用：大运河经济文化带建设的现状与思考

吴 欣*

摘 要： 大运河是我国古代最伟大的工程之一，是流动的文化，传承的载体，也是中国制度文化、技术文化、社会文化的集合体。本文通过对大运河及其流经区域文化、经济、旅游、社会的分类调研、深入研究及数据化分析，得出综合判断：目前各级政府部门已经出台各类规划、规范、法规，为大运河文化的保护、利用及区域经济发展提供了目标和框架。以大运河文化遗产点为主体的运河遗产得到有效保护和利用，旅游事业迅速发展，交通运输量逐渐增加。运河文化研究得以深化，运河学概念被提出。在此基础上本文分析

* 吴欣，历史学博士，聊城大学运河学研究院教授，研究方向为运河史、运河区域经济与社会。

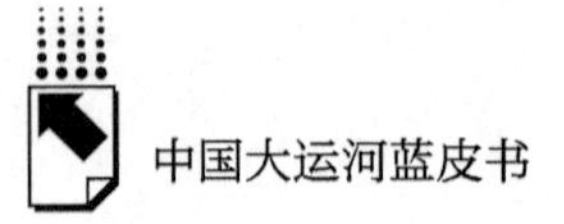

了目前大运河各项相关事业仍然存在的问题，并提出相应的对策建议。

关键词： 大运河　文化带建设　旅游开发　交通运输　社会发展

2017年2月，习近平总书记视察北京市通州区时强调，保护大运河是运河沿线所有地区的共同责任；6月又进一步要求，“保护好、传承好、利用好”大运河历史文化资源。大运河文化带建设是连接过去与未来、中国与世界、经济与文化的重要手段，从国家战略高度，实现对大运河文化带基础内涵和现代意义的挖掘非常必要。

一　中国大运河概况

运河是人工开凿的航运渠道，用以沟通不同的江河、湖泊、海洋，缩短通航里程，改善交通条件，虽以航运为主，但在资源综合利用的原则下，灌溉、排涝、泄洪等也是大运河的重要功能。大运河是我国古代最伟大的工程之一，历经了两千余年的发展和演变，至今仍发挥着巨大的作用。与一般自然河道不同，中国大运河是人工开挖的工程化的水道，也是南北走向与众多自然河道交叉汇通的河道，这两个特性，决定了大运河具有更强的人文意义和文化、经济战略价值。中国大运河特指隋唐大运河、京杭大运河和浙东运河，是三段运河的合称。隋唐大运河以洛阳为中心，南起余杭（今杭州），北至涿郡（今北京）。公元605年，隋炀帝以洛阳为中心，向东北方向开凿永济渠，沟通沁河、淇水、卫河，通航至天津，溯永定河而上，通涿郡；向东南方向又开凿江南运河，使得镇江至杭州段通航。该河道沟通了海河、黄河、淮河、长江、钱塘江五大水系，总长2700公里。元代则以北京为首都，为了缩短从北京到杭州绕道洛阳的航线，1283～1293年，先后开挖了自北京到通县（今通州）的通惠河、从山东临清到东平的会通河以及东平到济宁的济州河，将运河改为一字形的直线，比隋代大运河缩短了900多千米。大运河自清咸丰五年（1855）断航后，民国年间曾施行江北运河复航工程，因资金、战乱等原因未能全部通航，自此以后，山东济宁以北段运河逐渐废弃，除部分河道因作为景观河得到开发外，多数航道已不能通航。近年来，南水北调工程实施及大运河成功列入世界文化遗产后，北方运河包括通惠河、北运河、漳卫南运河、会通河的部分航道得到开发利用，并在继续保持原河道现状的前提下，增强了运河河道、文化遗产的保护与开发力度，扩大了河道的泄洪能力，修建了一系列闸、桥等设施以保障安全，拓展航道标准、增强港航基础设施建设的工程，使运河河道及相关水利工程得到极大的改善。苏北、苏南、浙东运河一直为通航河段，2016年至2017上半年间，无论是工程投资，还是港口航运建设，都较往年有了明显提高，突出表现在相关防洪设施的修建、农业水利的发展、航道标准的提高、闸涵工程的完善等方面。这些举措提高了运河的通行效率，增加了运输量，扩大了省际货物流通，使水运这种环保的运输方式迈上了新台阶，在国家交通运输体系中的作用有所加强。

浙东运河，西起杭州，东至宁波甬江入海，全长239公里。其始建于春秋时期。西晋时开挖，最初曰西兴运河，此后与曹娥江以东运河形成西起钱塘江，东到东海的完整运河。南宋建都临安，浙东运河成为当时重要的航运河道。元代至清代，浙东运河重要性有所下降。2008年11月，浙东运河被纳入中国大运河申报世界遗产计划。浙东运河加入大运河申遗使得大运河与海上丝绸之路相连。

中国古代社会早期，政府开凿运河往往出于军事目的，隋唐以后更加重视漕运经济和文化交流。从制度层面看，经过上千年的积累，工程管理、漕运管理和航道管理体制日益完善，形成了国家行政管理中重要的制度文化；在长期的历史发展中，运河也是王朝进行宏观政治调控和建立新的经济格局的策略手段。从经济方面看，运河是全国范围内大宗商品流通的主要通道，商业流通的发达又造就了运河沿线数不清的商业城镇、农村集镇，构成了古代社会中最为璀璨的一条“运河经济带”，并促进了全国性市场的建立。从文化角度看，随着社会经济的繁荣，运河沿线发展出了独具特色的民俗、节庆、饮食、曲艺、音乐、杂技、雕塑、建筑、工艺等文化载体和文化现象；运河区域书院会馆比比皆是、文人才子层出不穷、诗文名家璀璨绚烂、经典名著流光溢彩、学术科技独领风骚，跨越吴越文化、淮扬文化、中原文化、齐鲁文化、燕赵文化、京津文化，形成了一条璀璨的“运河文化带”。

2014 年第 38 届世界遗产委员会会议，批准了大运河遗产以“大运河”为登录名列入世界遗产名录。《大运河遗产保护管理办法》将大运河遗产界定为：“包括隋唐运河、京杭大运河、浙东运河的水工遗存，各类伴生历史遗存、历史街区村镇，以及相关联的环境景观等。近代以来兴建的大运河水工设施，凡具有文化代表性和突出价值的，属于本办法所称的大运河遗产。”大运河世界文化遗产是指大运河遗产中正式申报列入世界遗产名录中的代表性点段，具体包括河道遗产 27 段，相关遗产共计 58 处遗产点，分布在 2 个直辖市、6 个省、25 个地级市，河道总长度为 1011 公里，遗产区总面积为 20819 公顷，缓冲区总面积为 54263 公顷。大运河水利遗产则是指大运河遗产中的水利部分，主要包括运河河道及堤防、闸、坝、涵和水柜等各类古、近代水利工程或遗存，运河相关水利管理建筑、水神崇拜建筑或设施，以及运河相关水利碑刻、文献、管理制度等各类工程及非工程遗产。

大运河是不可替代的文化资源，是国家民族的标志性遗产，是对民族身份及其历史的一种认知。同时，大运河也是人类共同的文化遗产，保护它我们才能创造更美好的未来。同时作为在用的、活态的遗产，对大运河遗产的保护也不能放弃对它的利用，影响它的价值发挥，而是应该保护与利用并举。只有将保护、传承、利用进行有效协调，才能实现大运河的综合价值。大运河申遗后，各级政府、学术团体、民间组织对大运河的重视程度明显提高，出台了一系列政策、法规，深化了相关研究，并进一步从经济、文化、交通运输、社会发展等层面加强了对运河的保护、传承与利用。

二　主要进展和基本成效

（一）规划战略相继出台，任务目标相对明确

大运河文化经济建设的行政法规、部门规章和相关规划多以申报“世界文化遗产”为契机，在原有相关法律法规基础上，进一步凸显了保护与利用的主旨。相关的法律、法规、规划集中在四个方面，即大运河文化遗产保护类的规章和规划，旅游规划类，河道管理类和交通管理类。

1. 遗产保护规划、法规

2008 年 9 月，国家文物局启动了《大运河遗产保护规划第一阶段编制要求》，该“要求”总共包括十个部分，分别是总则、运河遗产构成、评估、保护区划与保护的管理和控制、展示规划要求、保护管理要求、考古规划要求、规划分期、相关规划建议、图件等。2009 年 6 月又编制了《大运河遗产第二阶段保护规划编制要求》，内容上增加了遗产分级要求。在此基础上，2010 年 3 月《大运河遗产保护与管理总体规划》完成，2012 年 12 月，总体规划由大运河保护和申遗省部际会商小组公布实施。从内容上看，《一阶段编制要求》将大运河遗产分为大运河水利工程及相关文化遗产、大运河聚落遗产、其他大运河物质文化遗产、大运河生态与景观环境、大运河相关非物质文化遗产五大类。同时，该《二阶段编制要求》的变化在于，将“水利水运工程遗产”列为第一类核心运河遗产。隶属于第三阶段的《大运河遗产保护与管理总体规划》，则将遗产分为运河水工遗存、运河附属遗存、运河相关遗产三大类。

2011 年 3 月全国政协十一届三次会议呼吁国家发改委组织相关部委、省市联合制定、发布《大运河保护管理条例》，提出了关于尽快制定《大运河保护条例》的提案，并期望待《大运河保护管理条例》实施后，经过一定时间的修改与完善，制定出《大运河保护法》。2012 年 7 月，文化部颁布了《大运河遗产保护管理办法》，《办法》规定：国务院文物主管部门主管

大运河遗产的整体保护工作，并与国土、环保、交通、水利等主管部门合作，依法在各自的职责范围内开展相关工作。大运河沿线县级以上地方人民政府文物主管部门，负责本行政区域内的大运河遗产保护工作，依法与其他相关主管部门合作开展工作，并将大运河遗产保护经费纳入本级财政预算。其后，各省市也行动起来，如2012年河南省制定了《大运河遗产保护规划(2011—2030)》；山东省政府于2013年8月4日出台了《山东省大运河遗产山东段保护管理办法》；2016年扬州市出台《大运河扬州段世界文化遗产保护办法》；2017年4月，杭州市率先出台了具有法规性质的《杭州市中国大运河世界文化遗产保护条例》。

2. 大运河旅游规划

2013年2月，由山东省旅游规划设计研究院担纲设计的《京杭大运河旅游总体规划》由国家旅游局重点推介。该规划提出了大运河旅游开发的"一带""三极"的概念框架，将大运河分为"六段""十六节点"，即吴越文化旅游区段、淮扬文化旅游区段、中原文化旅游区段、齐鲁文化旅游区段、燕赵文化旅游区段和京津文化旅游区段；十六节点指通州、天津、沧州、德州、聊城、济宁、台儿庄、徐州、宿迁、淮安、镇江、常州、无锡、苏州、嘉兴、湖州。该《规划》梳理了大运河旅游的整体思路和框架，具有较强的指导意义。其后，各省市也相继颁布了各地旅游规划：2016年7月，北京市颁布《"十三五"时期加强全国文化中心建设规划》之"大运河文化带"建设；2016年10月，京津冀三省市共同出台了《京津冀旅游协同发展行动计划（2016—2018年)》之"京津冀运河旅游观光带"规划编制；2017年2月，山东省旅游局颁布了《山东省旅游业发展"十三五"规划》之"大运河世界文化遗产旅游带"；江苏省则制定了《江苏省旅游条例》第十九条之"运河旅游"以及《江苏省乡村旅游发展三年行动计划(2016—2018)》之"古运河乡村风情文化旅游带"建设。运河沿线城市也根据各地运河河段的特点，进行旅游规划，如《杭州大运河国际旅游区旅游策划与城市概念设计》《扬州旅游业发展总体规划2009—2030》等等。

3. 河道管理类规范

大运河河道管理是一项长期且复杂的系统工程，包括水资源保护、水域岸线管理、水污染防治、水环境治理等内容。大运河河道漫长，沿岸人口密集，古迹众多，同时，作为内河航运的主干道，大运河因水上运输活动频繁，监管航运污染难度较大。并且，南水北调东线一期主体工程完工通水后，大运河航运污染治理工作显得更加迫切。为了确保运河河道环境及运河水质的持续改善，2016 年 12 月，中共中央办公厅印发《关于全面推行河长制的意见》："由党政领导担任河长，依法依规落实地方主体责任，协调整合各方力量，有力促进了水资源保护、水域岸线管理、水污染防治、水环境治理等工作。"在运河流经的省份，也充分重视运河河道管理，尤其是水环境问题。2016 年 3 月 1 日，山东省正式颁布了《山东省京杭运河航运污染防治办法》，《办法》以《中华人民共和国水污染防治法》《山东省南水北调工程沿线区域水污染防治条例》等法律、法规为依据，共 27 条。《办法》指出："京杭运河沿线区域县级以上人民政府加强对京杭运河航运污染防治工作的领导，将京杭运河航运污染防治工作纳入本地区环境保护规划，协调解决污染防治工作中的重大问题，保证必要的资金投入。"江苏省以生态环境建设为核心，提出《江淮生态大走廊（扬州）规划》，2017 年 4 月，初稿已形成，其以大运河为主干线，以扬州、泰州、淮安、宿迁和徐州等沿运河城市为规划范围，在坚持保护优先、生态引领的前提下，加强环境治理保护共建共享江淮生态大走廊，以实现生态优势成为发展优势、打造世界跨流域生态廊道建设的样板区和淮河流域东部生态屏障的目标。

4. 交通运输类法规

2006 年，交通部就发布了《京杭运河通航管理办法（试行）》，该办法"要求运河沿线海事管理机构建立协调联动机制，制定京杭运河排堵保畅应急预案，建立统一信息发布平台，保障运河通航和船舶安全。进入运河河道的船舶，应当与航道的通航条件相适应。规定了总长大于 45 米或总宽大于 10. 8 米的船舶，禁止进入四级和三级航段；总长大于 67. 6 米或总宽大于 15. 4 米的船舶，禁止进入二级航段。船队阵形应采用单排一列式，长度不得超过 400 米，并且静水航速不低于每小时 6 公里。船舶应沿右侧航道航行。船舶对遇或接近对遇，应互以左舷会船。在三级及以下航道内，船舶不得追越正在追越的船舶；在弯窄航段、船闸引航道、桥区等特殊水域，禁止船舶追越、偏缆拖带、并列行驶。由高等级进入低等级航段前，船舶应通过有效通信方式，向当地海事机构报告船名、主尺度等信息”。2012 年，交通运输部在分析和总结航运实践经验的基础上，发布了《关于调整京杭运河船型标准化示范工程标准船型有关政策并公布京杭运河运输船舶标准船型主尺度系列的公告》，该公告对主尺度系列进行了优化和完善，制定了《京杭运河、淮河水系过闸运输船舶标准船型主尺度系列》，对过闸干散货船、液货船标准船型主尺度、过闸驳船标准船型主尺度、过闸集装箱船标准船型主尺度进行了新的规定。2017 年 5 月，交通运输部又发布了修订《京杭运河通航管理办法（试行）》的通知，其中第五条修订为：“在京杭运河航行的集装箱船、滚装货船和江海直达特定航线船舶，进入四级航段的船舶总长不得大于 65 米，总宽不得大于 12. 7 米；进入三级航段的船舶总长不得大于 80 米，总宽不得大于 12. 7 米；进入二级航段的船舶总长不得大于 90 米，总宽不得大于 17. 8 米。除本条第一款外的其他船舶，进入四级和三级航段的船舶总长不得大于 45 米，总宽不得大于 10. 8 米；进入二级航段的船舶总长不得大于 67. 6 米，总宽不得大于 15. 4 米。船舶吃水应按照航道部门提供的航道实际水深控制。”其间，2015 年 3 月，江苏省交通运输厅还针对运河航运印发了《江苏省内河干线航道通航管理规定》之《运河通航标准》等法规。

（二）大运河文化遗产保护及利用

2014 年 6 月 22 日，中国大运河被列入《世界遗产名录》，标志中国大运河正式成为世界文化遗产，从而丰富了世界文化遗产宝库，被赋予世界意义。

大运河沿线，已经公布和注册了六百余处文物保护单位，其中百余处是全国重点文物保护单位，还有 9 座城市是国家级历史文化名城。总体而言，运河文化河道遗产保护和利用遵循了以下基本原则：依法规划、分级负责、属地管理、合理利用。一方面维护遗产的真实性、完整性、延续性；另一方面，按照适度、合理、可持续等要求，充分发挥其文化传播、水利航运、旅游休憩等功能。

大运河沿岸各级政府和部门在运河申遗前后都加大对运河保护和治理的力度，不断加大投入的人力、物力和财力，对一些河段展开环境整治、抢救修缮文物等，取得了一定效果。如天津市依据天津南运河河道沿岸的场地特征，对南运河河道进行整治，并进行景观设计；河北省沧州市对京杭大运河沧州南运河市区段河道进行了整治；镇江市古运河中段河道得到整治等。2017 年 2 月，北京市通州区、天津市武清区、河北省廊坊市共同签署《推进通武廊战略合作发展框架协议》，内容之一就是三地联手开展大运河保护工作，通过整修堤岸、治理河道、改善水体等方式，探索大运河京津冀段的旅游性通航。大运河北京市通州段整治工程，扩挖河道、疏浚清淤，部分恢复了古运河风貌。杭州市政府制定了《京杭运河（杭州段）综合整治与保护开发工程规划》，制定中远期发展目标，通过清淤与截污、引水与排水、净化与绿化相结合，对运河水质进行了改善，疏浚了河道。

对大运河遗产进行监测是大运河遗产保护的前提和目前最有效方式。国家大运河遗产监测与档案中心设置在国家文化遗产研究院。文化遗产研究院建立有国家总监测平台，各遗产区又有相应的遗产监测平台共计 31 个。大运河世界文化遗产监测包括各运河点段的基础资料、文保信息、工程档案等数据录入、审核、检索、统计等系统功能使用操作及各类业务数据的标准规范等。通过监测工作的常态化、规范化，分属多个行业的大运河管理机构、使用者可以及时了解、参与大运河的保护工作，同时通过及时公布监测结果，增进民众保护意识，为公众参与遗产保护提供目标。大运河沿线城市也主动探索大运河遗产保护的新方法新路径，如 2016 年 6 月，苏州还自行开发了集遗产监测、管理、研究、展示、公众参与五位一体的监测平台，同时还采用新的三维数据技术，在不可移动文物的虚拟修复、病害检测等领域提供更为全面的保护。

运河沿岸非物质文化遗产也得到进一步保护和利用。运河沿岸非物质文化遗产众多，运河人创造了一批颇具地方特色的民间工艺，运河区域非物质文化遗产有很强的运河特点，同时也保持了较强地域性特征，是运河文化交流、融合的产物。据不完全统计，已经申报的各级各类非遗项目有370多项，具体分类包括：戏剧类（如京剧、评剧、梆子戏、越剧、皮影戏、木偶戏等），传统技艺、美术类（如宜兴紫砂、龙泉青瓷、北京景泰蓝、苏州宋锦、辑里丝、临清贡砖、苏州御窑金砖、扬州漆器髹饰、荣宝斋木版水印技艺、湖笔、杨柳青木版年画、桃花坞木版年画、扬州剪纸艺术、苏州核雕、东昌葫芦雕刻等），杂技、武术、曲艺、歌谣类（如吴桥杂技、聊城杂技、沧州武术、游艺、抖空竹、扬州评话、扬州弹词、苏州评弹、杭州评话），民间传说、文学等等，数量众多。目前，运河沿线文化生态发生了巨大变化，在城市现代化和农村城镇化的过程中，大运河历史文化遗存已经不可避免地遭到破坏，运河漕运及农耕文明基础上的非物质文化遗产随着运河的干涸和现代化生活方式的改变而失去了依托基础，保护存在一定困难，但随着人们对非物质文化遗产保护意识的增强，大运河非物质文化遗产保护与传承取得了一定成效。具体表现在以下几个方面。

一是文化部门以县为单位进行了非物质文化遗产普查，通过普查，全面了解和掌握运河沿线非物质文化遗产资源的数量、种类、分布状况以及存在的环境和问题，并建立起了物质文化遗产数据库和保护名录，包括各种非物质文化遗产的文字、录音、录像及部分数字化媒体等形式。二是根据特点，确定重点保护对象。例如嘉兴市文广新局对运河船民进行重点采访和研究，出版了《运河记忆——嘉兴船民生活口述实录》，详细记述了与大运河船民相关的生活方式、信仰及技艺；镇江市认真保护白蛇传这一民间故事，出版了《白蛇传传说》系列丛书；河北省组织挖掘运河船工号子——《漳卫南运河船工号子》，并申报了河北省第三批非物质文化遗产；北京市通州区运河号子也在进一步的整理之中。三是加强对民间艺人的保护，壮大民间艺术保护队伍，培养接班人，并通过增加技术含量、参与旅游文化展演等方式，刺激年轻人继承老一辈的技艺，传承运河非物质文化遗产。

（三）大运河旅游事业迅速发展

大运河申遗后，大运河流经区域旅游事业迅速发展。各地紧密对接国家经济发展战略要求，依托运河河道及其附属工程，深挖运河及地方特色文化资源，构建各地的旅游空间布局，设计创意旅游品牌，创新表现形式，大力发展旅游事业。各地在制定旅游发展目标及进行策划与实施过程中，基本都突出了以下几个特点。

1. 战略性原则

所谓战略性原则，即是将本省本地的运河旅游放置在全国旅游的整体框架中来规划。国家“十三五”规划中有三大区域战略：“一带一路”、长江经济带和京津冀协同发展区。各地在进行规划过程中，就密切结合国家大的发展战略进行布局谋篇，如京津冀三地共同打造旅游资源交易平台，进一步推进三地旅游招商项目、旅游企业股权交易、旅游实物资产交易、旅游企业融资等等。通州区提出了“集中力量、聚焦通州、借助国际国内资源，尽快形成与首都发展需求相适应的现代国际新城”的旅游发展战略。“十三五”发展时期，通州区围绕一个核心“现代休闲”，四个基本元素“运河创新”“异国风情”“高端商务”“通州特色”来展开旅游产业的定位与建设。早在2013年，习近平主席就提出了共建“丝绸之路经济带”“21世纪海上丝绸之路”的重大倡议，引发了国际社会的热烈响应。大运河文化带西北连接丝绸之路经济带，东南连接21世纪海上丝绸之路，浙江、江苏的运河文化旅游建设就突出了这一点。

2. 区域整合特点

大运河流经8个省市，是一个线性共同体和文化廊道，因此，只有突破行政区域，整合旅游资源，才能凸显实现大运河旅游的价值，给旅游者以完整鲜活的大运河旅游体验。例如，京津冀三地共同拓展旅游项目，加强旅游资源和资本的结合，将民营资本、国际资本吸引至重大旅游项目开发中，加快了旅游业与其他产业融合发展。在各省市行政区内部，运河流经的各地级城市也积极协作，如浙江省在省内提出要强化旅游资源与线路的区域整合，按照资源优化、统一规划、统一布局、统筹开发的原则，突破行政区划界线，推进京杭大运河浙江段（嘉兴、湖州、杭州、绍兴、宁波）的旅游功能区建设；同时依托高速公路、铁路、水路和水域，形成连点成线成网的格局，在全省范围推出丝绸之路及运河古韵等一批国际精品旅游线路。

3. 特色品牌原则

尽管大运河流经区域都具有运河特色，但不同区域的“运河特性”又不完全相同，为避免同质化的问题，各地在旅游规划中都着重突出本地域特色。比如嘉兴在强化“运河水城、秀美嘉兴”的同时，突出“运河、古镇、田园、水乡”的特色，根据不同的宣传主题，策划“沿着运河游嘉兴”“小镇生活、嘉兴味道”等宣传口号。绍兴古城旅游则紧紧围绕名人文化、运河文化、黄酒文化，充分利用历史文化遗存、水系网络结构和传统民俗民风，开发文化旅游体验项目。

4. 文化性原则

文化性原则是指旅游产业发展中以文化为核心的创意。它是实现历史文化的运河由物态转变成为旅游吸引物和精神吸引力的动力。因此，对大运河历史文化旅游产品开发应紧紧把握大运河文化的内涵，突出运河性或运河因素，将历史文化的展示与个体的实际体验结合起来，实现对运河沿岸区域悠久历史和灿烂文化的重新发掘与展现。如杭州沿大运河历史文化街区建设就充分利用了大运河漕运的特点，又结合地方民俗文化和中医药文化，进行文化创意开发，实现了文化的传承与经济的可持续发展，也形成了具有独特吸引力的文化旅游产品。

总之，目前大运河的旅游产业发展模式体现了两种趋势和融合：一是历史文化被贯穿到以旅游开发为主要内容的市场活动中，甚至成为其核心思想，并且突出了旅游大众化，实现了文化、体验、教育的多重结果；二是大运河历史文化产品和所提供的公共服务又创造财富并形成价值，并最终为区域社会人文环境的保护和发展做出了巨大贡献。

（四）航道升级，交通运输能力进一步增强

京杭运河是唯一贯穿我国南北的航运主通道，也全国高等级航道网

“两横一纵两网”之一纵。通航的河道为济宁至杭州段，分布在山东、江苏和浙江三省，目前通航的河段有：鲁南运河、中运河、里运河、江南运河。和其他交通方式相比，内河航运运费低、污染小、运能大。据测算，内河航运成本约为铁路运输成本的二分之一，公路运输的五分之一，空运的二十分之一。山东段是“北煤南运、南货北调、集装箱运输”的大型航运货物集散地，也是大运河北方的起点。该省河道 2000 年通航标准由原来的六级提高到三级，2016 年 6 月，拟由三级升为二级。其中济宁港最为活跃，是全国 28 个主枢纽港之一，年吞吐能力 7000 多万吨；枣庄段建有台儿庄、台儿庄复线、万年闸等 3 座国家二级标准船闸。目前江苏段管辖航道等级已经达到二、三级标准，在整个京杭运河航道中等级最高，可通航 2000 吨级船舶。2016 年，浙江省为改善京杭运河浙江段航道条件，完善长江三角洲地区高等级航道网，适应水运货运量增长和船舶大型化发展需要，也将航道由原有的四级航道改造成三级航道，分为杭州段、嘉兴段和湖州段三段实施。

大运河作为沟通水运经济的主脉络，也是北向连接长江的黄金水道，在地方经济发展中起到重要作用。以杭州为例，杭城 79% 的重点物资从运河而来。崇贤港位于杭州城北崇贤新城西、京杭大运河（杭州段）东岸，其于 2008 年 8 月 9 日开港运营，目前年港口吞吐量约 600 万吨，已占杭州地区钢材物流 50% 左右的份额。再如 2017 年上半年，苏北运河货物运量已达 1.51 亿吨，货运量占全省各种方式运输总量的 13.9%。近几年来，随着航道的升级，航运条件有了明显改善，航行安全也得到保障，水运节能、环保的比较优势明显，推进了江海联运服务，探索出了破解资源和环境制约、加快推进交通转型发展的有效途径。另外，济宁以北尚不通航的河道，也积极展开复航，拟于“十三五”期间，实现京杭大运河通州、香河和武清段，即京津冀地域内河段的正式通航。

（五）跨学科研究日渐深入，“运河学”研究引发讨论

整体来看，运河方面的研究经历了两个不同的发展阶段，在 20 世纪 90 年代之前，研究的重点在于历史信息的挖掘与资料的搜集、整理，主要是通

过对运河、漕运相关历史文献的分析，达到解决某一问题，探索其内部沿革、变迁规律的目的，更多是历史理论性的研究或考证，强调历史为政治服务。90 年代以后，随着运河研究的不断深入，其所涉及的遗产保护与利用、开发、水利工程建设、环境与生态、旅游发展等方面的内容与社会现实的关联度愈加密切，尤其是大运河“申遗”期间及“申遗”成功以后，研究者更加重视相关成果与社会发展、民众生活、经济进步等主题的契合度。研究者的学术责任感、现实使命感凸显，历史学科的作用与现实功能增强，运河研究成果转化成区域社会发展的来源和动力。

目前运河研究呈现出两大特点。一是学术研究进一步深入。“运河学”这一学术概念被提出并引发学界的讨论。大运河申遗成功前后，各界对中国大运河进行了全面调查，研究成果日益丰富且涉及多个领域和学科，运河学的学科框架初步形成。以聊城大学运河学研究院为首的运河学研究单位和研究者，多次召开会议，就运河学的理论方法、知识体系展开热烈讨论，对运河学的研究对象、知识体系、理论方法等问题初步达成统一认识，认为：运河学是以运河及其区域社会为研究对象的学问（这里的“学”不应理解为通常所说的“学科”，而是指一个学科方向、一门学问），运河学即是围绕运河的历史与现实，形成的一整套研究、保护、开发的理论与方法。就运河学的学科体系而言，应该包括知识系统、理论及方法。知识系统主要指建立在史实基础之上的关于运河的各方面知识，诸如运河演变历史，运河的地理特征，各历史时期围绕运河的重大事件等；运河的理论体系包括运河的历史地位，运河的政治、经济、文化功能、社会意义，运河与中国政治、经济格局变动的关系，运河的区域性差异与辐射意义，运河所反映出来的国家治理与发展观念，运河引发或关联的环境、经济、政治、文化、社会等方面的问题，运河学史等；至于运河学所涉及的研究、保护、开发的方法问题，应该是多学科交叉共研的格局，可以根据研究的领域和解决的问题具体酌定。二是运河研究领域不断拓展，相关研究成果涉及历史、地理、政治、经济、社会、文化、艺术、考古、旅游、工程、环境等诸多领域，并取得了诸多研究成果，如 2016 年就发表相关学术论文 300 余篇，出版学术著作 23 部，内容涉及运河河道与河政、漕运制度与管理、漕运文化与社会、运河区域社会经济、运河遗产保护与开发、运河文化与艺术等方面。

（六）大运河区域经济、社会发展变化明显

借助运河厚重的文化底蕴和交通运输黄金水道的优势，以及大运河申遗的推动作用，运河区域社会得到迅速发展。据世界运河合作组织统计，2007～2017 的 10 年间，运河沿线城市加强对话与合作，谋求共同发展，取得了很大成绩。中共扬州市委书记、市人大常委会主任谢正义在 2017 年“世界运河城市论坛”中指出：10 年间，“大运河沿线 35 座城市经济总量增长了 1.7 倍，财政收入增长了 2.7 倍，区域内经济平稳健康发展，既为全国经济平稳健康发展做出了十分重要的贡献，也让一亿七千万运河儿女有了实实在在的获得感”。大运河区域社会发展正在悄然发生变化，区域经济正由“传统航运经济”向商贸经济、旅游经济、文化经济、创意经济、休闲经济、社区经济等“未来美学经济”转化。大运河正逐渐告别水运贸易、工业运输的角色，成为旅游、文化、创意、商贸、休闲、居住的载体。传统商贸业正在向商贸与现代服务业相结合发展，其具体的产业方向，已经由传统制造业、航运业向生态旅游业、传统商贸业、高品位休闲业、现代服务业和历史与现代文化产业转变，形成了多元的、复合的综合产业体系。运河文化资源对于发展地域经济，促进文化产业转型升级，增强发展新优势起到关键性作用。规划建设大运河经济、生态、文化发展区，构建新型运河城市，是目前运河沿线城市的发展目标。例如济宁就依托区位和交通优势，结合国家战略需求，正在构建以运河航运为依托的“晋煤东运”中转基地，面向鲁西南地区的小商品、大型商品的专业化商贸城。

伴随着经济生活水平的提高，在大运河申遗影响力和号召力推动下，社会各界对大运河密切关注，这一方面吸引了大量社会资源向大运河遗产保护及经济开发领域聚集，另一方面也推动了沿岸区域政府、企事业和民众个体主动提升城市文化品位，改善生活质量。所以大运河不仅成为增强文化凝聚力、创造力、亲和力的精神家园，而且也逐步成为广大民众宜业宜居的美好

家园。各地以运河为主题的娱乐、休闲广场、旅游项目、健身场所、博物馆等工程建设，大大方便了民众的生活，成为地方文化建设和经济社会发展的新亮点。例如杭州的运河文化广场就是集文化、商贸、观赏旅游和休闲娱乐多功能于一体的场所，对提升杭州城市形象、改善城市民众文化生活水平都起到重要作用。

三　主要问题和关键症结

（一）对大运河文化遗产内涵认识不清，导致保护与利用缺乏规范和目标

申遗前后，各地政府和有关部门高度重视大运河，无论是“正选”遗产点，还是“备选”遗产点，大都得到挖掘、修复，树立起遗产界桩，划定保护范围。各地也不约而同地围绕遗产点做文章，开发以运河为主题的旅游规划项目。但一哄而上的背后还存在很大的隐忧。导致这种问题的关键症结在于，人们对大运河文化遗产本质认知不清。与以往文化遗产不同，大运河文化遗产具有以下特征：第一，大运河是流淌的，活态的，还在使用的，不是静态的遗产。第二，大运河文化遗产是一条线，不是单一的文化要素，不是一个点、一个面，而是由点、线、面共同构成的线性文化遗产；大运河文化遗产保护不仅要保护宫殿、古建筑群、寺庙等纪念性建筑，沿岸区域的民间民俗的工业遗产、老字号、乡土建筑等文化要素也是需要保护的对象。第三，文化遗产一般被认为是过去的东西，具有历史积累的文化，而大运河文化遗产在今天仍然被注入新的内涵，水利、交通、文化部门及地方政府、民间团体甚至民众个体仍在为运河的保护发展注入新的时代内涵，大运河是由古代遗址、近代遗迹及当代遗产共同构成的文化遗产廊道。

（二）以经济发展为先导，导致环境、文化遗产保护意识差，存在过度开发问题

大运河水环境方面存在的主要问题表现在以下几个方面：污染风险控制

不足、水体自净能力差、生态退化、生物多样性低下、水环境监测能力薄弱。山东济宁至北京的河道不再通航，有些河段已经夷为平地，有的成了干沟甚至垃圾坑，两岸文物古迹面临危机，环境较差。在经济利益驱动之下，有些部门及地方政府将原有的古城、古建筑拆除，原有居民从原地迁出，造成城与人、运河城镇与运河人群的分离，使原有的运河地方文化与生活方式消失。与城镇及文化遗产一起消失的，还有传承千年的运河文化。在城市化和新城市建设过程中，一些政府部门对运河两岸城区进行大规模改造，使许多本应该保存下来的诸如古街古巷、民宅祠堂、古码头、古桥梁、古会馆、清真寺、基督教堂等文化遗迹，面临被毁坏的危险，甚至有的正在消失。一些地方对深埋地下或为草木掩映的闸坝、堤岸、碑刻，没有发掘整理或采取相应保护措施。为了发展旅游，有些地方甚至还大兴土木制造伪古迹，人为地破坏了运河的原貌。另外，在文化保护方面，也确实存在着资金投入不足、激励机制缺乏、监督机制不健全等问题。

（三）大运河管理条块分割，导致保护及利用矛盾不断

清末漕运结束后，大运河便不再由国家统一管理，而是地方以及各行政管理部门根据行政隶属关系和功能分块管理。在申遗期间，大运河保护和申遗省部际会商小组及大运河保护和申遗城市联盟办公室都发挥了很好的统筹协调以及指挥功能。但随着运河申遗的结束，这些机构或解散，或功能减弱，造成大运河文化遗产保护与利用、航道航运、水利工程建设、旅游开发等功能由不同地域和不同部门分担，致使很多问题很难在“统一的、整体的”大运河保护与建设的前提下达成一致意见。例如水利部门往往注重水利建设，交通部门强化航道管理，文管部门则注重文化遗产保护。文化部、国家文物局要求将大运河看成一个文化廊道和线性共同体，地方政府则更加重视本区域内运河的旅游文化及经济价值。管理层面的条块分割，一方面造成“内耗”严重，各部门根据各自需求和任务进行管理，大运河文化遗产甚至被“建设性破坏”，影响了大运河历史风貌的真实性和完整性。另一方面，大运河北段干涸、水污染情况较为严重，因不通航，其又陷入管理

的盲区。

同时，运河流经区域也存在开发步调不一、发展不平衡的问题。目前大运河流经的省市中，杭州、苏州、无锡、扬州等市开发运河旅游较早，山东济宁、枣庄等地在运河开发方面比较重视，“运河之都”是济宁的建设目标，“台儿庄古城模式”也成为运河城镇建设的一种示范。北京市近两年着重开发了通州河段，制定了详细的发展规划，并付诸实施，已形成一定的规模，形成品牌。其他区域则需在文化带建设的过程中迎头赶上。

（四）大运河文化内涵挖掘不足，研究需进一步加强

目前，学界及社会各界对“运河文化”的概念尚无清晰界定，对其内涵、价值、意义的探讨还在过程之中。整体来看，大运河文化包含着不同层次，即制度文化（战略文化、管理文化）、社会文化（哲学、艺术等）和技术文化（文物运河）。很大程度上，目前人们提及运河文化多将其等同于遗产保护，过度依赖物化遗产本身，缺乏对遗产背后所蕴含的历史与文化内容的解读，对运河故事的挖掘不够。研究本身还存在着分门别类大杂烩的情况，不同学科之间的互动与交流不充分，没有形成协作和整体研究的氛围与成果。研究机构也多是独立作战，没有形成协作联盟，也没有建立起全国统一的运河研究组织，缺乏研究的沟通与交流，不利于运河研究的深化。研究领域中的缺陷导致利用方面出现了以下两种偏差：一是旅游开发的同质化问题严重，各地在相同的大运河文化元素中寻找旅游热点，忽略了大运河的区域性差别。例如旅游规划的运河小镇，按照相同的模式建造，甚至拆掉原有建筑重新建设，以增强现代感和观赏性。二是大运河遗产大都知名度较低，“看点”较少，大部分景点对外地游客缺乏吸引力。民众对运河的认识多停留在“知道”阶段，不了解大运河的过程、意义与价值。这些都表明未来的大运河研究及宣传还有很大的空间。

（五）运河航道“梗阻”，货物运输能力有待加强

大运河水运对经济发展起到巨大的作用，因具有运量大、成本低、耗能

小、污染少、安全性高的特点，水运成为所有运输方式中最具有可持续发展的资源节约型类型，尤其是其在恶劣天气下的优势最能得以发挥。但大运河的运输目前尚存在两个方面的问题：一是“梗阻”现象时有发生，航运忙碌季节，往往存在着拥堵现象，船只通行缓慢，难以提高运输效率，某些区域待闸的时间达2～3天，有时甚至5～7天；二是运输品种较为低端，目前主要运输煤炭、砂石、集装箱，极少装载像钢材、汽车、农作物等大宗货物。梗阻的原因是多方面的，其中最主要因素是船闸设施相对落后、船型不标准、船闸调度管理体系不健全、河道级别较低等。有些地市对内河航运不甚重视，在运河的支线建设上投资力度不大，也导致京杭运河主航道难以充分发挥辐射作用。

四　基本路径与对策建议

大运河是“线性文化遗产”“文化长廊”“活着的、流动着的”，也是标签性的“线性共同体”，同时又具有明显的区域、跨区域特性，该区域包括了北京、天津、河北、山东、江苏、浙江、河南、安徽等行政区域，也跨越了江南、江北自然区域，以及燕赵、齐鲁、中原、江南等不同文化圈。它连接南北，进而通过其他东西之河道及交通枢纽相互联结，形成了经济、文化传播的网络。在这个意义上，运河与其他自然河流一起，共同构建了中国地域的线性框架性格局。同时，大运河分别在宁波和洛阳与丝绸之路交叉，是海上丝绸之路和陆路丝绸之路的连接线，其将草原、沙漠、丝绸之路联系成一个环状，形成了一个巨大的文化交流、人类迁徙和商品贸易的通道。所以，大运河本身的历时演变与附着其上的文化脉络编织了一个巨大的文化网络，沟通古今且连接世界。因此构建合理的顶层设计框架，以大局意识和长远眼光，把大运河放在国家文化带及经济建设层面统筹考虑是最基本的出发点。为保证大运河区域社会的可持续发展，在遵循整体保护与重点保护相一致、保护为主与合理利用相结合、保护利用与其他行业协同管理相促进的基础上，提出以下基本对策。

（一）建立大运河文化、经济带的制度性框架体系

大运河制度性框架体系具体包括成立专属运河管理机构，完善相关法律法规、政策、规划等。首先，建立国家统筹的、统一的、具有权威性的大运河协调机构，该机构应是常设机构，机构组织明确，具有较强的执行力。由于大运河涉及的区域、部门、内容较多，为避免“小马拉大车”的情况，一方面需要国家权力机构支撑，另一方面则根据实际需要，在各地设置相应分支机构，以实现对大运河可持续的管理和保护，即建立分段分级管理体系，实施全面管控。在空间上以全域性系统化构建为导向，建立沿线控制体系。在操作中注意地域性和差异性。其次，建立以“规划—立法—政策”为模式的保护、利用的制度体系，通过制定针对大运河的合理发展规划，引导大运河文化保护与利用协调有序发展。规划涉及宏观的和微观的不同领域，宏观指国家意识之下的，甚至世界框架内的大运河隐性与显性功能的发挥；微观规划则包括两个层面，一是全国性运河文化的、功能的保护与利用，比如作为文化遗产的运河和作为航运通道的运河的长远规划的构建；二是运河流经区域的规划制定，如各省市的旅游规划、环境规划等。立法方面，在之前各部门已制定的包括《关于全面推行河长制的意见》《大运河遗产保护与管理总体规划（2012—2030）》《大运河遗产联合保护协定》《中国大运河遗产管理规划》等法规、规划的基础上，进一步制定由国务院颁布的大运河保护、利用和传承的相关法律，作为各地各部门保护和利用大运河的依据，同时建立健全强有力的监督管理体制，严格执行和完善相关法律法规，确保运河历史资源不被侵害。大运河专门法律的制定，还需要打破部门立法的藩篱，与各相关法律相互协调。政策方面，各地各部门根据具体情况，制定具有针对性的和相对灵活的政策，以符合各地实际。

（二）建立良好的协调发展机制，共建大运河文化带

协调发展机制包括几个层面，一是大运河流经区域政府间的协作。区域协作是大运河保护与利用的有效方式之一，大运河虽流经不同行政区域，但

在某些行政区域表现出相同的“运河特性”，可以通过协作共同发展，形成城市共同体，推动运河城市之间产生文化认同与价值共识。比如南、北运河流经的京津冀区域就建立了《京津冀旅游协同发展行动计划（2016—2018年)》；江苏苏北段沿岸城市淮安、扬州因在文化上的互融、互通性，可以在运河文化共同体框架下开展区域协同，彰显主题形象的设想，联手推介淮扬运河文化产业品牌，寻求外延扩展，走生态与水文化融合的特色化品牌之路。二是区域合作基础上的全线运河城市的合作。大运河申遗过程中，35个城市共同组成的“大运河保护与申遗城市联盟”发挥了重要作用。申遗结束后，随着经济、文化交流的日渐频繁，借助大运河这条纽带，运河沿岸城市可形成某种意义上的城市共同体或者城市群，通过各种实质与虚拟层面的合作，在大运河文化带建设中发挥文化传播平台的作用。三是推动建立政府投入和社会力量共同协作的机制。各级政府在制定政策过程中，可把大运河文化产业、旅游产品变成一个富有投资价值的平台，通过行政策略和文化感召广泛吸引民资参与投资和开发，建立运河文化保护基金、运河生态保护基金等，形成一个足以推动运河文化、主题文化、创意产业长远发展的长效机制，建设好运河文化带。

（三）加强大运河学术研究、宣传，讲好运河故事

对大运河文化的保护传承利用必须弄清运河文化的内涵、运河之于中国社会的意义作用、运河之于世界的价值，因此进行运河文化的深入研究非常必要，尤其应朝着建立“运河学”的方向努力。一方面应鼓励、支持高校、科研单位研究人员进行运河学相关研究，进一步挖掘运河文化内涵，集中历史、考古、水利、科技、文化、艺术等领域的专家学者，围绕文化、经济、水利技术、交通运输、国家统一等问题设置研究课题；研究成果以丛书、影视或者其他形式向世界推介，让世界了解大运河及中华文化灿烂的文明，同时可以为新时期大运河的保护、利用和传承提供决策依据和学术支持；运河沿岸的各高校、科研部门和民间团体，建立协同创新的运河研究联盟，利用地缘优势和学术优势，形成大运河研究高地。

宣传部门应进一步宣传大运河的历史文化价值和现实功用及意义。大运河本身所承载的技术和文化要素，是进行爱国主义和社会主义核心价值观教育的优秀教材，要利用各种媒体大力宣传大运河遗产所具有的独特价值。各领域的专家学者和新闻、文艺工作者应共同关注并参与运河保护工作，以各种通俗易懂、生动活泼的形式，创作一批反映运河文化的文学影视作品。文化保护工作者，充分利用现代信息技术，积极做好基础性的数据获取工作，搭建数字化管理平台，客观、准确地管理运河文化遗产。例如建立一批具有漕运、水运特色和地方特点的运河文化展示馆，一方面对现存运河遗产资源进行摸底调查，发掘展示；另一方面利用三维场景展示，以及 AR、VR、音视频自动调度技术、单点全景展示、连续全景展示、船载全景展示等技术，让大运河遗产的文化价值呈现在世人面前，形象生动地再现大运河的前世今生和重要场景，向民众尤其是青少年讲述运河历史和故事，让其在历史沧桑变迁的过程中认识中华民族发展的轨迹以及未来发展的趋向，从而增强信心、凝聚力量。

（四）解决关键症结，提升、发挥大运河水运和水利功能

大运河的航运功能是大运河遗产价值重要的、不可或缺的组成部分。大运河是我国仅次于长江的南北方向的“黄金水道”，水运功能应加强。首先，需要提升航道和船闸管理的科技含量，建设现代化的装卸码头，采用先进的导航设备，实施自动化管理。在航道方面，提高航道标准；在船闸建设方面，增加船闸的规模，进一步规范船型，使其标准化，提高过闸的速度。其次，增强管理能力，尤其是提高船闸调度管理的能力，以管理促进效率的提升。最后，提高各级政府对内河航运的认识，增加资金投入。山东北部以及京津冀地区在全线复航的动议之下，以部分通航为近期目标，进行大运河水运规划。除输水功能外，大运河还发挥着防洪抗旱的积极作用。在防汛方面，为沿线城镇提供泄洪通道，为两岸农田提供灌溉用水，为沿线居民提供生产生活用水。通过完善区域性防洪排涝工程设施建设，优化防洪排涝策略，实施堤防加固来筑就安全屏障，同时健全应急机制，优化应急预案，建

立救援体系。在提升水利功能时要坚持保护优先、加固与保护并重的原则，提高运河的安全性和管理效率，建成畅通、高效、平安、绿色的大运河。

（五）保护与利用并举，打造中国旅游新品牌

大运河文化遗产可被分为三类，分别是遗产点、遗产河段和非物质文化遗产，对这三种文化遗产应采取不同的保护措施。遗产点主要在于加强保护性修复，但并不是有意制造仿古建筑。遗产河段沿岸应划定保护区，除水利、航运、防洪等设施外，其他任何与运河遗产本体无关的项目都应被禁止。对运河非物质文化遗产及民间文化，一方面保护运河非物质文化遗产及传承人，另一方面将运河沿线的民俗民风、戏曲歌舞、书法绘画、文学艺术等有特色的各种文化，加以整理研究，把正在破碎、失传的“非遗”通过大运河连缀起来，使其成为运河文化带的重要组成部分。关于大运河旅游发展模式，山东省旅游规划设计研究院担纲设计的《京杭大运河旅游总体规划》提出了多种模式：如遗产廊道保护模式——把运河文化遗产作为一个整体对待；考古遗址公园——不仅是对遗址本体的保护，还要展现遗址特有的魅力，与城市建设相融合；历史文化街——沿运河各市根据自身特色，对特定街区进行系统保护；古镇——运河沿线的历史文化名镇，通过规划将其“点亮”；城市文化旅游综合体；水利风景区；湿地公园；风景名胜区；博物馆保护模式——建设“立体的运河文化活动状态的博物馆”；零保护模式——回到最自然、最原始的状态。总之，实现文化与旅游深度融合，才是实现大运河旅游发展的有效途径。

（六）坚持以人为本，关注民生

运河遗产保护不仅要向民众宣传相关知识、理念和法规，还要把运河遗产保护与改善民生密切结合。一方面保留他们原有的生活方式，以不打扰、不强求为出发点，将已经内化于心的价值观念、思维方式、日常生活继续沿承下去；另一方面提升民众对大运河的保护意识，将有意保护逐渐转变为自觉践行，形成保护与利用相结合的良好社会氛围，实现文化带的建设的长久性与延续性。

表1　2016年中国大运河沿线城市旅游业发展情况统计

城市	2016年旅游收入(亿元)	同比增长(%)	2016年接待人次(万人次)	同比增长(%)
北京	4673	1.41	28000	2.14
天津	3129	10.71	19100	8.90
廊坊	279.9	27.87	2695.7	24.82
沧州	123.79	19.94	1476.66	16.91
衡水	101.74	34.52	1368.61	24.15
德州	152.33	5.46	2509.48	8.17
聊城	162.61	12.27	2050.4	8.88
泰安	661.64	11.99	6278.2	7.77
济宁	600.15	11.97	6133.09	7.86
枣庄	173.8	12.22	2043.61	8.31
徐州	572.74	14.12	4518.89	11.29
宿迁	216.26	18.80	1925.5	16.77
淮安	308.57	13.51	2612.4	10.99
扬州	691.39	13.12	5628	10.59
镇江	714.35	13.04	5348.34	10.20
常州	833.6	12.31	6004.2	9.14
无锡	1555.62	10.69	8586.03	6.32
苏州	2078	9.31	11294.8	5.88
嘉兴	850.86	20.15	7893.81	19.14
湖州	882.6	20.69	8845.8	20.07
杭州	2571.84	14.43	14063	12.24
绍兴	890.95	14.43	8370.42	13.95
宁波	1446.4	14.73	9371.9	12.74
开封	398.6	38.51	5080	11.57
郑州	1053.9	4.72	8933.6	2.90
洛阳	905	13.81	11420	8.67
焦作	342.62	11.95	4205.53	11.04
商丘	25.02	11.71	1198.7	10.15
新乡	231.9	13.24	3343.7	11.15
鹤壁	81.6	17.86	1856.4	13.79
安阳	335	24.36	4025	14.76
邯郸	448.2	24.88	4740	23.25
邢台	182	22.80	2111.8	18.73
淮北	45	24.67	826.2	25.01
宿州	120.47	17.47	1881.54	15.42

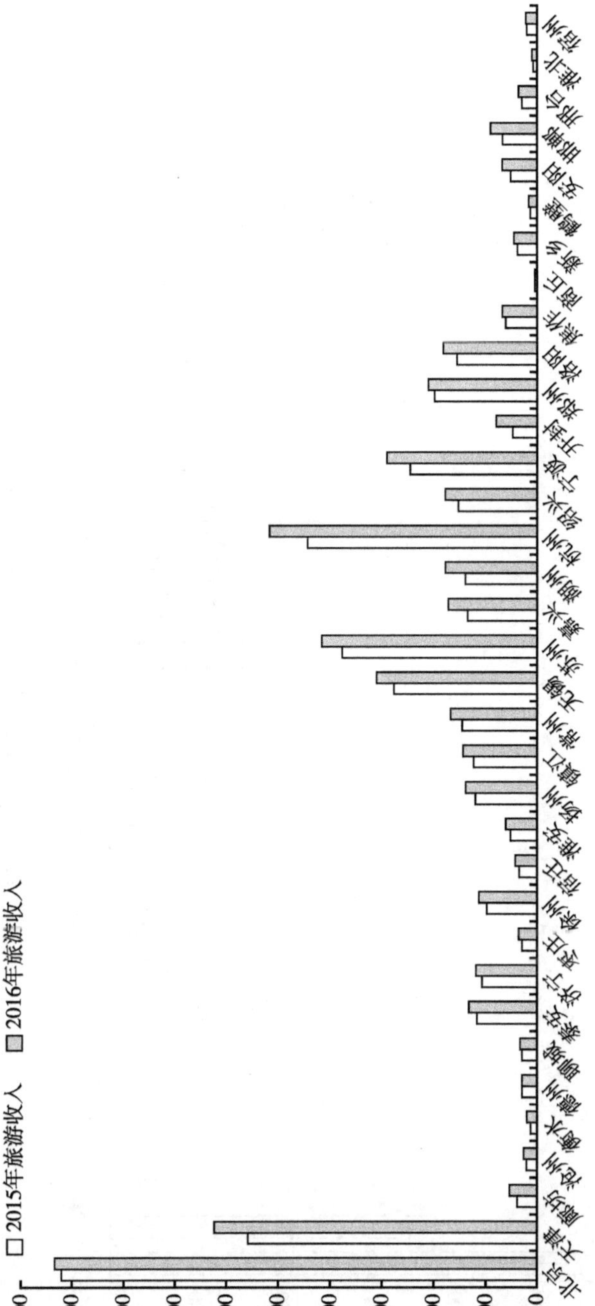

图 1 2015 ~ 2016 年全国运河城市旅游收入比较

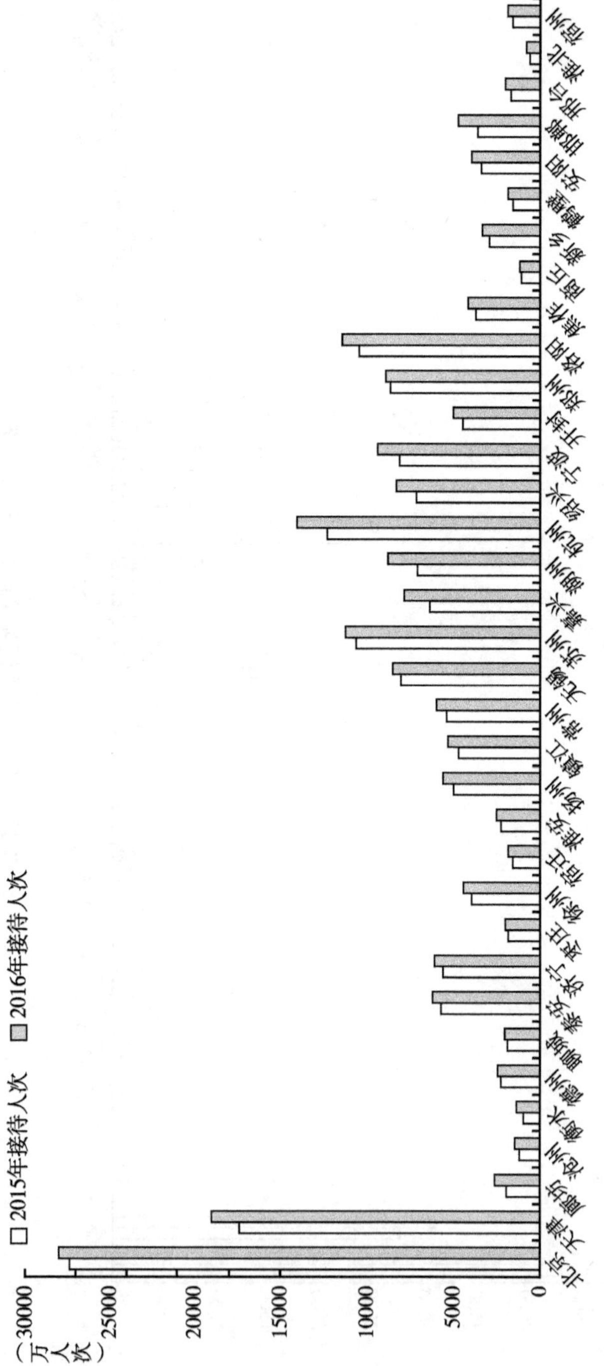

图2 2015～2016年全国运河城市旅游接待人次比较

参考文献

中办国办印发《关于全面推行河长制的意见》，《中国水利》2016 年第 23 期。

《大运河遗产保护管理办法》，《中华人民共和国国务院公报》2012 年 11 月 30 日。

《中华人民共和国文化部令》，《中国文物报》2012 年 9 月 12 日。

《大运河遗产保护管理办法（征求意见稿）》，http：//www. law - lib. com。

《浙江省人民政府办公厅关于印发浙江省旅游业发展“十三五”规划的通知》，《浙江省人民政府公报》2016 年 12 月 30 日。

《山东省京杭运河航运污染防治办法》，《山东省人民政府公报》2015 年 12 月 31 日。

李云鹏、吕娟等：《中国大运河水利遗产现状调查及保护策略探讨》，《水利学报》2016 年第 9 期。

陈雷：《坚持生态优先绿色发展　以河长制促进河长治——写在 2017 年世界水日和中国水周之际》，《中国水利》2017 年第 6 期。

胡红文、邓铭庭等：《大运河（杭州段）文化遗产保护对策思考》，《中国文物报》2017 年 7 月 21 日。

吴欣：《从“制度”到“生活”：运河研究的新维度》，《光明日报》2016 年 8 月 10 日。

姜师立：《论大运河文化带建设的意义、构想与路径》，《中国名城》2017 年第 10 期。

韦建桦：《大运河保护需要更鲜明的忧患意识》，《人民政协报》2014 年 8 月 28 日。

戚晓旭、何皛彦等：《京津冀协同发展指标体系及相关建议》，《宏观经济管理》2017 年第 9 期。

姚迪、朱光亚等：《申遗背景下大运河遗产保护规划的编制与反思》，《建筑与文化》2014 年第 6 期。

《大运河保护分“十种模式”，旅游将主打文化牌》，http：//sd. sina. com. cn。

《京杭运河浙江段三级航道整治工程获批总投资 117. 12 亿》，http：//finance. eastm。

《京津冀旅游协同发展　三地将共建旅游资源交易平台》，http：//heb. hebei. com。

水利航运篇

Water Conservancy and Shipping

B.2 通惠河、北运河水利工程年度发展报告

郑民德*

摘 要： 京津地区的通惠河、北运河已多年不能通航，除部分作为景观河道供旅游外，其他河段多作为泄洪、排涝、供水所用，在沿河两岸分布有大量的运河文化遗产。随着运河列入《世界遗产名录》及运河文化带建设的开展，京津两地运河水利工程的开展将更加科学、合理、系统，其规划、布局将与国家顶层设计相符合，更多发挥运河的文化宣传、遗产展示、旅游开发、环境协调等方面的功能与作用。

关键词： 通惠河　北运河　水利工程

* 郑民德，博士，聊城大学运河学研究院副教授，研究方向为明清经济史、运河文化史、社会史。

通惠河、北运河在历史上曾为京、津两地重要的交通要道，为京城粮食、物资供给，城市供水，商业往来发挥过重要的作用。自清末黄河北徙后，随着漕粮改折、铁路与海运兴起，内河航运日薄西山。近百年来，通惠河、北运河基本不能通航，多作为城市的景观河道发挥旅游、防洪、灌溉、排水等方面的功能。2016 年全年与 2017 年上半年，京津两地对于运河的管理、保护、利用非常重视，不但推行河长制，制定了一系列政策、措施推动运河文化遗产的保护及水污染的防治，而且加强了河道的景观建设，如两岸森林、草地的覆盖率不断提高，涵养水源能力增强，同时针对运河复航、运河文化带建设、京津冀协同发展等问题进行了较为深入的研究、探讨，并准备将具体规划逐步落实与实施。

一　河道管理机构

通惠河位于北京市东部，是元代郭守敬开挖的漕运通道，起自昌平区白浮村神山泉，至通州区张家湾入潞河，全长 80 余千米；北运河原指通州至天津之间的京杭运河，现在则涵盖了通惠河、龙凤河、凉水河等支流，通惠河和北运河都属海河水系。现在通惠河、北运河不能通航，主要承担城市供水与排水、调水、防洪、引滦入津和景观河道等功能。目前北京段的通惠河和北运河由北京市水务局下设的北运河管理处管理，天津段北运河为天津市水务局下设的北三河管理处管理，两机构均为处级单位。

北京市北运河管理处成立于 1973 年 8 月，最初是北京市气象局的派出机构，统一负责对北运河、温榆河、通惠河的管理。1977 年为加强对河道的综合管理与治理，分设区域管理单位，在通县、朝阳、昌平、顺义等县区成立专管河务段，负责本区域内的河道管理，统一由北运河管理处指导。同年成立北运河管理委员会，为北运河管理的最高机关，隶属于北京市革委会农林组。1979 年北运河管理处接管通县水利局所属的榆林庄管理所。目前北运河管理处主要承担北运河、温榆河等河流 106 公里河道的防洪、抢险等事务，12 座中大型水闸及沿线堤坝、水工附属设施的维护工作，对北京市安度汛期、污水排放、所管河道水资源利用与保护、水环境生态建设、城市绿化、污水处理、水政监察等也兼有责任。北运河管理处目前驻通州区，辖北运河管理所、通惠河管理所、杨洼闸管理所、曹碾闸管理站、北关闸管理所等派出机构。

天津市北三河管理处，位于宝坻区城关镇潮白河管理处院内，辖北运河管理所、蓟运河管理所、三岔口管理站、杨津庄闸管理站等机构。主要负责所辖河道、闸坝、蓄滞洪区等水利工程的管理与维护，以及防洪、排涝等事务，对辖区内的水利工程进行日常的检修、运行、观测，承担工程项目的申报与组织实施等。

通惠河、北运河两河的管理机构有着较长的历史沿革，对于两河的管理、运作、保护与利用发挥着重要的作用。无论是汛期京津两地的防洪、抢险，还是市政、河道工程的修建，北运河管理处、北三河管理处都起着统一调控、调节、调配、实施的职能，是重要的水利管理机构。但作为正处级单位，两管理机构与环保、卫生、水利、旅游等部门往往存在着权力交叉之处，同时又因级别较低，难以协调与其他部门之间的关系，所以在工程建设、水污染治理上经常会出现一些问题。在北京全力推动运河文化带、长城文化带、西山文化带的布局与京津冀协同发展的大好局面下，京津两地的运河管理机构有必要进行整合、重组，通过组建厅局级单位，来统一协调不同职能部门、不同机构之间的关系，通过交流、合作共同促进通惠河、北运河相关工程的顺利规划、实施，使运河成为两地的文化之河、经济之河、生态之河，在社会发展中发挥更大的作用。同时，促进京津两地运河旅游业的发展与文化协同创新的进步。

二　工程规划与建设

2016 年全年与 2017 年上半年，通惠河、北运河的相关工程主要集中在河道管理制度的建立与实施、汛期防洪抢险、水工设施修建与维护、湿地景观建设、运河复航规划等方面。这些措施或规划有宏观层面上的长期工作，也有目前需要进行的工程项目，目的是通过科学、详细、完善制度的建立，使运河能够更好地发挥发展经济、促进生态平衡、提高民众生活水平的功能，通过工程的建设，达到河美、景美、人居美的可持续性发展。

河道管理制度的不断完善。与过往相比，河道管理、维护制度的不断科学化、系统化是近年来的新特点，其中河长制的提出与推行，对于运河的科学管理起到重要作用。“河长制”即由各级党政主要负责人担任本辖区的“河长”，负责组织领导相应河湖的管理和保护工作。2016 年 10 月 11 日，在习近平总书记主持召开的中央全面深化改革领导小组第 28 次会议上，审议通过了《关于全面推行河长制的意见》，同年 12 月，中共中央办公厅、国务院办公厅联合印发了《关于全面推行河长制的意见》，并发出通知，要求各地区、各部门结合实际认真贯彻、落实。在国家宏观政策下，北京通州区根据本地客观实际，印发了《通州区“河长制”实施意见》，《意见》要求按照“一河一长、条块结合、属地管理”的原则，从上到下分别确定区、镇、村不同级别“河长”，由区长、乡镇长、村委会主任或书记担任“河长”，环保局、水务局等部门领导担任“助理”，对各种危害河道、水利环境的行为进行集中整治与治理。天津市也印发了《天津市关于全面推行河长制的实施意见》，指出河长制的推行是落实绿色发展理念，推进生态文明建设的内在要求，是解决复杂的水问题，维护河湖健康的有效举措，是完善水治理体系、保障水安全的制度创新。河长制的制定与推行是国家贯彻水资源科学管理，促进生态平衡，实现可持续性发展的重要举措。北京、天津河长制的贯彻与落实，对于进一步保障通惠河、北运河相关工程的顺利开展，提高工程效率、增强水环境治理的积极性起到重要作用。

河道、水利工程的开展。通州充分发挥北京城市副中心职能与“运河名城”的重要文化功能，通过相关水利工程的施行，改善生态环境，保障区域水环境安全。首先对通州境内中小河道进行了集中整治与整理，相关工程进展顺利，中坝河、凉水河、凤港减河、萧太后河等与通惠河、北运河有密切关系的河流进行了疏浚、挑挖、加固堤防、河道拓宽、桥梁拆建、附属建筑改造等，治理长度达 79 公里。这些工程已于 2016 年底完工，使流域内的防洪、行洪能力得到大幅提高。另外，通惠河二期综合整治工程也于2017年展开，将对通惠河全线进行清淤，同时加强两岸植被的覆盖工作，建设水绿相融的生态带，使通惠河成为北京的重要旅游景观。为扩大北运河的行洪能力，北运河甘棠闸也顺利竣工通水。该闸为华北最大的液压钢坝闸，分5个闸孔，每孔宽30米，高4米，无论是启闭速度，还是泄洪能力，都超过一般的闸座，对于汛期的洪水排泄起着重要的作用。除此之外，北京、天津两地对于区域水资源管理、治理及水污染防治也很重视，相关领导与负责人通过实际调查，依法取缔了一批污染企业，从源头上控制各种危害水环境行为的产生，全力保障区域水环境安全。

河道防洪抢险工程。2016年汛期，通州区漷县镇北运河榆林闸下游右岸大堤因受连降雨洪水的影响，堤坝被洪水冲决，发生漫溢，导致出现多处缺口。漷县水务所安排相关人员与设备对缺口进行了抢修，顺利将安全隐患消除在萌芽状态。北运河支流清凉河也发生洪水，受洪峰的冲击，水位线超过保证水位，随时可能发生危险。通过密切观察洪峰并结合河道实际，通州减河与北运河上的闸门开启泄洪，通过分流洪水的方式以减轻压力，保障中心城区与北京城市副中心的安全，避免对下游城市的冲击。雨季相关工程的建设与闸坝的科学启闭，是维护区域水环境安全的重要举措。作为丧失航运功能的通惠河、北运河，应加强其保障城市安全排水、泄洪的作用，以大量基础性水利设施的修建，定期、科学维护与修缮为保障，正确引导、排泄汛期洪水，并在旱季涵蓄水源，为城市、工农业用水积累水资源。

运河环境与景观建设。运河景观建设是提升运河观赏度，提升运河旅游功能、促进区域社会环境与人居和谐发展的重要举措。天津市河北区针对北运河现状，重点对区域环境进行了综合提升改造，具体包括局部运河的整理绿化工程，在景美的同时，还建设运河文化展示区，通过天津运河文化内涵的深入挖掘，将相关运河遗产图片、实物进行展示，增强运河文化的感染力、辐射力、影响力。北京市北运河延芳淀湿地工程也已完成设计，并已经正式动工，该工程沿北运河而建，北起榆林闸，南至北京市界，呈带状延伸，规划面积达1480顷。该湿地工程除体现北运河的自然风光外，还包括古代码头遗迹的恢复、蓄水工程等，是一项自然风光恢复、人文建设相结合的系统工程，工程完工后，对于净化河水、增加生物种类、扩大水源量、提高防洪效果都能起到相当好的作用。与湿地工程相同步，通州北运河综合治理工程、生态林建设工程也已开工，部分工程已顺利完成，使北运河的行洪能力达到百年一遇或五十年一遇，桃花堤绿色植被覆盖、历史文化景观与亲水平台建设、堤顶道路拓宽、附属服务设施完善等，对于扩大北运河旅游资源的开发起到重要的推动作用。

运河复航规划蓝图。京津冀运河已断航数十年，航运功能目前已彻底消失，对于区域政治、经济、文化交流不能起到有效沟通。为促进京津冀协同发展，推进运河文化带、运河经济带建设，打造运河生态、文化长廊，增强沿线城市的协调发展，北京、天津、河北三地计划在“十三五”期间实现京杭大运河通州、香河、武清段的重新复航。为保障复航计划的顺利实施，北京市已发布《北运河（通州段）综合治理工程勘察、设计招标公告》，对工程的概况与招标范围进行了界定，工程内容包括河道拓宽、堤防培高培厚、附属工程建设等，目标是提高河道防洪标准，解决下游河道及村庄的排涝问题，建设新船闸，为北运河复航创造条件与打好基础。为保障复航计划顺利实施，通州、武清、廊坊三地已签署总体发展框架合作协议，三地将通过堤岸整修、河道治理、水体改善，探索北运河京津冀段旅游性通航，通航时间预计为 2020 年。

综上所述，目前北京、天津两地的通惠河、北运河工程建设主要围绕旅游开发、洪水防范、河道疏浚等方面的工作展开，其中最为突出的是运河的景观功能，其他如河道的拓宽、闸坝的建设、水工设施的维护，目的是改善区域水环境，提高水源质量，增强排水功能，使运河与环境、生态相协调。

三　问题及解决举措、发展前景

与济宁以南河道不同，通惠河、北运河最突出的特征就是其不可通航性，究其原因既有历史上环境变迁、社会影响等方面的因素，也与近现代以

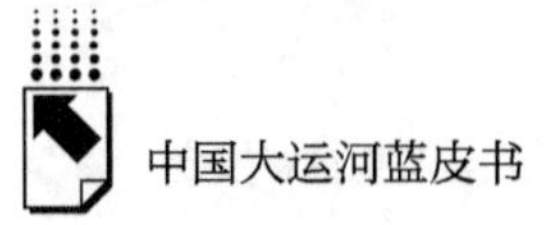

来水环境的变化密切相关。综合看来，京津两地的运河在水利工程建设方面取得了很大的成绩，为城市发展、经济进步、环境和谐提供了保障，但受水源、不同区域政策差异、管理分歧等方面的影响，依然存在着一些问题尚待解决。

条块分割严重，管理级别较低，需在中央宏观调控下，建立统一的运河工程管理机构。通惠河、北运河在历史上曾发挥过输粮、运货、人员流动、文化交流的作用，黄河北徙后，由于水源匮乏逐渐丧失航运功能，随着国家漕运官方作用的消失，运河的管理也陷入停滞之中，导致产生的水患问题非常严重。近几年来，随着运河申遗的成功，通惠河、北运河的旅游、文化功能得到开发，相关遗产得到科学的保护、利用，工程的实施一方面保障了河道的平稳，充分发挥了防洪、调水、泄洪的作用，另外相关绿化、湿地工程的建设，也使运河的旅游业得到很大发展，区域之间的交流、合作得到加强。不过由于京津冀运河跨越三省市，河道距离长，文化遗产点多，险工数量大，单纯依靠北运河管理处、北三河管理处难以应付复杂的工程建设，对于区域与区域之间、部门与部门之间的权力平衡也难以做到有效的协调，因此还存在着诸多的问题。在新时期，随着运河文化带建设的顺利开展，京津两地对于运河工程、水利建设需高瞻远瞩，站在宏观的高度制定顶层设计，通过科学的管理、密切的合作、循序渐进的工程规划，将通惠河、北运河建设成绿色生态廊道、具有历史底蕴的文化廊道、民众贴近自然的人居廊道，使运河在促进地区协调发展中发挥更大的作用。

工程建设投资力度较小，基础建设投资需进一步强化。从整体看来，以往的运河工程建设范围较小，主要体现在河道的疏浚、闸涵的修理与维护、两岸植被的覆盖等，投入资金数量有限。随着“三个文化带”建设的提出，通惠河、北运河通航、旅游、文化等方面的功能将日渐体现，因此做好前期的规划与资金投入是搞好运河经济、文化建设的基础，要在政府的统一调控下，扩大运河通航、旅游所需资金来源的多元化，将财政基金、商业基金、民间资金结合利用，利益协调分配，要做好运河旅游服务设施配套工作建设，加强方便游客、民众的基础设施建设，科学实现资金的倾斜与合理分配。要统筹全局，将通惠河、北运河工程建设视作一个完善的系统，无论是规划，还是工程实施，都要加强区域间的交流与沟通，工程资金要科学管理、科学利用，使其发挥最大的作用。

运河复航工程量大，技术复杂，涉及范围广，需科学规划、谨慎实施。京津冀三地的运河复航，究竟是通航，还是旅游性的复航，需要明确界定。通航需要的航道标准、港口与码头建设、水深与河宽与旅游性复航有着较大的区别，在资金投入、工程技术复杂程度、拆迁补偿等方面也差异很大，所以复航需要做好前期的筹划工作，需要在政府统一调度下，环保、水利、国土等多部门通过实地调研、科学规划与论证，既要保障水源来源，又要防止土地盐碱化等问题的出现，将运河复航的负面影响降到最低。

从长远看，通惠河、北运河的发展有着较好的前景。随着中国大运河申遗成功，京津两地加强了对通惠河、北运河的管理与维护，不但对白浮泉、船闸、仓储等文物古迹进行标识、修缮，划定了保护范围，而且相关遗产的保护立法也逐步制定与实施。在新环境、新背景下，北运河管理处、北三河管理处等机构将逐步强化职能，相关工程的建设将更加符合《世界遗产名录》相关要求与规定，同时与国家即将出台的运河遗产保护顶层设计及京津两地的具体实际情况相符合。在运河文化带建设日益发展的今天，京津两地在做好通惠河、北运河河道防洪、抢险、排水等工程建设的同时，将更加重视运河的文化建设与景观建设，要深入挖掘京津两地的运河文化资源，通过运河文化的普及与展示，使更多的群众了解运河、热爱运河，进而保护运河，丰富京津两地的文化内涵。同时要通过湿地工程、绿化建设促进运河与自然、生态、人居的和谐发展，实现运河资源的科学与可持续性发展与利用。

B.3
漳卫南运河水利工程年度发展报告

郑民德*

摘　要： 漳卫南运河对于河南、河北、山东等地的防洪、排涝工作起着重要的作用，2016 年度、2017 年上半年，国家与地方政府在该流域实施了大量的水利工程，以保障沿线农田、城镇用水。通过河道的疏浚、闸坝的维修、物料的蓄积，漳卫南运河的防洪能力进一步增强，保障了区域社会的安全与稳定。同时生态治理与水环境的维护，使该流域的自然环境进一步美化，提升了景观方面的观赏能力，为下一步运河旅游方面的开展奠定了基础。

关键词： 水利工程　漳卫南运河　水环境

漳卫南运河为京杭大运河的重要组成部分，属海河流域水系之一，由漳河、卫河、卫运河、漳卫新河、南运河组成，流经山西、河南、河北、山东、天津五省市入渤海。因漳卫南运河多利用自然河道，所以清末黄河夺运后，该段运河受到的影响不大，一直通航到 20 世纪 70 年代末，后随着上游来水的减少，逐渐断航。在新时期，漳卫南运河主要发挥防洪、排涝、灌溉的功能，相关工程措施也多围绕这些功能进行。随着新的运河保护、利用政策的提出，漳卫南运河流域将进一步挖掘运河的文化功能，推动运河旅游业的发展。

---

* 郑民德，博士，聊城大学运河学研究院副教授，研究方向为明清经济史、运河文化史、社会史。

一　河道管理机构

漳卫南运河属海河水系南系，南运河源头漳、卫两河发源于山西太行山脉，流经晋、冀、鲁、豫、津4省1市，流域面积3.77万平方公里，是海河南系主要的泄洪入海通道。漳卫南运河的直接管理机构为水利部海河水利委员会及其下辖的漳卫南运河管理局。

海河水利委员会，简称海委会，成立于1980年4月，为水利部派出的流域管理机构，依法行使水政管理职责，为行政事业单位。海委会管理范围涉及北京、天津、河北、山西、河南、山东、内蒙古、辽宁8省份，总面积32万余平方千米。海委会机关坐落于天津市河东区，机关内设14个分支部门，辖漳卫南运河管理局、引滦工程管理局、海河下游管理局、漳河上游管理局4个正局级单位，海河流域水资源管理局1个副局级单列结构，水文局1个副局级单位，7个直属处级事业单位，1个直属企业。海委会直接管理的流域内主要水利工程包括潘家口、岳城、大黑汀三座大型水库，922公里河道，1554公里堤防，各类水闸50余座。在加强流域水资源科学调度与优化配置、推进流域水生态环境保护与修复、发挥防汛抗旱职能、提升流域综合管理能力与水平方面发挥了重要作用。

漳卫南运河管理局成立于1958年，隶属海委会，为正局级单位，行使流域内的水权管理职责。管理局位于山东省德州市，下属10个二级正处级单位和4个直属事业单位，包括卫河管理局，驻河北的邯郸河务局、邢衡河务局、沧州河务局，驻山东的德州河务局、聊城河务局，以及四女寺枢纽工程管理局、岳城水库管理局、水闸管理局、水文处、防汛机动抢险队、信息中心、综合事业处、后勤服务中心等，目前有职工1800余人。漳卫南运河管理局所辖防洪工程涵盖淇门以下卫河、岳城水库及以下漳河、刘庄闸及以下共产主义渠、漳卫新河、卫运河、南运河、四女寺枢纽、恩县洼滞洪区的西郑庄分洪闸与牛角峪退水闸等河道与水利工程。河道总长度814公里，堤防长1536公里，大型水库1座，水利枢纽3座，节制闸1座，拦河闸5座，挡潮蓄水闸1座，分洪闸1座，退水闸1座，引黄入卫闸1座。单位职责包括防洪抗旱、水资源保护与管理、工程管理、水土保持、水事纠纷处理、河滩资源开发、流域规划等。

水利部、海河水利委员会对漳卫南运河起着宏观调控的作用，而漳卫南运河管理局则属直接管理机构。20世纪70年代以来，随着漳卫南运河的断航，沿线相关船务、港行部门相继撤销，漳卫南运河管理局主要负责本区域的河道整治、闸坝培修、物料蓄积等工作，同时对汛期的防洪、抗汛，沿线工农业与城市用水起着统一调度，发挥着重要的作用。随着漳卫南运河开发力度的不断加强，沿线城市对于运河旅游、文化功能的规划与建设日益加强，漳卫南运河管理局要统一协调不同区域之间的矛盾与利益冲突，将工程建设、水政管理与区域旅游、文化建设相结合，实现漳卫南运河科学、有序、稳定管理与运行，不断为沿线社会发展、经济进步、社会和谐贡献力量。

二　工程规划与建设

漳卫南运河目前不承担航运任务，但仍然对区域内水资源调配、防洪泄洪、农业灌溉、存水蓄水起着重要作用。2016年全年与2017年上半年，漳卫南运河管理局对辖区内的水利工程进行了整体的检查与维护，针对汛期内的各种潜在的隐患予以科学处理，有效地防止了安全事故的发生。

河长制的确立与完善。漳卫南运河流域的河北、山东、河南三省，贯彻与落实中央河长制政策，通过管理措施的完善，提高区域河道管理效率，促进河道运转稳定运行。2017年河北省印发《河北省实行河长制工作方案》，主要任务包括水资源保护、加强河湖水域岸线管理保护、水污染防治、水环境治理、水生态修复、执法监管等工作，相关职能部门要强化组织领导、创新制度机制、落实资金保障、严格考核问责、加强社会监督，从而达到解决复杂水问题、维护河湖健康生命的目的。山东省委办公厅、省政府办公厅也联合印发了《山东省全面实行河长制工作方案》，在坚持生态优先、绿色发展；党政领导、部门联动；科学治理、系统整治等基本原则的前提下，落实省、市、县、乡四级河长制体系，形成明确责任、协调有序、严格监管、保护有力的河湖管理保护体制与良性运行机制，以加强水资源的管理，防治水污染，实现水资源的科学利用与可持续性发展。河南省省委、省政府联合印发《河南省全面推行河长制工作方案》，成立河长制办公室，建立省市县乡村五级河长制，各地、各部门要切实增强全面推行河长制的紧迫感、使命感、责任感，做到工作方案到位、组织体系和责任落实到位、相关制度与政策措施到位、监督检查和考核评估到位，确保各项目标落地生根、取得实效，为河湖健康生命维护、河湖功能永续利用提供制度保障。

相关工程建设项目的顺利推进。卫运河治理工程为海河委员会、漳卫南运河管理局2016年度重点项目，本年度施行了大规模的河道疏浚、闸坝建设与整修工程，其中整修险工8座，加固堤防长度9.8千米，穿堤建筑物工程拆除封堵8座，维修加固80座，拆除重建12座，堤防整修147.71千米，堤顶防汛道路整修97.278千米，共计投资金额1.3亿元。同时对卫运河徐万仓至四女寺段157千米河道进行了治理，内容包括河道清淤、险工整治、堤防加固、穿堤涵闸与重建工程、涵管维修加固、涵管拆封堵工程等，使该段河道防洪标准达到50年一遇，行洪量达到4000立方米每秒，3年一遇排涝标准，设计排涝量900立方米每秒。针对漳卫南运河各处险工存在的问题及促进卫运河整治进度及效率，漳卫南运河管理局相关领导及时检查工程进度，召开河道工程座谈会，严格保障工程质量与标准，重视安全生产。水利部重大水利工程安全巡查组也针对卫运河治理工程进行了重点检查，并对郭屯、李庄、珠西、郭庄、白庄、三店、朱唐口七座涵闸工程、滩上险工进行了现场安全检查，有针对性地对下一步工作进行了安排与布置，并提出了意见与要求。为加快海河流域节水供水重大水利工程建设，海委会派出两个检查组，分别对流域内各省市及漳卫南局所属节水供水重大水利工程建设情况进行督导检查，检查组深入卫运河治理工程、引黄入冀补淀工程、天津市永定新河二七工程等重大项目进行了重点检查，认为工程建设取得了一定成效。检查组同时对制约灌区续建配套改造、田间高效节水灌溉、蓄滞洪区建设等项目的征地拆迁、配套资金等问题有针对性地提出了建议与意见。2016年初天津西青区启动水系循环工程，该工程共计投资325818.15万元，内容包括南运河提升改造工程、泵站建设工程、水循环调控工程等3大项15个子项的施工任务，通过清淤、堤岸建设、河道扩挖、堤岸生态修复、岸边过渡绿化等工程，建设南运河滨水生态走廊，提高区域文化、生态景观品位。

防洪抢险工程的有效落实。2016年汛期，漳卫南运河出现了洪峰大、时间长等艰巨任务。为保障河防安稳与区域社会秩序稳定，漳卫南运河管理局及下属单位紧急启动橙色应急响应，对流域内各处河段、工程进行紧急检查，以确保汛期安全。沧州河务局在汛期期间不分昼夜，徒步检查各险工段、相关涵洞闸座及在建项目，将各隐患处进行紧急处理，随时观察、观测洪峰时间及最高水位，通过现代信息手段交流最新水情，商讨对策。为保持河道畅通，沧州河务局拆除了阻挡洪水下泄的吴桥段内石济客运专线、岔河河道内的涵管式土坝施工便道、减河河道内的浮桥，从而保障了洪水的顺利下泄。德州河务局启动应急响应，密切关注汛情，不间断进行堤防巡查、河道清障、险情处理、资料统计，到各险要河段现场督导，消除安全隐患，紧急叫停石济客运专线跨减河大桥、华能德州热力有限公司热力管道穿河工程、李家岸引水线路倒虹吸等工程，确保洪水顺利下泄，并对相关设备、水利工程进行检查、检修，掌握第一手水情资料。邢衡河务局强化防汛责任制，对辖区内30处险工、85座涵闸、133公里堤防全面监测，紧急拆除妨碍洪水下泄的浮桥，对被洪水冲垮的故城建国险工浆砌石护破面、漏水的清河县南李庄引水闸坡面进行紧急抢修，使险情化险为夷。洪峰过后，为做好蓄水工作，故城、临西、清河三县将水源引入沿河沟渠，以作为灌溉备用水源；馆陶河务局联合冠县河务局拆除阻碍泄洪的浮桥2座，对漳、卫汇合口处徐万仓加大巡查力度与次数，将全部抢险物资布置到位，共同筑起了防洪抢险的责任网；四女寺水利枢纽工程管理局作为漳卫南河下游主要控制枢纽，工作人员不断巡查险要河段，进行紧急汛前演练，劝阻捕鱼群众，调配抗洪抢险战略物资，行洪期间共启闭四女寺闸门49次，下泄洪水5亿立方米，确保了汛期的安全。

三　问题及解决举措、发展前景

漳卫南运河的水利工程作用主要体现在防洪、泄洪、排涝等方面，河南、河北、山东沿河地区组织精干力量，排除险情隐患，充分准备抗洪抢险物资，对各处水利设施闸、涵检修、维护，积极发动群众维护大堤安全，从而安全度过了 2016 年的汛期。除此之外，卫运河治理工程作为 2016 年、2017 年漳卫南运河管理局重点项目，在各级领导的关心与指导下，工程进度平稳有序地进行，按期保质完成了相关工程量，从而使河道的行洪能力大为提高。在水环境保护上，主要通过相关景观带的建设、拦水蓄水等措施以提高旅游开发的力度，保障城市用水，提高水质量，改善区域水环境。

漳卫南运河在工程建设方面取得了巨大的成绩，为保障区域社会安稳做出了重要贡献。但仍然有部分问题需要解决与重视。首先，漳卫南运河分布于山东、河北、天津数省市，分布地域广，河道距离长，险工众多，管理难度较大。尤其是汛期集中于夏秋两季，洪峰下泄量大，给沿岸农业、工业、城镇造成了重大威胁，所以有效管理运河，通过详细规划的制定，科学施工，保障流域工程质量，防止重大安全事故的发生。其次，漳卫南运河流域河道管理部门众多，沿线城市河务局、闸管所、水利枢纽工程管理局均负有管理本辖区河政事务职责，如何确保不同职能部门之间的交流与合作，确保精确信息的沟通，是一项重大的任务。河防汛情往往千钧一发，不能有丝毫耽搁，只有不同河段管理部门之间建立长期、有效的信息分享、经验互动、教训总结，才能使河防安澜，将隐患消除于萌芽之中。再次，漳卫南运河与其他断航河段不同，直到 20 世纪 70 年代尚能通航，只是后来随着上游来水的减少，才逐渐丧失航运功能。目前在漳卫南运河 800 余公里的河道中，尚有大量的船闸等水工设施，有着复航的有利条件。因此，漳卫南运河复航规划应科学、统筹考虑现有河道的水工设施、桥梁、码头等，能够合理利用或可以加以改造者，需要进行科学施工与维护，以减少资金的耗费与提高工程进度。最后，漳卫南运河的长期规划要与国家的运河文化带顶层设计相符合。运河文化带建设是一项长期、复杂、系统的工程，它既包括河道工程建设、河防维护，也包括运河文化遗产的保护与利用、运河旅游业的开发、运河文化产业创新等，所包含的内容十分丰富。要站在宏观的高度审视漳卫南运河流域的发展，通过运河文化长廊与生态走廊建设，不断提高运河的文化、旅游功能，使文化优势向产业优势、经济优势转化。要加大、加快沿线基础设施建设，通过大量资金的投入、科学工程的施工，促进沿线区域自然、生态、社会的和谐发展，要将漳卫南运河当作沿线城市的交通、经济、文化走廊，扩大不同区域之间的交流与合作，以合作促发展，以发展促合作，共建繁荣、兴盛、绿色的漳卫南运河区域社会。

从长远看，漳卫南运河除继续发挥流域调水、防洪排涝、农业灌溉等功能外，还将强化运河的文化建设、景观升级功能，在深入挖掘流域文化资源，扩大运河文化宣传的同时，通过运河旅游业的开发、运河文化遗产的保护与利用、运河景观的改造等，使漳卫南运河与经济发展、生态平衡、社会进步等方面的联系不断增强，使漳卫南运河不断服务于社会发展与经济进步。

B.4
会通河水利工程年度发展报告

郑民德*

摘　要： 会通河主要为山东临清至枣庄段的鲁运河，该段运河淤塞时间长，只有济宁至枣庄段尚能通航，多数河道不能正常使用，部分河道作为景观河道或城市防洪、泄洪所用。会通河水利工程主要以济宁以南的航道工程为主，其他河段工程项目较少，多为汛期防汛工程，部分为灌溉工程。

关键词： 水利工程　会通河　防汛灌溉

会通河在元代开凿时，范围较小，指临清至东平之间的河道，后范围不断扩大，为方便介绍与说明，现将临清至枣庄段的山东运河皆称会通河。清末黄河决口，会通河受到的影响最大，因中段张秋镇运河被拦腰截断，导致南北断流150余年。目前会通河只有部分河段通航，泰安港正在建设之中，该段运河将很快与济宁运河连通，实现复航。只有聊城段由于淤塞历史时间长，复航难度较大。目前，会通河的水利工程在济宁以南主要以航道工程为主，而聊城段运河主要以防洪、泄洪、灌溉工程为主。

一　河道管理机构

会通河目前济宁至枣庄间运河为通航河段，济宁至临清为断航河段。会

* 郑民德，博士，聊城大学运河学研究院副教授，研究方向为明清经济史、运河文化史、社会史。

通河通航河段的管理单位为山东省交通运输厅港航局，具体到地方则为济宁市港航局、枣庄市港航局。另外运河沿线湖泊的管理机构则有淮委南四湖水利管理局、济宁市南四湖水利管理局。这些管理机构主要负责辖区内的港航建设、水利工程建设、湖泊与河道维护等事务。

山东省交通运输厅港航局，属交通厅直属单位，级别为副厅级，下设办公室、财务基建处、港口处、运输处、船检（海事）处等机构。近年来山东港行事业发展迅速，京杭大运河北延工程基本完工，洙水航道全线通航，韩庄、万年复线船闸与新万福河航道开工建设，建成济宁港森达美、嘉祥港区，菏泽港、巨野港区等现代化、规模化港区。内河通航里程达 1150 公里，其中三级以上航道 272 公里，内河港口累计完成吞吐量 3. 55 亿吨。

济宁市港航局为正县级单位，局机关设办公室、人事科、水运安全科、计财科、监察室、航政法规科 6 个科室，下辖 21 个事业单位。其中济宁市海事局为正处级事业单位，市水路交通稽查支队、市航道管理处为副处级事业单位。主要职责为制定全市港行发展战略，编制水路运输规划，监督水路运输市场与基础设施建设市场，规范市场行为，负责全市船只检验、船员培训及港口、航道布局规划，相关港行设施的维护与管理，负责水上交通安全的监督管理和航运规费的管理与征收。目前全市通航里程达 1100 公里，其中三级主航道 153 公里，占全省航道的 80%，吞吐能力达 7000 多万吨。2016 年全市累计完成港口吞吐量 5603 万吨，同比增长 6. 9%，水路货运量 4101 万吨，同比增长 6. 5%，完成客运量 260 万人次，同比增长 19%，客运周转量 1061 万人公里，同比增长 12%。

枣庄市港航局，成立于 1993 年 12 月，由枣庄市航运管理处更名为枣庄市航运管理局，为正县级事业单位，主要负责京杭运河枣庄段的航道、船闸、港口、船舶、水运市场、水上交通安全执法、管理与服务工作。2003 年正式登记为事业单位法人，机关设办公室、组织宣传科、财务科、人事劳资科、综合科、审计科、行政许可科、总工程师办公室、信息化建设管理科、培训中心等 17 个机关科室，局属地方海事局、船舶检验局、水上搜救中心、运输管理处、航道管理处、港行管理处、水上安全检查站、船闸管理处、京杭办等13个基层单位。主要职责为贯彻国家、省、市交通行业法规，制定全市水路运输行业发展策略和政策规定，负责海事管理、水路运输、航道管理、港口经营等相关行政许可事项，负责全市水路交通运输市场监督管理，承担全市水上交通安全监管责任，负责全市水路基础设施建设市场监督管理，负责运输船舶的检验与管理，贯彻国家与省水路交通行业科技政策、技术标准与规范，负责全市港行事业规费的征收、稽查与使用管理，综合分析、预测行业运行情况，负责水路精神文明建设，负责水路运输方面的交流与合作，承担市委、市政府交办的其他事项。2016年全局在编469人，航道里程108.4公里，其中43里主航道为国家所规定的三级航道标准，建有台儿庄、台儿庄复线、万年闸船闸3座国家二级标准船闸。其中万年闸单线船闸年单向通过能力2100万吨，台儿庄双线船闸年单向通过能力4300万吨，即将开工建设的万年闸复线船闸分布有台儿庄、峄城、薛城、滕州四大港口，年吞吐能力共2000余万吨，拥有各类运输船只3500艘。

南四湖管理局为淮河水利委员会下辖的沂沭泗水利管理局的直属机构，为正处级事业单位，在所管理的范围内行使水行政管理职责，主要职责为辖区内河道、湖泊、枢纽工程的统一管理与安全运行，水资源的统一管理，辖区内直管工程的防汛抗旱工作，辖区水政监察与水行政执法工作，辖区内工程的维修养护工作，负责提出辖区内基本建设项目投资建议计划，负责辖区内水土资源的开发与利用，依法征收各项水利规费，承担沂沭泗管理局交办的其他工作。该局共设7个内设机构，下设6个基层管理局与4个直属事业单位，均为正科级。7个内设机构为办公室、水政水资源科（含水政监察支队）、财务科、人事劳动科、水利管理科（含防汛抗旱办公室）、监察审计科、局工会。6个基层管理局分别为二级坝水利枢纽管理局、韩庄水利枢纽管理局、韩庄运河水利管理局、上级湖水利管理局、下级湖水利管理局、蔺家坝水利枢纽管理局。4个直属事业单位为机关后勤服务中心、防汛机动抢险分队、综合经营管理中心、中央防汛物资储备定点仓库。

济宁市南四湖水利管理局，前身是2002年6月成立的济宁市南四湖湖东大堤管理处，后来为加强对南四湖的水资源管理，改建为济宁市南四湖水资源管理处。2006 年 11 月，更名为济宁市南四湖水利管理局，升格为副县级行政单位，内设综合科、工程科、水资源科、水政科 4 个科室，经费来源由最初的自理改为财政拨款，编制额数为 52 人。主要职能为负责南四湖水资源的统一开发管理、利用、调度、保护和合理配置；按照国家资源与环境保护的有关法律法规，拟定水资源保护规划；组织实施取水许可和水资源费征收工作；拟定南四湖管理范围内节约用水政策，编制节约用水规划工作；负责管理范围内湖东大堤堤防及其他工程的日常运行、维护和管理，负责管理范围内建设项目的审查、监督，依法征收管理范围内的水费；负责对管理范围内排污口的新建、改建和扩大提出初步审核意见并报上级主管部门批准；负责岁修工程计划安排与实施，制定防汛抢险预案与人力防守措施等工作。

二　工程规划与建设

会通河段的工程建设主要为航道建设，例如航道标准的提高、船闸的修建与维护等，相关工程的实施对于提高运河的运输量，增强航运效率起到重要的作用。此外，港航附属设施的修建也是重要组成部分，如港口、船舶的维修等。水资源的利用与水环境的保护也逐渐成为工程建设的重要内容，充分体现了国家和社会对生态环境保护意识的逐渐增强。

工程会议与工程建设。2016 年 4 月，山东省政府在济宁召开京杭大运河港航建设发展座谈会。会议提出到 2020 年，京杭大运河山东段项目计划投资 220 亿元，全省内河通航里程达 1350 公里，港口吞吐量达 2 亿吨，建成“一干多支、干支直达”的内河港口群。济宁计划将京杭大运河升级为二级航道，同时加快船闸建设，解决船舶通行问题。济宁至徐州段航道三级升二级，涉及里程 178 公里，位于济宁部分占 140 公里，升级后的航道可以通航 2000 吨级船舶，水深比三级航道加深 0.6 米，单线直线航道宽度增加 10 米以上，工程于 2016 年底前后进行。根据总体规划与布置，到 2020 年，济宁市的二级航道将达 192 公里，高等级航道总里程将达 765 公里，并同时规划主城、微山、梁山、汶上、嘉祥、邹城、金乡、鱼台八大港区，下设26个作业区，新建泊位228个，预留24个。2016年10月，京杭大运河万年闸复线船闸工程建设推进会在中建筑港项目部会议室召开，针对工作中出现的问题做了下一步的部署与安排。截至10月24日，京杭大运河济宁至台儿庄航道三级改二级、京杭大运河湖西航道改造、梁济运河梁山至邓楼段船闸复航三项重点航道工程，全部提前两个月完成立项，其中“三改二”工程按二级航道标准扩建，全长140.4公里，总投资29.62亿元。湖西航道改造工程航道全长34.9公里，其中按二级航道标准建设27.3公里，按三级航道标准建设7.6公里，总投资15.7亿元。梁济运河梁山至邓楼段船闸复航工程，扩建三级航道17.5公里，总投资8.37亿元。其中“三改二”工程、湖西航道改造工程纳入了长江经济带综合立交交通走廊规划项目，是京杭大运河与长江干线航道无缝对接的关键。

水资源利用与保护。2016年6月，济宁“引水入城”连接工程南跃进沟提水站正式提水，水质经过检测后，如果符合标准，梁济运河的水将进入主城区，从而使城区内的河道能用上运河水。按照长远规划，小洸河、小府河将分步实施各项治理与建设工程。8月，京杭大运河山东段航运防污染工作现场会议在济宁港太平港区荣信作业区召开，会议提出要系统梳理港航防污治污的关键环节和重点部位，做好新建船舶及港口码头、老旧船舶及港口码头、非法小码头、垃圾回收转运等污染防治工作，全力推进港行转型升级。9月，山东省公布了《山东省水资源综合利用中长期规划》，该规划从用水总量、供水能力、用水效率、水生态文明建设等方面提出了具体目标，并重点实施节水、水资源开发利用、水生态保护、水资源管理等4类重点工程，同时将在现有河湖水系、调水工程、水库工程的基础上，形成“T”形骨干工程，连通包括南四湖、东平湖、韩庄运河、大沽河、潍河、大汶河、小清河在内的“两湖多库、七纵九横、三区一带”，形成集跨流域调水大动脉、防洪调度大通道、生态保护大格局于一体的骨干水网，该计划总投资达5446亿元。

总体看来，在过去的一年中，会通河段的主要工程建设多集中于航道标准的提高、码头的修建、船闸的升级、新航道的疏浚等，这些工程的顺利实施或完工，对于扩大京杭大运河山东段与其他河段的对接，提高货物运输量具有重要的作用，同时也促进了区域社会经济的发展。

三　问题及解决举措、发展前景

2016 年全年与 2017 年上半年会通河的水利工程建设主要为航道工程建设，其内容包括航道标准提升、闸涵改造与维护、港口建设、复线设计与施工等，其中尤以济宁运河与济宁港的投资力度最大，这也充分体现了济宁在山东内河航运中的枢纽地位，同时山东省对于内河航运的发展异常重视，通过召开座谈会、长期财政拨款等方式以促进内河航运事业的进步。在旅游景观建设上，沿河城市致力于生态环境的保护、运河旅游业的开发，投入大量资金强化对环境的治理，力求将运河建成美丽之河、经济之河、文化之河。

会通河区域工程建设的主要问题体现在以下几个方面。

济宁以北河道尚未通航，严重制约了区域社会经济的发展。自清末黄河北徙后，山东济宁以北河道被黄河泥沙淤塞，逐渐断航。近百年来，随着经济的发展与现代交通方式的进步，该段运道遭到废弃，部分河段种植上了庄稼或树木，河形完全消失，只有城市中的运河得到较好的维护与修缮，作为景观河道与旅游之用。因此，要促进山东运河与江苏、浙江两省的商货交流，实现山东省内运河的复航尤为重要。山东运河复航首先要解决的问题是过黄问题，“黄运交汇”是水利工程史上的难题，需要科学规划、谨慎施工，以涵洞或高架渡槽的方式实现黄运分离。其次是水源问题，会通河在古代就以水源匮乏而著称，需以南旺分水枢纽为中心，集汶、泗及泉源诸水实现南北分流，在现代工农业用水日趋紧张的局面下，如何保障运河复航后的水源，是一个值得深入研究的问题。最后，运河复航后，山东省要建立统一的运河管理机构，通过相关法律、法规的制定，实现科学管理、维护，保障航道正常运转。

相比江苏省、浙江省的航运建设，山东省航道还存在着标准低，通航里程短的问题。2015 年京杭大运河山东段的货运量为 5200 万吨，而江苏段、浙江段分别为 4.1 亿吨、2.1 亿吨，2015 年山东省、江苏省、浙江省内河港口吞吐量分别为 7920 万吨、5.5 亿吨、3 亿吨。之所以有如此大的差距，与山东运河通航河段距离较短，航道标准较低有密切的关系。山东省京杭大运河三级以上航道不到 300 公里，江苏省京杭大运河三级航道超过 1000 公里，浙江省也超过山东，航道标准的差距严重制约了货运量与船只通过量，不利于经济的发展与省际、省内交流。近几年来，山东加快了航道基础设施建设的步伐，先后投资修建了大量的港口、码头，并疏浚航道，扩修闸涵，使这一问题得到局部解决。

运河城市旅游开发，古镇建设缺乏统一规定与科学布局。随着中国大运河申遗的成功与运河文化带建设的开展，会通河沿线城市对于运河旅游业发展、运河文化产业创新非常重视，先后投入巨资建设运河古镇、布局运河文化产业园区，但是由于缺乏科学的规划与宏观的指导，很多城市在发展的过程中出现了诸如同质性建设严重、旅游品牌不明显、文化遗产保护不力、缺乏文化内涵等问题，导致大量资金被浪费，部分文物古迹遭到损坏，产生了很多弊端与负面影响。会通河沿线城市的旅游开发应在遵循客观规律与城市实际的前提下，通过政府引导、专家论证、实地考察等方式进行长期调研，确保工程建设符合自然、生态、社会发展规律，实现可持续性发展与利用。

在国家统一的运河保护、利用政策出台后，山东省将制定详细的会通河沿线区域经济发展、生态环境保护、文化产业开展等方面的规划，加强运河城市之间在经验、教训上的交流与总结，通过运河串联起区域协同发展，共同进步的脉络，实现运河文化遗产的科学保护、利用、传承，同时通过相关工程的建设，促进航运事业的发展、城市环境的改善、水污染的治理，使会通河成为山东的经济之河、生态之河、文化之河。

B.5

苏北运河水利工程年度发展报告

高元杰*

摘　要： 苏北运河包括中运河、里运河和不牢河河段。新中国成立后经过持续整治，目前各河段均具有防洪、排涝、灌溉、航运，乃至跨流域调水的综合性功能。目前苏北运河的水利（堤防）管理多由各市区县设置的专门机构负责，如中运河的骆马湖水利管理局、宿豫区中运河管理所、宿城区中运河管理所、泗阳县中运河管理所，里运河的淮安市中里运河管理处、宝应县京杭大运河管理处、高邮市京杭大运河管理处、江都区运河管理处、广陵区运河管理所、邗江区运河管理所，不牢河的徐州京杭大运河不牢河段管理处等。2016～2017上半年，苏北运河水利工程与管理项目主要有：出台《洪泽湖网格化管理实施意见》《京杭运河不牢河段河道管理考核办法（试行）》、瓜洲泵站工程开工、淮安市里运河北门桥控制工程验收、宿迁皂河闸除险加固工程水下阶段验收、淮安三站改造工程2号机组验收、南水北调（东线）工程向北供水、水情教育和水环境保护、港航工程建设等。

关键词： 水利工程　苏北运河　南水北调

* 高元杰，博士，聊城大学运河学研究院讲师，研究方向为生态环境史、运河文化史、明清社会经济史。

苏北运河包括中运河、里运河和不牢河河段。

中运河，是京杭大运河在江苏苏北境内的一段，北起苏鲁交界的台儿庄，南至江苏省淮安市杨庄淮阴船闸，全长190多千米，是江苏省北部重要的排洪、排涝、灌溉、通航河道。

里运河，是京杭大运河在江苏苏北境内的一段，北起淮阴，连接中运河，南至六圩入长江，长168公里，为防洪、灌溉、航运、排涝、跨流域调水等综合利用的重要河道。

不牢河，西起微山湖南端的蔺家坝闸，东至邳州大王庙附近入中运河，全长72公里，流域面积1343平方公里。不牢河是徐州市境内南水北调、东水西送的主要河道，也是江苏北煤南运大动脉的重要组成部分，为一条具有泄洪、排涝、供水、灌溉、航运等综合效益的重要河道。

一　河道管理机构

（一）中运河水利（堤防）管理机构

中运河流经宿迁、泗阳、淮阴3县，其堤防在20世纪50年代初由苏北运河工程局北段工程处管理。工程处不仅管理河道堤防而且担负指导各县河堤岁修施工的任务。由于当时技术力量不足，施工和管理工作由各县水利部门具体负责。随着工程标准的提高，管理任务的加重，逐渐形成专业管理与群众管理相结合的管理体制，各县先后建立了中运河堤防管理组织。经过复杂的变动，目前台儿庄至宿迁闸的中运河由淮委沂沭泗水利管理局直属的骆马湖水利管理局管理，宿迁闸以下至宿泗交界右堤归宿迁市宿城区中运河管理所管理，左岸归宿迁市宿豫区中运河管理所管理，泗阳县中运河归泗阳县中运河管理所管理，淮安市中运河和里运河归淮安市中里运河管理处管理。

1. 骆马湖水利管理局

骆马湖水利管理局是水利部淮委沂沭泗水利管理局直属的流域管理机构（正处级），1985年2月组建，局址在江苏省宿迁市富康大道。骆马湖水利管理局统管沂沭泗流域下游江苏境内的“五河一湖三闸”——沂河、邳苍分洪道、总沭河、中运河（宿迁闸以上）、新沂河、骆马湖以及宿迁闸、嶂山闸、骆马湖水资源控制闸等流域性防洪工程及水资源，管理河道长362.1公里，堤防658.2公里。

2. 宿迁市宿豫区中运河管理所、宿城区中运河管理所

宿豫区中运河管理所现位于宿迁高新区武夷山路与金沙江路交会处，单位的主要职能和职责为：担负中运河左岸由宿迁闸至宿（豫）泗（阳）交界全长39.7公里河道与41.13公里堤防的管理维护任务；担负区级防汛物资储备管理及全区防洪排涝应急任务。

宿城区中运河管理所负担中运河右岸由宿迁闸至宿（城）泗（阳）交界的河道和堤防的管理维护任务，具体职能和职责与宿豫区中运河管理所相同。

3. 泗阳县中运河管理所

泗阳县中运河管理所于1972年成立，原名为泗阳县运河堤防管理所，1992年更名为泗阳县中运河管理所。中运河流经泗阳县境内河道长37.83公里，堤防长64.22公里，流域面积约22.32平方公里。河道建有节制闸1座，渠道建筑物6座，引排涵洞8座，抽水站2座，排灌站23座，跨河桥梁7座，船闸3座。境内引水60～80立方米/秒流量，保证了中运河沿岸30万亩农田灌溉用水。

4. 淮安市中里运河管理处

该处直属于淮安市水利局，管理苏北灌溉总渠、盐河、废黄河、中里运河等河道淮安段，其中直接管理范围为里运河、大运河淮安城区段。淮安市中里运河管理处最初为成立于1977年的淮阴地区中运河管理处，1983年4月18日，与原清江市堤防管理所、原淮阴地区里运河堤防管理所合并为淮阴市中里运河堤防管理所。办公地址由泗阳县众兴镇迁到清浦区南港，编制为22人。1995年更名为淮安市（2001年更名为淮阴市淮安区）中里运河管理处。淮安市中里运河管理处的主要职能包括水法规宣传、水政执法、规费征收、河道保洁和绿化、城区防汛等。

5. 江苏省骆运水利工程管理处

该处是1985年8月由江苏省骆马湖控制工程管理处与江苏省第三抗旱排涝队合并组建而成，隶属江苏省水利厅。机关坐落于宿迁市区古黄河畔，主要管理泗阳站、泗阳二站、刘老涧站、皂河站、沙集站等5座大型泵站和泗阳闸、黄墩湖滞洪闸、皂河闸、刘老涧节制闸、刘老涧新闸、沙集闸、六塘河闸、洋河滩闸、房亭河地涵、新邳洪河闸等10座大、中型涵闸；承担2.1公里邳洪河大堤的管理维护。共有大型抽水机组19台套，是南水北调第四、五、六梯级站，淮水北调第一、二、三梯级站，拥有一支国家级防汛机动抢险队，配备485台套流动抗排机组及一大批防汛抢险设备。

骆运管理处还承担着江苏省骆马湖联防指挥部办公室的日常工作；承担江苏省骆马湖管理与保护联席会议办公室的日常工作，受省水利厅委托行使骆马湖、微山湖（江苏境内）的湖泊管理与保护职能；自2008年7月开始，受江苏省水源有限责任公司委托，承担南水北调泗阳站（部分）、刘老涧二站、皂河二站、睢宁二站、解台站、蔺家坝站的管理工作。

6. 江苏省灌溉总渠管理处、江苏省淮河入海水道工程管理处

两处合署办公，机关坐落在淮安市，管理着苏北灌溉总渠、淮河入海水道沿线和白马湖、宝应湖周边控制工程及南水北调东线第二、三梯级泵站等37座工程，同时还承担着淮河入海水道工程行业管理及白马湖、宝应湖湖泊管理等任务。该处下设机构与运河密切相关的有高良涧闸管理所、运东闸管理所（淮河入海水道工程管理处大运河立交管理所）、南运西闸（宝应县氾水镇里运河西堤西侧）管理所、北运西闸（淮安市楚州区里运河西堤）管理所、运西分水闸（苏北灌溉总渠与京杭大运河交汇处）管理所等。

（二）里运河水利（堤防）管理机构

1. 宝应县京杭运河管理处

担负京杭大运河宝应段40.5公里、淮河入江水道大汕隔堤4.7公里河道堤防工程管理工作，设有办公室、财务科、京杭中队、工务科、生产科、收费科、运行科7个科室和大汕、范水、新民、城郊、黄浦5个管理站；另

外，处属潼河管理所、运西河道管理所、大三王河管理所、金宝河道管理所受托管理南水北调宝应境内潼河、运西河、大三王河、金宝河等工程。

2. 高邮市京杭运河管理处

位于扬州市高邮市府前街209号，前身为“高邮县运堤林业管理站”，1991年正式更名为“高邮市京杭运河管理处”。目前设置人秘股、工程管理股、堤防管理股、林木管理股、财务股；同时在运河沿线设立5个基层管理站，具体负责京杭大运河高邮段河道堤防日常管理工作。

3. 扬州市里运河工程管理处

扬州市里运河工程管理处是扬州市水利局直属单位，负责对里运河河道及其配套工程实施管理、维修和养护；保证工程完好，制止侵占、破坏或损坏河道及其配套工程的行为；执行水情调度指令，保证工程正常运行；参与长江堤防巡查监督管理工作等。

4. 扬州市江都区运河管理处、广陵区运河管理所、邗江区运河管理所

江都区运河管理处是江都区水务局直属单位，主要负责京杭大运河、高水河东西堤防及邵伯湖管理、维护、绿化工作。广陵区运河管理所成立于2011年12月，是广陵区水利局直属单位，主要负责京杭大运河、高水河东西堤防的管理、维护、绿化工作。邗江区运河管理所是邗江区水利局的直属单位，主要负责邵泊湖地区补水及邗江北洲地区排涝工作。

（三）不牢河管理机构

江苏省徐州京杭运河不牢河段管理处，成立于1984年，为省水利厅委托徐州市水利局代管单位，全处共有在职在编职工13人。设工程、财务、政秘、后勤4个股室。管理范围：西起微山湖南端的蔺家坝闸，东至邳州大王庙附近入中运河，全长72公里，流域面积1343平方公里。职能：京杭大运河不牢河段堤防工程管理及其维护；负责报批占用京杭大运河不牢河段管理范围内的工程用地、征收河道堤防占用补偿费、查处水事案件等水行政执法。

（四）港航管理机构

京杭运河江苏省交通运输厅苏北航务管理处。苏北航务管理处成立于1988年12月，是省交通厅直属全民事业单位，地址为淮安市延安东路68号。该处负责对京杭大运河苏北段（蔺家坝船闸下游引航道—长江六圩口）、中运河、两淮里运河的航道、航政和船闸等工作全面管理。管辖航道为二、三级航道，可通航2000吨级船舶。

二　工程规划与实施

河湖水利工程管理。2016年4月江苏省洪泽湖管理委员会第一次全体成员会议研究通过了《洪泽湖网格化管理实施意见》，对洪泽湖实施网格化管理。9月底，洪泽湖6位"湖长"、53位副湖长和125位网格长全部到任，开始履行洪泽湖管理与保护的职责。7～9月，徐州京杭运河不牢河段管理处制定、印发《京杭运河不牢河段河道管理考核办法（试行）》。

水利工程建设。2016年4月18日，扬州市区域防洪的骨干工程瓜洲泵站工程正式开工，主要内容为建设泵站一座，设计流量为170立方米/秒，开挖上、下游引河共约1230米，工程估算投资约6亿元，涉及邗江区和扬州经济技术开发区，计划工期26个月。5月30日，淮安市里运河北门桥控制工程通过市水利局组织的水下工程阶段验收，该工程等别为Ⅱ等，近期防洪标准为百年一遇，远期防洪标准为300年一遇，工程投资约1亿元，工程主要内容包括一座净宽30米的节制闸和桥宽25米的闸桥结合枢纽建筑物，满足挡洪、蓄水、通航、城市水景观及交通要求。6月6～7日，江苏省水利厅在宿迁市主持召开了皂河闸除险加固工程水下阶段验收会议，工程位于宿迁市皂河镇北约2公里处，东接骆马湖南堤、西接皂河船闸东堤，与洋河滩闸、骆马湖南堤等组成骆马湖一线控制工程，是骆马湖泄洪口门之一，同时又是中运河水位的控制工程，具有防洪、灌溉、发电、保航等功能。7月13日，淮安三站改造工程2号机组顺利通过启动试运行验收，该工程是省总渠列入年度目标任务的重点水利建设项目，工程自投入运行以来，累计运行 34396 台时，抽水 27.334 亿立方米，发挥了良好的社会效益和经济效益。

南水北调（东线）工程。江苏省南水北调（东线）工程主要利用运河线各类工程逐级调水北送，经骆马湖、韩庄运河送水至台儿庄站下进入山东省。2016 年度江苏省向山东省调水分为两个阶段，第一阶段从 1 月 8 日起，春节前结束，第二阶段从春节后开始，5 月中旬结束。5 月 29 日，江都抽水站停止向里运河补水运行，截至该日上午 8 时，江都站共运行 136 天，累计调水 11.17 亿立方米。7 月 22 日，江都东闸恢复东引江水，向里下河地区补水。8 月 23 日，根据江苏省防指调度指令，管理处迅速开启一站、三站和四站共 19 台机组，以 220 立方米/秒的流量向里运河补水。2017 年 2 月 3 日，江都东闸恢复东引江水，向里下河地区补水。5 月 8 日，按照江苏省防指调度指令，江都四站迅速开启 5 台机组，以 150 立方米/秒的流量向里运河补水。

运河防洪防涝。2016 年江苏省太湖地区发生流域性特大洪水，太湖平均水位高达 4.87 米，为历史第二高，苏南运河、水阳江及秦淮河流域发生超历史洪水。在江苏省委省政府领导下，夺取了防汛抗洪工作的全面胜利，实现防汛防旱减免灾效益 98.5 亿元。2016 年江苏省淮沭新河管理处累计供排水 187 亿立方米，较好地保障了淮北地区工农业及居民生活用水以及京杭大运河等河道航运水位，发挥了省属水利工程泄洪、供水、航运等效益。

水情教育和水环境保护。2016 年初，淮安市与江苏省水利厅联合启动水利博物馆（水情教育中心）项目，该项目由河道总督署（清晏园）负责建设，5 月 11 日，淮安市河道总督府（清晏园）成为全国首批八家国家水情教育基地单位之一。9 月 5 日，扬州市古运河被评为国家级水利风景区。2017 年 3 月 15 日，宿迁水利遗址公园被列为 2016 年国家水情教育基地。2017 年 3 月，江苏省全面推行河长制工作部署以及全省水行政执法工作安排，在全省组织开展河湖保护专项执法行动，这次行动分动员部署（3 月）、执法检查（4 月 1 日至 5 月底）、查办案件（6 月 1 日至 11 月底）、验收总结（截至 12 月底）四个阶段，着力查处涉水违法建设、破坏水资源、非法圈圩、非法采砂取土等水事违法行为，维护河湖生命健康。

港航工程建设。2016 年 1 月 1 日，江苏邳州港新港正式破土动工，新港规划选址在京杭大运河右岸大王庙下游 1000 米至 2800 米范围内，占地 1484 亩，工程一期投资约 20 亿元，新港建设工期为 30 个月，预计于 2018 年建成并投入使用。5 月 21 日，苏北航务处全面完成汛前苏北运河的扫床任务，扫床里程 781 公里，清除块石、预制块、废钢丝等杂物 1690 公斤，有效地消除了航道中的安全隐患。10 月淮河出海航道（红山头—京杭大运河段）整治工程疏浚工程开工，11 月 30 日完工，该工程分为三个航段，位于盱眙县境内淮河航线、洪泽区内洪泽湖南线和洪泽区内灌溉总渠段，总土方量 24.22 万立方米。2017 年 3 月下旬，宿迁最大内河港口——宿迁港中心港区洋北作业区码头工程顺利通过交工验收，实现开港运营。项目位于运河宿迁港产业园内，于 2015 年 9 月开工建设，占地面积 846 亩，总投资 3.9 亿元，新建 2000 吨级散货泊位 5 个，2000 吨级件杂货泊位 5 个，2000 吨级多用途泊位 2 个，设计年吞吐量 588 万吨，为宿迁最大的内河港口。2017 年 3 月 30 日，京杭运河江苏省宝应航道管理站上半年航道扫床工作圆满结束，此次扫床历时 16 天，扫床 325.6 公里，共计清除块石 0.5 吨，清理垃圾杂物 130 斤，开挖土方 7.5 立方米，消除了航道安全隐患，保证了辖区航道安全畅通。6 月 7 日，新沂市干线航道综合整治工作全面启动，整治专项行动范围主要是市辖京杭运河和新戴运河航道，计划三年完成（2017 ~ 2019），具体任务包括：航道洁化、航道绿化和航道美化。

三　总结与展望

总之，2016 年度与 2017 年上半年苏北运河的水利工程管理与建设成果丰富。《洪泽湖网格化管理实施意见》《京杭运河不牢河段河道管理考核办法（试行）》的出台标志着洪泽湖和不牢河管理工作进一步完善，做到有规可依、有章可循，响应了中央推行“河长制（湖长制）”的号召。淮安、宿迁、扬州等地运河工程的验收和开工，为苏北运河稳定发挥抗洪、排涝、通

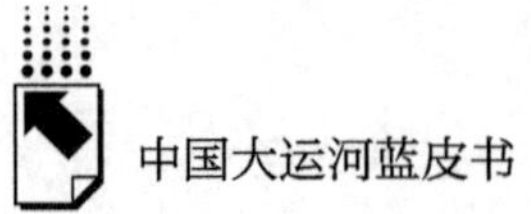

航、调水等功能提供了坚实保障。河道总督署（清晏园）、宿迁水利遗址公园相继列入国家水情教育基地名单，成为面向公众开展水情教育，引导公众认知国情水情、了解水利，增强水安全、水忧患、水道德意识，促进形成知水、节水、护水、亲水社会风尚的重要阵地。未来，苏北运河应该组建统一的管理机构，依托其丰富的历史文化资源，依托其强大的航运能力，积极响应中央和地方建设大运河文化带和大运河经济带的发展政策，为区域文化和经济发展做贡献。

B.6
江南运河、浙东运河水利工程年度发展报告

高元杰[*]

摘　要： 江南运河北起镇江京口，南至杭州，全长330公里，是太湖下游主要排灌河道和重要航道。江南运河没有专门的运河管理机构，各河段由各市水利局、港航管理局统一管理。杭州市京杭运河（杭州段）综合保护委员会运用的是一种运河保护、开发、旅游相结合的新型管理模式。江南运河水利工程管理和建设项目主要有防洪防涝工作、三级航道整治工程、港口建设工程和跨运河桥梁工程等。浙东运河（又名杭甬运河）西起杭州三堡，东至镇海入东海，全长252公里，在萧绍平原、姚北平原地区的航运、灌溉、防洪、淡水养殖等方面发挥着重要作用。浙东运河并无独立的专门管理机构，各市河段由相应水利局和港航局管理。浙东运河的水利工程管理与建设主要集中在航道通航和港口建设上。

关键词： 水利工程　江南运河　浙东运河　航道整治

一　河道管理机构

江南运河古名江南河，在江苏省南部和浙江省北部，京杭运河最南段，

* 高元杰，博士，聊城大学运河学研究院讲师，研究方向为生态环境史、运河文化史、明清社会经济史。

因全部在长江以南而名。江南运河长330千米，西倚太湖，北穿长江，纵横连贯，与吴淞江、胥江、梁溪、望虞河、大浦河、元和塘等相交，是太湖下游主要排灌河道和重要航道。

江南运河河道由各市水利局、港航管理局统一管理，没有专门的运河管理机构。如江南运河常州段由常州市水利局和常州市港航管理局管理，江南运河无锡段由无锡市水利局和无锡市港航管理局管理，江南运河苏州段由苏州市水利局和苏州市港航管理局管理，江南运河嘉兴—杭州段由嘉兴市水利局、嘉兴市港航管理局、杭州市林水局、杭州市港航管理局管理。

除各水利局、港航管理局外，江南运河沿线拥有大量的文保单位，由所经各市的文物局管理。其中杭州市京杭运河（杭州段）综合保护委员会运用的是一种运河保护、开发、旅游相结合的新型管理模式。

杭州市京杭运河（杭州段）综合保护委员会，简称杭州市运河综保委，又名杭州市运河集团。杭州市运河综保委，为从事公益服务的正处级事业单位（公益一类），隶属杭州市园林文物局管理，经费形式实行管理费开支。下设综合事务部、保护管理部、遗产监测部、水体治理部、宣教研究部5个职能部门。杭州市运河集团具体负责京杭运河杭州主城区段沿岸的土地开发利用、公共配套设施建设、项目建设和运营管理，承担京杭运河杭州主城区段综合整治与保护开发中相应的资金保障，建设重点是城中村改造、污染企业搬迁和运河水环境治理。同时，开展资本运作和资产经营活动，重点发展以旅游休闲、文化创意产业为主的现代服务业，逐步实现从单一建设类主体向复合建设经营类主体转变。

浙东运河，也称杭甬运河。起始于杭州三堡，经绍兴、上虞、余姚等地至宁波，在镇海入东海。浙东运河是京杭大运河的延伸线，沟通钱塘江、甬江两大水系，全长252公里。该运河贯穿经济发达、人口稠密的萧绍平原和姚北平原，水流平缓，在航运、灌溉、防洪和淡水养殖等方面起巨大作用。

浙东运河并无专门的管理机构，各河段分别由绍兴市和宁波市的水利局和港航管理局统一管理。如浙东运河绍兴段由绍兴市水利局和港航管理局管理，浙东运河宁波段由宁波市水利局和港航管理局管理。

二 工程规划与实施

防洪防涝。2016 年 6 月 15 日，江苏省防汛防旱指挥部发布《苏南运河区域洪涝联合调度方案（试行）》，这是江苏省首次编制统筹区域防洪排涝、城市防洪排涝、太湖供水安全及水环境等多方调度需求的联合调度方案，《方案》印发后将为苏南运河区域洪涝联合调度提供依据。6 月初，常州市武进港遥观南枢纽工程通过水下阶段工程验收，有利于减轻太湖地区主汛期防洪压力。

江南运河段港航工程建设。2016 年 3 月，苏南运河镇江段“四改三”疏浚工程开工，12 月 20 日交工验收，工程按照三级航道底宽 60 米、航道水深 3.2 米的标准进行，疏浚里程 39.67 公里，清除淤泥 320 多万立方米。3 月 17 日，江南运河原戚墅堰段航道整治工程开工，12 月 30 日交工验收，该工程起点为江南运河常州改线段终点，终点为常澄高速公路圩墩大桥，航道整治里程为 3.347 公里，建成后既大大提高了常州市经开区低洼片区地段防汛排涝标准，也改善了沿线生态环境。5 月，江南运河常州段三级航道整治工程疏浚工程开工建设，2017 年 4 月底完工，工程疏浚总里程为 43.775 公里（不含戚墅堰段和中天钢铁段 5.054 公里），项目总投资约为 8887.2893 万元。

浙东运河段航道建设。2016 年 1 月 11 日，宁波市政府发布新的《杭甬运河宁波段通航的通告》，宣布自 2016 年 1 月 16 日起，杭甬运河宁波段全线正式通航 500 吨级船舶。

江南运河附属工程建设。2016 年 5 月 6 日，江南运河常州东段横林东桥顺利通过交工验收，该桥横跨江南运河，引桥分别跨越京沪铁路及沪宁城际铁路，全长 869.2 米，桥宽 19.5 米，2014 年 4 月 19 日正式开工，2015 年 12 月建成。5 月 13 日，江南运河“四改三”工程的配套项目陵口大桥主桥顺利合龙贯通，大桥主体工程全部完成，工程全面进入桥面施工和通车筹备阶段。8 月 30 日，江南运河吴江段三级航道整治工程八坼大桥交工验收，该桥位于吴江区八坼境内，桥梁东西跨越京杭大运河，新建后的桥梁满足了三级航道的通航标准。

江南运河港口工程建设。2016 年 12 月 23 日，无锡内河港惠山港区中化石油无锡分销油库码头工程正式开工。该工程位于无锡市惠山区锡溧漕河东岸，距离京杭运河约 1 公里。码头采用顺岸挖入式布置，拟建设 300 吨级（设计代表船型 400 吨）、500 吨级油品泊位各 1 个及相应配套设施（不含陆域库区），项目总概算为 1806.33 万元，总工期 211 天，计划于 2017 年 5 月 30 日完工。2017 年 6 月 19 日，无锡内河港城郊港区新安大桥作业区码头一期工程竣工验收。该工程位于无锡市新吴区空港产业园，东至沪宁铁路，西至京杭大运河、南至硕放大桥、北至 312 国道。于 2010 年 3 月开工，实际投资 3.71 亿元，占地约 300 亩，设置 500 吨级泊位 11 个，岸线长度 629 米，年通过能力约 408 万吨。该码头竣工后将充分发挥区域资源优势，适应无锡市现代化内河港口规模化、集约化、专业化发展需要，促进地区经济发展。

浙东运河港口建设。2016 年 5 月 17 日，杭甬运河宁波段首个实质性项目——宁波城西港区必利盛物流配送码头工程取得了宁波海事局核发的水上水下活动许可证，标志着该工程水工主体结构正式具备开工条件。必利盛物流配送码头工程位于杭甬运河宁波段高桥镇民乐村岸线段，工程规模为新建 500 吨级泊位 4 个（水工结构按 1000 吨级设计，其中散装水泥泊位 2 个、件杂货泊位 2 个）及配套陆域设施，工程设计年吞吐能力 96 万吨。该工程于 2016 年 1 月开始陆域部分施工，逐步向岸线推进，取得水上水下活动许可证后，水工主体结构将正式开始施工。

三　总结与展望

2016 年度与 2017 年上半年江南运河和浙东运河的水利工程管理与建设取得了突出的成绩。在防洪防涝方面，《苏南运河区域洪涝联合调度方案（试行）》为江南运河区域洪涝联合调度提供重要依据；在航道整治方面，镇江段、戚墅堰段、常州段运河相继开工、竣工，标志着江南运河真正进入了三级航道时代，《杭甬运河宁波段通航的通告》的发布标志着杭甬运河宁波段全线正式通航 500 吨级船舶，对于运河水运和区域经济发展具有显著的推动作用；在运河配套设施方面，苏州横林东桥、丹阳陵口大桥、吴江八坼大桥等跨运桥梁相继交工验收；在运河港口建设方面主要有无锡内河港惠山港区的开工、城郊港区工程的验收，以及宁波城西港区必利盛物流配送码头工程的开工，将推动区域经济的发展。江南运河、浙东运河管理制度、航道整治、配套设施以及运河港口的建设，为其进一步发挥防洪、排涝、通航功能提供了坚实的保障。江南运河和浙东运河应进一步借鉴杭州运河集团的成功经验，统筹运河保护、开发、利用事务，支持大运河文化带和经济带的建设。

B.7
京杭大运河山东段港航情况发展报告

焦振炜　晏　军*

摘　要： 京杭大运河山东段干线航道约324公里，其中济宁段210公里，枣庄段114.4公里。2016～2017年上半年，济宁港航建设实现新进展，如体制机制改革取得新突破、项目建设稳步推进、安全生产工作开创新格局、行业管理水平实现新提升。济宁港航面临的问题有高等级航道占比偏低，港口服务城市和产业的能力不足，未真正实现“港产城”一体化发展。今后，济宁市可大力创建大运河水运转型发展示范区，推动港口、航道建设，实现运输方式、行业发展、水运经济的转型与提高。2016～2017年上半年，枣庄港航建设在项目建设、行业管理方面稳步推进。项目建设方面提升了船闸通过能力、加快了航道升级、推动了现代化港口建设，科技兴航取得实效。行业管理方面则加强日常监管、开展专项活动、创新检查模式。枣庄港航建设形势严峻，如港口生产能力严重不足，行业竞争压力加剧，货种货源变化剧烈；重点项目建设融资难、管理难、协调难；行业管理能力弱化。对此应按照供给侧结构性改革的要求，提升港航供给水准；坚持融合发展，积极融入区域交通一体化。

关键词： 内河航运　济宁港航　枣庄港航

---

* 焦振炜，济宁市港航局办公室副主任；晏军，枣庄市港航局办公室工作人员。

清咸丰五年（1855）黄河改道，在张秋镇附近将运河冲断，夺大清河入海，山东运河黄河以北段水源断绝，逐渐丧失航运功能。其后近代海运、铁路出现，运河失去了政府的重视，管理维护不善，济宁到黄河之间的河段也逐渐淤浅，不能航运。中华人民共和国成立后新挖了梁济运河、位临运河，但条件较差，只有济宁以南的运河可以通航。

目前山东运河以黄河为界，黄河以北段运河完全失去了航运功能，主要承担防洪、泄水、灌溉、流域水环境保护等作用。该段包括聊城、德州两个地级市，全长265公里。其中黄河至临清段断航已近百年，现今部分河段为南水北调河道所利用。临清至德州段，以卫河为水源，因水量不足，至20世纪70年代末断航，目前主要承担泄洪及向北方供水的功能。黄河以南段干线航道约324公里，其中济宁段210公里，枣庄段114.4公里。济宁港最为活跃，是全国28个主枢纽港之一。

一　京杭运河山东段港航建设基本情况

（一）2016年山东港航内河建设基本情况

2016年山东省港航系统完成基本建设投资108亿元，沿海新港区大型现代化、专业化码头，深水航道建设不断提速；内河建成济宁、枣庄港现代化、规模化新港区，新万福河复航工程开工建设，京杭运河主航道升级改造、小清河复航工程等前期工作取得突破。全省港口吞吐量完成14.9亿吨，其中沿海港口14.3亿吨，水路客货运量完成2000万人次、1.5亿吨，均实现了稳步增长。

1. 港航生产稳中有升

全省港口吞吐量完成14.9亿吨，增长4.9%。沿海港口完成14.3亿吨，居全国第二位，增长6.4%。水路客运量完成2000万人次，与上年同期基本持平；货运量完成1.5亿吨，增长2.3%。

2. 基础设施建设方面

累计完成投资108.5亿元，其中沿海102.6亿元，内河5.9亿元。内河新增泊位31个，新增通过能力1000万吨；共有在建项目56个，其中内河航道及船闸项目9个。枣庄港马兰屯作业区和魏家沟作业区基本建成，新万福河复航工程开工建设，京杭大运河主航道升级改造、湖西航道、东平湖湖区航道等5个项目完成立项和初步设计审批；小清河复航工程前期各项工作进展顺利，已经启动了设计工作。

3. 法规科技工作方面

加强法规建设，出台了《山东省水路交通条例》，已于2017年1月1日起施行，并在全系统进行了宣贯。省政府出台《加快内河水运发展会议纪要》，为港航发展提供了有力的政策支持。进一步简政放权，清理废止规范性文件18个；规范行政审批，确保100%符合程序规定。绿色港口创建工作成效明显。

4. 船检海事工作扎实有效

重点加强对客渡船、旅游船、浮桥等的现场监管，严禁客（渡）船超载、超航区、超抗风等级航行，严厉打击农用船、渔船非法载客行为。加强船舶航行安全管理，及时发布航行通告或警告，确保通航安全。新建消防、应急指挥多功能船艇5艘，现场巡航执法水平进一步提升。加强船舶检验工作，切实把好船舶安全源头关。严格内河船员考试、注册、培训管理，实现培训和考试管理无纸化。扎实做好船舶污染防治工作，成功研发并推广使用内河船舶生活污水处理装置和多功能收集装置，建成了国内首艘内河LNG双燃料垃圾回收船。

5. 安全生产形势持续稳定

扎实开展“平安港航”活动，压实安全责任，严格本质安全措施落实。集中和随机开展了6次暗访和突击检查，及时纠正存在的问题。强化安全教育培训，进一步规范从业人员资质管理。认真抓好应急工作，及时修订完善《山东省水路交通突发事件应急预案》《山东省省辖内河通航水域水上交通事故应急预案》。逐步实现对危险货物泊位、罐区、集装箱堆场、港口重大危险源等重点作业场所的实时监控，提升了应急处置能力。圆满完成了重大节假日和重大活动期间港航安全保障任务，全年无较大以上安全责任事故发生，港航安全形势持续稳定。

（二）济宁港航建设基本情况

济宁港是全国内河 28 个主枢纽港之一。目前，全市通航里程已达 1100 公里，约占山东省内河通航里程的 80%，其中高等级航道（四级以上）360 公里，占总里程的 32.7%，覆盖任城、邹城、微山、鱼台、金乡、嘉祥、汶上、梁山、太白湖区、经济技术开发区 10 个县市区。济宁辖区现拥有港口企业 43 家，年吞吐能力达 6400 万吨，在京杭大运河沿线 12 个港城中居第 7 位。全市拥有水运企业 157 家，营运船舶 8502 艘、750 万载重吨，内河运力在京杭大运河沿线 12 个港城中居第 1 位。济宁水运年货运量近 4000 万吨、货运周转量近 200 亿吨公里，可节省运输成本 80 亿元（水路、铁路、公路运输成本为 1∶3∶9，其中水路 0.05 元/吨公里、铁路 0.15 元/吨公里、公路 0.45 元/吨公里）。港航从业人员 20 余万人，年上缴税费 12 亿多元，港航业生产总值约占全市地区生产总值的 4.5%，内河水运已成为全市经济社会发展的重要支撑。

济宁市港航部门大力发展港航经济，拓展水运市场，港航业在服务山东西部隆起带建设、服务地方经济社会发展中发挥着越来越重要的作用。鲁南、鲁西等地区已成为济宁的直接经济腹地，并已辐射到山西、内蒙古、天津、河北、河南、安徽等广大地区。济宁的货源、货种、货量均发生了显著变化，除煤炭外，由济宁港每年中转的化工产品、建材、工业原料、钢材、农副产品、生活用品等货种已达数千万吨。济宁的运输船舶南下可直达杭州，并可抵淮河、长江中下游及赣江、富春江、钱塘江流域。

2016 年，济宁全市累计完成港口吞吐量 5603 万吨，同比增长 6.9%，水路货运量 4101 万吨，同比增长 6.5%，货物周转量 205.5 亿吨，同比增长 10.8%。完成客运量 260 万人次，同比增长 19%，客运周转量 1061 万人次公里，同比增长 12%。

2017 年 1～6 月，济宁累计完成港口吞吐量 2710 万吨，同比增长

13.5%，水路货运量 2057 万吨，同比增长 20%，货物周转量 103.7 亿吨，同比增长 29%。完成客运量 128.1 万人次，同比增长 20%，客运周转量 493.8 万人公里，同比增长 15%。

1. 体制机制改革取得新突破

长沟、邓楼两个船闸管理机构获得批复；围绕港航项目建设，六大项目全部纳入市级重点项目盘子，市政府落实配套资金，高位推进。围绕行政执法，下发了《海事办事处工作职责》，理顺了海事管理体制，编制《港航综合行政执法体制改革方案》，初步形成了新的港航行政执法体系框架。围绕港口规划，经市政府批准，展开《济宁港总体规划》修编，为港口科学合理发展奠定基础。针对项目推进速度慢的实际，成立了港航重点项目总指挥部，建立了 11 个分指挥部，班子成员一线包保，项目建设有了突破性进展。

2. 项目建设稳步推进

航道方面：总投资 56 亿元的京杭大运河济宁至台儿庄段航道"三改二"、湖西航道改造、梁济运河梁山至邓楼段复航工程提前 60 天完成立项目标，一个月完成初步设计，为工程成功纳入交通部 2017 年资金计划，确保开工奠定了坚实基础。老万福河、北大溜航道收费工作于 9 月 1 日正式启动，运行顺利。

船闸方面：投资 5.56 亿元的韩庄复线船闸顺利完成了各项前期工作，于 9 月正式开工建设。投资 4.3 亿元的长沟船闸工程正在扫尾，2016 年年底前完成交工验收；投资 2.96 亿元的微山一线船闸 2017 年上半年完工；投资 10 亿元的微山三线船闸在加速运作。

港口方面：总投资 38 亿元的荣信港二期、正方港、寿张集铁水联运港、龙拱港二期等 7 处港口，按建设计划稳步推进。

污染防治工作成为新亮点。始终把港航污染防治作为一项重大政治任务，坚持水气并重、标本兼治、全面推进。一是抓老旧码头转型升级。严格落实导则，督导港口企业投入防污染资金 1.25 亿元，实施防污染技术改造，全市 40 家港口企业，除 4 家歇业外，其余 36 家全部完成整改验收，港口码头基本实现了清洁生产。二是抓好非法小码头清理取缔工作。累计拆除非法码头装卸点323处，复耕15万平方米土地，清理取缔工作基本完成。三是抓在线监控平台运行管理。建设了港航污染视频监控网络，建立“线上指挥、线下反应、闭环管理”的工作机制，为实现港航污染防治监管常态化奠定了基础。四是抓水污染防治。建立船舶垃圾送交转运监管体系，严格落实“船上收集、港口接收、集中转运”机制，做到“真交付、真接收、真转运”。由于港航大气污染防治工作抓得主动、科学，山东省交通厅港航局将济宁市港航防污染监控平台作为示范样板。

3. 安全生产工作开创新格局

加强安全基础基层建设，80家企业完成安全生产标准化达标；集中组织了安全生产和安全技能培训，累计培训安全管理人员300余人次、执法人员500余人次，组织各类船员考试4000余人次；组织检查组132个，排查整治安全隐患670项，对重大安全隐患实行挂牌督办，建立安全隐患“台账管理、分级管控、办结销号、闭环管理”工作机制。持续开展“大快严”和各类专项整治活动，紧紧盯住“客渡船、旅游船”两个重点，牢牢把握“特殊区域、极端天气、敏感时段”三个关键，打击各类违法违章行为400余起。不断强化应急救援体系建设，全年举办各类演练10次，执行救助任务4次。

4. 行业管理水平实现新提升

水运市场经营秩序进一步规范。严格船舶、水运企业和港口企业年度资质核查，核查准确率达到100%，确保了企业规范、合法经营。船型标准化扎实推进。争取补贴资金1.4亿元，已核准拆解84艘，共拆解完工补贴船舶22艘；已核准改造44艘，改造完工补贴船舶473艘。海事船检工作稳步推进。有效加强了船舶、船员和通航水域的监管，为全局集中精力推进基础设施建设、抓好运输服务，提供了有力的保障。规费征收工作有序开展，确保了应收尽收。

（三）枣庄港航建设与发展情况

京杭大运河枣庄段是交通运输部命名的“全国文明样板航道”。辖区航道里程108.4公里，43公里主航道为国家三级航道标准，建有台儿庄一线、二线和万年闸3座国家二级船闸。辖区分布有滕州、薛城、峄城、台儿庄四大枢纽港区，年吞吐能力2000余万吨。有各类运输船舶3500余艘，总运力350万载重吨。

2016年是“十三五”规划开局之年，枣庄港航全年共完成港口货物吞吐量963.32万吨，完成客运量111万人次，船闸通过量1.72亿吨。2017年1～6月，完成港口货物吞吐量330万吨，完成客运量50.8万人次，船闸通过量7742万吨。

1. 项目建设

（1）提升船闸通过能力。万年闸复线船闸工程。2015年10月31日，交通运输部对工程初步设计进行了批复。该工程建于现有万年闸船闸南侧，两船闸以纵轴线平行布置，间距89米，上闸首齐平。设计标准为二级船闸，有效尺度为230米×23米×5米，年单向通过能力为2900万吨。项目总投资6.6亿元，于2015年11月9日开工建设，正在施工中。

台儿庄三线船闸工程。该工程拟建于已建台儿庄船闸管理区南侧，轴线与台儿庄复线船闸轴线平行，间距为215米。设计标准为二级船闸，有效尺寸为280米×34米×5米，年单向通过能力为3660万吨，工程估算总投资约15亿元。项目建成后将提升台儿庄航运枢纽的通过能力。项目前期工作正有序推进，现已完成工程可行性研究报告的行业审核。

京杭大运河万年闸三线船闸（刘庄船闸建设）工程。项目位于枣庄市台儿庄区涧头集镇刘庄村，拟在刘庄船闸原址进行改建，现状等级为五级，拟按二级船闸标准进行改建。拟建内容包括船闸工程、桥梁改建等。工程估算总投资约15亿元。目前项目前期工作按计划完成，项目可行性研究报告编制已完成。

航道养护工作。台儿庄一线船闸大修工程于2016年6月28日开工，已按期完工，于12月27日交工验收。万年闸节制闸除险加固工程于2015年11月开工，2016年5月27日通过竣工验收并交付使用。两项工程实施后，各部位运行性能有了根本性提升，消除了安全隐患。

（2）加快航道升级。京杭大运河枣庄段二级航道整治工程。为破解日益增长的货运量和日益增大的运输船型与航道等级不相匹配问题，枣庄市港航管理局积极推进二级航道整治工程，对主航道升级换代。该项目起讫点为韩庄船闸下游引航道至苏鲁省界陶沟河口，跨越枣庄市台儿庄区和峄城区，全长 43 公里。航道现状等级为三级，规划等级为二级。项目拟按规划等级对航道进行大规模升级改造，打造“绿色、低碳、循环、智慧和具有枣庄特色景观航道示范段”。建设项目主要包括主航道拓宽浚深、公共锚地、护岸等，工程估算总投资约 25 亿元。该工程现已完成规划、国土、环保等立项前置专题，获国家发改委批复立项，初步设计于 2016 年 11 月 30 日获枣庄市交通运输局批复，交通运输部已委托咨询单位对项目资金申请报告进行审核，目前正在开展施工图阶段勘察、设计相关工作。

京杭运河枣庄段二通道（伊家河航道）升级工程。该项目起讫点为伊家河京沪铁路韩庄铁路桥至台儿庄大桥，位于枣庄市台儿庄区，航道全长 34.2 公里。现状等级为四级，拟按照三级航道标准改造升级。主要建设内容包括航道拓宽浚深、跨越航道桥梁改建等。工程估算总投资约 20 亿元。目前，项目前期工作按计划完成阶段任务。作为项目前期工作基础的伊家河航道等级提升专题研究报告编制完成，工程可行性研究报告编制也已按期完成。峄城港区进港航道于 2017 年 1 月 14 日完成竣工验收；台儿庄港区进港航道已基本建成，等待验收。滕微航道扩建工程、薛微航道扩建工程和城郭河航道工程，建设主体已确定为地方政府部门或是相关企业，目前正与地方人民政府对接项目移交相关工作。

（3）推动现代化港口建设。按照《枣庄港总体规划》中“一港四区六作业区”布局要求，积极推进各作业区建设进程。目前，峄城港区魏家沟作业区项目已完成竣工验收，正在试运营阶段。台儿庄港区马兰屯作业区项目基本完成，等待验收。滕州港区滨湖作业区项目于 2017 年 5 月取得市发改委核准立项，已经开工建设；滕州港区西岗作业区、薛城港区薛城作业区以及台儿庄港区涧头集作业区正在开展项目前期工作。

（4）科技兴航取得实效。第一，全面完成《枣庄市智慧港航及水上指挥管理系统规划方案》的编制工作，该方案将在现有信息化系统和装备的基础上，建设覆盖京杭运河枣庄段航道的立体网络体系，概算总投资1亿元。现已组织召开了方案评审会议，并通过了专家组评审。第二，枣庄水上通信调度指挥中心进展顺利，已完成主体工程建设及相关配套工程建设，目前正在进行装修施工。第三，完成搜救防污指挥艇、海事监管艇和垃圾回收船建造工作，新建33米搜救防污指挥艇、21米海事监管艇、20米垃圾回收船三艘公务船，严格把控船舶设计、招标、船舶建造监理等各个程序。这三艘公务船已经投入使用。

2. 行业管理注重质量

（1）压实责任，加强日常监管。严格落实“一岗双责”责任制，层层签订安全管理目标责任书。制定《2017年度安全生产目标管理责任清单》《2017年度安全生产“网格化”“实名制”管理清单》。及时组织召开全系统安全工作例会和安全工作专题会议，安排部署日常安全监管工作，进一步建立健全局安全管理制度。

（2）开展专项活动。积极开展“平安港航”“平安船舶”“平安港口”“平安航道”建设，扎实开展“安全生产月活动”“企业安全生产主体责任落实情况专项执法检查”等专项活动，完成安全监管规定动作；开展“通航秩序整治年”“网格化、实名制”等安全监管自选动作，制定下发《通航秩序整治年实施方案》《关于进一步强化安全生产“网格化”“实名制”管理工作的通知》，推动安全管理工作取得新进展。

（3）创新检查模式。每年聘请行业内安全方面管理专家对工程建设、船舶管理、旅游船监管、港航企业主体责任落实情况进行明察暗访。

二　济宁与枣庄港航建设面临的主要问题

（一）济宁港航面临的形势

当前，济宁港航发展面临着机遇与挑战共存的局面。就总体形势而言，

“十三五”时期是内河水运发展的黄金时期，也是交通运输行业转型发展的关键时期。济宁水运对济宁经济社会的贡献度正在逐步提升。同时，对照新发展理念、对照新旧动能转换的新形势与新要求、对照江苏、浙江等水运发达地区，济宁港航仍然是大而不强、大而不优，特别是高等级航道占比偏低，港口服务城市和产业的能力不足，未真正实现“港产城”一体化发展。这也是有待下一步解决的问题。

（二）枣庄港航面临的形势

枣庄港航建设取得显著进展，但实现港航事业发展的各种工作基础还不牢固，影响制约港航事业加快发展的困难问题依然存在。

一是港航经济发展形势严峻。港口生产能力严重不足，行业竞争压力加剧，货种货源变化剧烈。二是重点项目建设融资难、管理难、协调难。当前重点项目建设任务繁重，资金缺口大，建设资金成为制约工程顺利进展的重要因素。三是行业管理能力弱化。水运经济的低迷，行业竞争的加剧，将会造成船民业户和港口业主等管理对象的违法违规经营行为不断增多。

三　京杭大运河山东段港航建设展望

习近平总书记指出，“十三五”是交通运输基础设施发展、服务水平提高和转型发展的黄金时期。2016 年 4 月 26 日，山东省政府在枣庄、济宁召开全省内河发展座谈会，王书坚副省长指出，要将山东省的内河水运基础设施建设提升到与高铁、高速、机场等交通设施同等地位，京杭大运河山东段所面临的发展优势更加凸显。

（一）济宁港航发展展望

港航业作为经济社会发展的基础性、先导性和服务性行业，是综合交通运输体系的重要组成部分，在支撑经济平稳快速发展、优化产业布局、促进区域开发等方面发挥了重要作用。济宁港航已成为济宁市引导产业布局、开

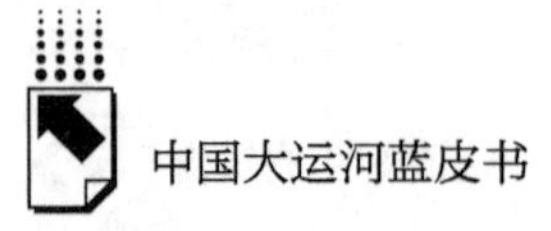

发沿河经济带、实施“以河兴市”发展战略的重要依托。

在今后一个时期，济宁市港航局将牢固树立科学发展理念，以促进沿运区域经济社会发展为核心，以供给侧结构性改革为主线，以降成本、去产能、补短板、调结构、强服务为抓手，全力创建大运河水运转型发展示范区，打造济宁“大运河文化经济带”，推动港口向规模化、专业化、集约化，航道向标准化、网络化，运输方式向河海联运、多式联运，行业发展向绿色、智慧、可持续，水运经济向“港产城”融合协调发展“五大转型”，实现水运、临港产业、生态城市融合发展新格局。

（二）枣庄港航发展展望

枣庄港航将牢牢把握时代机遇，用好各项政策红利，牢固树立正确的发展理念，以先进理念引领港航当下和今后一段时期的各项工作。

首先，按照供给侧结构性改革的要求，提升港航供给水准。枣庄港航将不断提升供给服务的质量，创造新需求，保持经济平稳增长。牢牢树立群众观念，把船民满不满意作为评价我们港航工作的重要标准，围绕标准调整结构、补齐短板、强化管理、培育文化，全方位提升港航供给服务水平，更好引领港航发展，塑造枣庄港航依法依规治理良好形象，探索培育工作文化，形成港航文化品牌，不断提升船民满意度。

其次，坚持融合发展，积极融入区域交通一体化。充分发挥京杭大运河枣庄段“黄金水道”作用，带动沿岸产业集聚、推动周边区域“走出去”步伐，积极对接“西部经济隆起带”。通过港口与航道事业的发展，实现与其他运输方式的有机衔接，发挥各种运输方式的比较优势，促进枣庄经济社会发展提质增效。

B.8
苏北运河航运发展报告（2016.1～2017.6）

朱晓鸿 *

摘　要： 京杭大运河徐扬段（苏北运河）北起山东省微山湖二级坝微山船闸，南至扬州六圩口，全长462公里。相比往年，2016～2017年上半年，苏北运河在水路运输、航道管理、船闸管理、科技创新、环境整治等方面亦取得了显著成绩。苏北运河在促进经济发展的同时，仍存在着一些制约发展的“瓶颈”。一是苏北运河上的一号船闸大多不能满足船舶大型化发展的需要；二是通航压力和水上治安形势严峻；三是在航老旧船舶威胁航闸运行和航道畅通；四是存在大量证照不符船舶；五是淮安以下三道船闸长期处于高位运行状态。针对以上存在问题和不足可从以下五个方面进行调整：一是对全线一号船闸进行改造升级；二是保障安全通航；三是防控、巡护管辖区域；四是加大对证照不符船舶的管理和复核力度；五是最大限度地释放运力潜能。

关键词： 内河航运　苏北运河　航道管理

京杭大运河徐扬段（苏北运河）全长462公里，北起山东省微山湖二

---

* 朱晓鸿，京杭运河苏北航务管理办公室主任。

级坝微山船闸，南至扬州六圩口；纵跨徐州、宿迁、淮安、扬州4市14县（区）；沟通淮河、长江两大流域；串联微山、骆马、洪泽、高邮、邵伯等湖泊；干支航道蛛网交织，衔接上海、连云港两大海港；水运辐射面可达云、贵、川、渝、鄂、湘、赣、皖、苏、浙、沪、鲁等省市，是一条集航运、防洪、灌溉、排涝、南水北调等多功能于一体的综合河流，被誉为“黄金水道”。

一　苏北运河航运现状分析

从“十五”时期起，苏北运河经过航道“三改二”和三线船闸建设，目前全线航道已全部达到二级航道技术标准，除北线徐州境内的解台、刘山船闸为复线船闸外，从宿迁境内的皂河船闸到扬州长江口的施桥船闸八个梯级全部建成了三线船闸。

近年来，随着供给侧结构性改革的深入，苏北运河水运低廉的物流成本和苏北运河高效优质服务让沿河区域企业纷纷改变物流方式，向水运转移以降低物流成本。据统计，在经济转型升级、运输市场需求疲软大环境下，苏北运河在水路运输、航道管理、船闸管理、科技创新、环境整治等方面亦取得了显著成绩。

（一）苏北运河全线正常通行，已成为全世界运输最繁忙的内河航道之一

2016年，苏北运河10个梯级船闸累计开放闸次31.2万次，放行船队9.3万队，放行货轮90.8万艘，累计船舶通过量20.1亿吨，累计货物通过量14.7亿吨；货物运量3.1亿吨，同比增加5.2%，货物周转量达589亿吨公里。2017年上半年，全线10个梯级船闸累计开放闸次16.67万次，放行船队3.93万队，放行货轮47.64万艘，累计船舶通过量10.15亿吨，累计货物通过量7.69亿吨；货物运量1.51亿吨，同比增加1.1%，其中煤炭运量3894万吨，同比下降4.8%；矿产建材运量6625万吨（其中黄砂2353万

吨，石子3092万吨），同比下降5.5%。

目前，苏北运河用占江苏省高等级航道1/6的里程，创造了全省水运货运量的“半壁江山”。2016年，江苏水运货运量、周转量分别占各种运输方式的1/4、2/3以上，苏北运河货运量、周转量占全省水运的60%和35%。全省煤炭近1/3和近8成的矿建材料由苏北运河承担运输。

（二）积极应对新情况，统筹兼顾，科学管控，确保苏北运河安全畅通

近年来，紧紧围绕确保苏北运河“传送带”安全稳定运行这个总体目标，全面落实安全生产责任制，推行安全生产责任清单管理，在实行“1+3安全监控工作体系”基础上，探索推进安全生产标准化建设，编印了《船闸安全生产标准化实施纲要》，注重加强航道保护，推行航道站、航政办、大队三级运行机制。创新航政巡航管理方式，综合推进船巡、车巡及徒步、无人机巡航多手段并用，增强管理效果。加强航道动态管控，建立了跨部门联合巡航机制，保证了航产航权不受侵犯。同时，充分运用“船讯通”等先进通信手段，搭建闸船无缝隙沟通平台，服务船民零距离，重点强化应急保障物资储备，保障电煤及国家重点物资运输，确保苏北运河全线始终保持良好的运行态势。目前，苏北航务管理处90%以上基层船闸、航道站实现安全生产4000天，并开始向第五个安全生产千天目标迈进。

近两年，因宿扬高速、连淮扬镇铁路等重大基础设施工程建设需要，苏北运河货物运输重心开始南移，淮安、扬州地区砂石需求旺盛，加之长江物资向内河运输成为运河货源的新增长点，北方装载黄砂、煤炭的大型货轮纷纷向南方转移，船舶运输及货物流向的改变，区间内短途运力增长迅猛、船舶周转速度加快，施桥、邵伯、淮安船闸船舶通过量常态化处于高位运行状态，并多次出现单日通过量突破百万吨情况，6月21日，邵伯船闸单日通过量106.9万吨，创造了全国内河单日通过量最高纪录。积极推进和扶持水上集装箱运输，为2017年初开辟的徐州港至外高桥、洋山港支线定期班轮

航线提供保障服务，2017 年 1 ~6 月，苏北运河集装箱运输通过量继续呈现高速增长态势，通过苏北运河集装箱 6.59 万标箱，同比增长 36%，再创新高。

（三）建养并举，优化管理，为航闸安全运行提供可靠支撑

一是积极推进航闸养护管理现代化工作。围绕提升航闸养护管理科学化、规范化、精细化水平，提高日常例行养护的标准化作业水平，完成了《人字门船闸维护检修技术规程》编写和《船闸大修检验评定标准》修订工作；建立船闸基础技术数据库，完善 PLC 汇聚功能，对重点设施、设备以及关键部位实施全方位监管；探索船闸故障的辅助智能诊断，组织实施“京杭运河苏北段养护管理现代化关键技术研究”课题。二是加强航闸设备设施养护工程计划管理。上报养护项目计划，结合实地调研和部门意见，对航闸设备设施技术状况按技术标准分类，分轻重缓急，统筹安排，印发年度养护项目计划。在项目实施过程中，严格项目管理程序，保证质量和安全可控。三是坚持日常养护与通航管理并重。针对船舶大型化发展速度较快，船舶通过量明显增加，每遇船闸大修或检修，都面临着通航管理的巨大压力，瞄准时机，统筹兼顾，试点对繁忙船闸大修或检修安排在待闸船舶较少时修理，加强前期计划管理，科学调度，提前做好运转件加工等各项准备工作。四是不断提高应急保障水平。突出“应急 + 保障”主业，围绕“做大做强”应急保障能力要求，把应急保障中心打造成船闸的“体检中心”“急救中心”“保健中心”，目前保障范围扩大到省内外 70 余座船闸，船闸应急保障能力明显增强，为省内外船闸的安全畅通提供了坚强保障。

（四）充分运用科技手段，提高管理科技含量，解决疑难问题

为破解航闸设施逐年运量递增的硬约束，通过统筹规划和整体设计，充分运用科技手段，不断提升管理科技含量。2017 年以来，加强省航道办公系统的维护与管理工作，同时探讨开发全处移动办公 APP 试用版；每半年对全线开展信息系统巡查工作，及时修复系统存在的软硬件故障；强化信息

系统突发故障的处置工作，严格落实节假日、调水、水情不利等特殊时期值班，确保系统运行始终处于良好状态。坚持创新发展，一批涵盖养护、运调和安全生产等方面的创新项目得到推广应用。围绕“互联网＋航运”模式，开发“船讯通”手机APP软件，并免费为船员安装，基本实现“一机在手，过闸无忧”。截至2016年6月底，已有14600余艘船安装使用“船讯通”，航运企业和船民反映良好。“船讯通”服务被评为2016年“江苏交通十大服务品牌”。淮阴船闸被省交通运输厅航道局选为QC成果集中推广示范点；江苏省船闸应急保障中心“气升式水下砂石清淤设备”获得国家知识产权局颁发的《实用新型专利》证书；淮安船闸“安全运行管理信息化支撑平台”在全省航道系统推介。针对船闸管理点多、线长、面广的特点，引入无人机管理，拓展了管理信息的收集渠道，通过无人机的摄录功能，将现场视频画面实时传回，为加强船舶管理、维护航道秩序、排查安全隐患等提供信息和数据支持。

（五）主动作为，立足长效，积极开展运河环境整治工作

从2016年底开始，江苏省委、省政府开展“两减六整治三提升”（263）专项行动，将京杭大运河列为环境整治主要水域之一，省政府办公厅下发《全省交通干线沿线环境综合整治五项行动方案》，苏北航务管理处各船闸、航道站通过贯彻落实《京杭运河通航管理办法》，加强与沿线地方海事、公安水警及水利等部门互动，坚决打击投机钻营扰乱通航秩序行为，进一步巩固“三超一无”治理工作成果，创造公平竞争的水上运输环境。同时，也着力补齐环境短板，一方面以“享运河主人之名就要担综合整治之责”理念，进行全面综合环境整治，清理出航道（闸区）生产、生活垃圾1500余吨，重点开展引航道通航秩序整治，改善航道通航环境，同时做好闸区环境整治规划，义务植树3500余棵完善绿化，美化苏北运河生态环境；另一方面围绕运河环境保护，各船闸、航道站主动加强与苏北运河航域内各地方政府、相关部门的联系，配合地方政府及相关水利、海事、公安等部门对沿河两岸违建拆除、各类垃圾清理，提升航域内城市品位，构建苏北运河新景象。

二　制约苏北运河航运发展的“瓶颈”

苏北运河在促进经济发展的同时，仍存在着一些制约发展的“瓶颈”。

一是苏北运河上的10座一号船闸，大多建于20世纪50、60年代，已服役超50年，且船闸平面尺寸偏小，除宿迁一号闸尺寸为15米×210米×3.2米外，其余尺寸均为20米×230米×5米，已经不能满足船舶大型化发展的需要。

二是苏北运河不仅承担着航运职能，作为南水北调东线工程的主要河段，又被赋予新的功能，加之是区域居民、农业灌溉用水源，在每年夏季南水北调，沿线居民、农业灌溉用水量增加时，全线会出现不同程度的持续低水位，此外，部分船民受利益性驱动，超载现象较重，造成部分航段船舶交汇困难，时有船舶搁浅发生，导致大量船舶积压，通航压力和水上治安形势严峻。

三是在航老旧船舶逐年增多，自沉、碰撞沉船情况多发，非传统安全风险偶有发生，对航闸安全运行和航道安全畅通构成威胁。

四是在苏北运河上存在大量证照不符的船舶，这些船舶的存在严重影响通航安全，造成国家财政规费的流失，扰乱公平公正的市场秩序，仅仅通过复核，还难以从根本上解决问题。

五是运输主战场由北向南转移，淮安以下三道船闸运量出现爆发式增长，远远超过设计通航能力，并将长期处于高位运行状态。

三　苏北运河航运发展的对策

针对以上存在问题和不足，进一步创新发展思路，加大管理力度，今后可从以下五方面进行调整。

一是将通过系统规划，对全线一号船闸进行改造升级，同时提升服务与信息化水平，加快智能航道建设，提高航道通行能力。

二是针对每年夏季出现的低水位影响安全通航情况，一方面加大对上级层面协调沟通，同时自身加强与相关部门协调，建立正常的协调机制，互通水情信息，确保各航段应急最低通航水位满足航行条件；另一方面加强航道动态管控，强化联防联控管控，缓解通航压力。

三是进一步强化非传统安全风险防范，认真分析梳理管辖范围内可能受到恐怖袭击的重点区域、重点场所、重点部位和重点设备设施，加强防控和重点巡护，全面落实各项防范措施。

四是对存在于苏北运河上的大量证照不符船舶，进一步对上级和相关部门提出相关层面协调解决的建议和意见，同时加大对此类船舶的管理和复核力度。

五是在运行调度上，要继续整合全线资源，深挖内部管理潜力，继续通过分类登记、提高闸室利用率、加强过闸环节量化考核等措施，最大限度地释放运力潜能。加强与涉水单位的沟通协调，通过双方管理措施的适时对接，实现信息互换共享，相互取长补短，形成共保水上秩序管理的共识。

B.9
苏南运河航运发展报告（2016～2017）

胡梦飞*

摘　要： 苏南运河北起长江谏壁口门，南至江浙交界的鸭子坝，全长约212公里。相比往年，2016～2017年上半年，苏南运河在船舶总通过量、货物通过量、货轮和ETC通过数量方面均有显著提升。在航道管理、水路运输、港口建设、科技创新等方面亦取得了显著成绩。但也存在航道建设投入不足、管理体制不完善、港口结构性矛盾突出、运力结构不合理等问题。针对以上问题，江苏省应采取加大航道、港口建设的资金投入、调整内河运力结构、深化航运管理体制改革等措施，力求航运发展取得新突破。

关键词： 内河航运　苏南运河　航道管理

苏南运河是京杭大运河江南段的重要组成部分，它北起江苏镇江谏壁口门，南至苏浙交界处的平望镇鸭子坝，全长约212公里，贯穿江苏经济最为活跃的镇江、常州、无锡、苏州四市，沟通长江、太湖两大水系，并通过钱塘江水系连接苏（州）申（上海）外港线、苏申内港线、长（兴）湖（州）申线等省际航道，直达上海。由于纵贯中国最富庶、最繁华的江南地

* 胡梦飞，博士，聊城大学运河学研究院讲师，研究方向为明清史、运河文化史、区域社会史。

区，苏南运河历来运输繁忙，长年有13个省市的船舶在苏南运河上航行，是京杭大运河上运量最大、船流密度最高的河段。自2008年起，针对苏南运河航道运输不能有效满足区域经济社会发展需要的这一现实情况，决定对苏南运河全线进行“四级改三级”航道整治，计划整治航道212公里（其中镇江段42.6公里，常州段49.39公里，无锡段39.3公里，苏州段81.5公里），改建桥梁65座，概算总投资115.24亿元。经过近几年建设，2007年完成了常州改线段航道26公里整治工程；2011年，完成苏南运河无锡段39公里航道整治工程；2015年，完成苏州、常州、镇江段航道整治任务，全线建成通航1000吨级船舶的三级航道。

一　苏南运河航运现状分析

相比往年，2016～2017年上半年，苏南运河在船舶总通过量、货物通过量、货轮和ETC通过数量方面均有显著提升。在航道管理、水路运输、港口建设、科技创新等方面亦取得了显著成绩。

（一）行业管理取得新成果

《常州市干线航道网规划修编》编写完成，将为常州市加快内河水运发展、从服务区域经济社会转型发展及构建现代综合运输体系提供支撑；省航道局在常州组织召开了苏南片区航道建设工程综合检查及2017年航道发展思路调研会议，为“十三五”航道工作的进一步科学发展厘清了思路，指明了方向；镇江市内河航道普查调查第一阶段工作顺利完成，为全省以及镇江市内河航道普查下一阶段工作的展开奠定良好基础；苏南运河镇江段和丹金溧漕河两条干线航道清障扫床工作顺利结束，为航道养护提供重要基础资料，为船舶安全航行创造一个良好的通航环境；省航道局印发了《江苏省内河干线航道绿化和环境整治专项行动方案》。该《方案》明确了组织领导、工作目标、整治范围和主要任务，旨在全力打造江苏3455公里内河干线航道绿色走廊，努力实现江苏内河航道焕然一新、两岸整洁的阶段性目标。

（二）水路运输取得新进展

2016年苏南运河船舶通过量和货物通过量相比往年都有了较大增长。截至2016年6月30日，谏壁船闸已安全运行13138天，上半年通过单机船66552艘次，船队1943组，船舶通过量6015万吨，货物通过量3863万吨，开放套闸11480闸次，开放通闸5闸次，优良闸次率达到100%。截至2016年三季度，丹金船闸累计放行船队531组，放行货轮26919艘次，船舶通过量达968.7万吨，较上年同期增长260%。通过丹金溧漕河金坛段货运量515.4万吨，较上年同期增长207%，其中煤炭13.1万吨，成品油4.2万吨。累计巡航98次，里程970公里，上航390人次。截至2017年3月31日，丹金船闸一季度共开放5117闸次，船舶总通过量581.6万吨，货物通过量421.3万吨，共放行船队163组，货轮9842艘次，ETC船舶2484艘次。与上年同期相比，除了船队通过数量有小幅下降，其他流量数据均有大幅度提升，船舶总通过量、货物通过量、货轮和ETC通过数量分别提高了15.23%、6.47%、17.78%和96.2%。

配套服务设施显著提升。2016年10月17日，苏南运河无锡洛社服务区通过交工验收。苏南运河镇江谏壁江口2号标改建合同正式签订；苏南运河镇江段三级航道清淤疏浚工程航标、警示牌设置维护协议在京杭运河服务区镇江市航道管理站签订；苏南运河镇江谏壁江口2号示位标正式开工建设；常州武进区航道养护工程施工图设计通过专家审查。

船闸管理水平进一步提高。谏壁船闸新版船舶流量统计系统正式投入使用。新版统计系统充分实现了船舶流量统计工作的无纸化、智能化、高效化，并能瞬间形成船闸历年船舶流量大数据分析，对研究船舶流量规律和长江经济带发展状况具有一定的指导意义。锡澄运河三级航道整治工程新夏港船闸正式通航。该工程是锡澄运河三级航道整治工程建设投资和技术难度最大、建设周期最长的项目，工程概算投资达5.0386亿元，设计年通过能力达12494万吨。丹金船闸首次采用人工潜水方式清理碍航物，为船舶的安全航行提供良好的通航环境。

（三）科技创新取得新突破

无锡市航道管理处、江苏苏科畅联科技有限公司与国电南瑞科技股份有限公司共同承担的“内河船舶服务区船用岸电供电系统研究”项目成果通过专家鉴定；由苏州市航道管理处承担的“苏州内河航道水上信息采集技术与应用研究”项目通过结题验收；丹金船闸“船舶智能感知系统”工程通过专家组验收评审；丹金船闸微信公众平台航道直播功能正式开通上线。

二　苏南运河航运存在的问题

近年来，苏南运河航运取得了显著成绩，但也存在一些问题和不足。

一是由于资金投入的不足，导致部分航道设施失养失修，多处航道护岸坍塌，部分船闸超负荷运行，通航压力巨大，货物运输量受到限制，不能有效满足沿线地区社会经济的发展需求。

二是苏南运河航道基础设施建设滞后，使干线航道和重点船闸处于饱和状态，船舶航速慢，存在多处“卡脖子”河段，堵航事件时常发生。2016年7月2日，由于突降暴雨，运河水位不断攀升，苏南运河全线停航。截至7月6日16时，京杭大运河苏南段仍处于全线停航状态，苏南运河沿线共管控船舶2894艘，船队30个，危化品船舶43艘，船民5049人。这次断航持续8天，直至10日16时，苏南运河苏州辖区滞航的1600余艘船舶全部疏放完毕。

三是江苏内河港口目前还处于发展的初级阶段，港口发展总体水平仍然较低，功能相对单一，内河港口等级较低，缺乏与沿江沿海港口的互动与合作，管理机制薄弱。由于航道和港口建设相对滞后，导致内河航运经营规模小、整体技术水平发展缓慢。内河运输在船舶标准化、经营机构规模化等方面与现代化内河运输还有较大差距，这些都制约了水路运输规模效益的发挥。

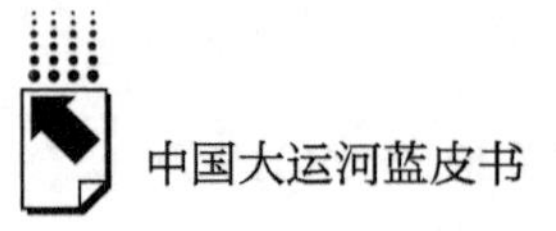

三　苏南运河航运发展的对策

（一）加大航道、港口建设的资金投入

航运的发展离不开资金的支持，为了把苏南运河打造成为真正的“黄金水道”，需要加大对航道设施的资金投入。“十三五”期间是江苏省航道基本建成“两纵四横”干线航道网的重要时期。到2020年，江苏省将力争高等级航道达标里程超过2550公里，省干线航道网规划里程达标率超过75%，实现千吨级船舶通达全省所有的省辖市和85%以上的县级市。

（二）深化航运管理体制改革

加快内河航运的发展，要健全和完善相关法律法规，加强各部门之间的联系，建立统筹协调机制，力争实现内河航运快速、健康发展。2016年9月27日，《江苏内河航道“十三五”发展规划》通过专家评审。该规划总结了江苏航道“十二五”发展成就，并对“十三五”发展形势和需求、发展规划总体构思、“建养管服”规划要点、实施效果和保障措施等进行深入研究。

（三）调整内河运力结构

针对内河运力结构不合理这一问题，积极采取经济、技术、法律等手段，调整内河运力结构，推进内河船型的标准化。2017年2月22日，无锡市推进2016～2017年内河船型标准化工作会议召开，会议传达贯彻了相关文件精神，明确了推进内河船型标准化工作的任务和要求，通报了无锡市2016～2017年内河船型标准化船舶拆改和船舶生活污水防污染改造工作实施情况，并就推进内河船型标准化工作提出了具体的问题和建议。

总的来说，2016～2017 年上半年，苏南运河在航政管理、航道养护、水路运输、船舶检验、科技创新等方面取得了显著成绩。虽然还存在航道建设投入不足、管理体制不完善、运力结构不合理、港口结构性矛盾突出、港城关系失衡等问题，但随着相关部门对内河航运的日益重视，苏南段运河航运必将迎来更加灿烂、辉煌的明天。

参考文献

杜伏华：《江苏省内河航运的现状及对策研究》，《中国水运》2007 年第 11 期。

李辉、翟剑峰：《江苏省内河港口发展战略研究》，《中国港口》2009 年第 2 期。

席燕：《江苏水运发展态势研究》，《水运工程》2006 年第 12 期。

孔祥东：《江苏水运发展战略研究》，《水运管理》1989 年第 4 期

任强：《江苏水运投资对经济发展的贡献率测算研究》，《交通科技》2013 年第 5 期。

武德春、武骁：《江苏省农村水运发展研究》，《广西轻工业》2007 年第 8 期。

顾建明：《江苏内河航运发展现状与可持续发展策略》，《市场周刊：财经论坛》2004 年第 3 期。

封学军、严以新：《内河航运在江苏经济发展中的战略地位研究》，《水运工程》2004 年第 12 期。

孙建设：《加快发展江苏内河航运对策研究》，《现代经济探讨》2007 年第 4 期。

陈建斌：《江苏水运行业管理问题与对策》，《江苏交通》2001 年第 11 期。

张凌、黄晓敏、翟剑锋：《为江苏内河航运“把脉”》，《中国水运》2004 年第 1 期。

杨文仲：《江苏内河运输船舶发展战略》，《江苏船舶》2003 年第 6 期。

李洪君、王杰：《我国水运管理体制改革简论》，《中国水运》2003 年第 8 期。

吴凤平：《江苏省水运发展存在的问题及对策》，《中国软科学》2002 年第 1 期。

史兹国：《江苏水运业发展存在的问题及对策研究》，《农村经济与科技》2013 年第 12 期。

王攀：《当前时期下我国内河水运发展中存在的问题及对策研究》，《中国水运》2015 年第 7 期。

上海组合港管理委员会办公室编《长三角内河水运发展报告 2016》，《交通与港航》2016 年第 5 期。

王建涛、夏存霞：《江苏省港口发展策略研究》，《武汉船舶职业技术学院学报》2017 年第 1 期。

黄琬莹、卞华、肖慎、陈媛：《论江苏内河港口存在问题及发展举措》，《现代交通技术》2006 年第 2 期。

张家华：《江苏省内河港口功能提升发展思路研究》，《科技传播》2010 年第 14 期。

张小东：《江苏内河港口岸线资源利用状况及发展策略》，《中国水运》2016 年第 12 期。

韩磊：《浅谈江苏内河港口经营现状及发展策略》，《经济视野》2013 年第 3 期。

B.10 浙江省内河航运发展报告（2016 ~2017）

胡梦飞*

摘　要： 2016 ~2017 年上半年，浙江省内河港航工作取得了显著成就。航道及港口建设投资规模创历史新高，长期困扰内河发展的瓶颈取得重大突破，内河水运转型发展成为全国示范，行业治理能力建设取得了新进展。但同时也存在对内河航运认识不到位、基础设施有效供给不足、运输服务水平较低、运力结构不合理、与相关部门缺乏沟通协调等问题。面对机遇与挑战，浙江省应采取加大资金投入，建设高等级航道；加快运力结构调整，推进运输结构转型；强化行业管理，构建协调机制等措施，全面实施内河水运复兴行动计划，着力打造内河水运转型发展示范区，为浙江省社会经济发展提供坚实保障。

关键词： 内河航运　浙江省　航道管理

浙江运河由京杭大运河浙江段和浙东运河组成，流经湖州、嘉兴、杭州、绍兴和宁波五市，沟通长江、太湖、钱塘江、曹娥江、甬江、苕溪江等众多水系，连接杭（州）申线、苏（州）申外港线、长（兴）湖（州）申线等省际航道，直达上海。京杭大运河浙江段主要分为西线、中线和东线三

* 胡梦飞，博士，聊城大学运河学研究院讲师，研究方向为明清史、运河文化史、区域社会史。

条河道。西线经南浔、湖州、武林头达杭州，长约130公里；中线经乌镇、新市、塘栖达杭州，长约108公里；东线长130.9公里，是大运河的故道。东线经苏浙交界的王江泾镇南行，过浙北重要工业城市嘉兴，再自嘉兴西南行，过西丽桥至三塔湾，经濮院到石门。大运河在此90°大转弯，折而南行，至崇德县，达塘栖镇，与大运河中线相汇流入杭州。1983年11月至1989年1月，浙江省进行了大运河—钱塘江沟通工程建设。工程结束了大运河与钱塘江“江河相望，咫尺难越”的历史，使浙江省内的嘉兴、金华、绍兴、宁波的水道与杭州相通，形成了以杭州为中心的浙江水运网。浙东运河又名杭甬运河，流经浙江省境内的杭州、绍兴、宁波三市，为中国大运河的重要组成部分。浙东运河西起杭州市滨江区西兴镇，东至宁波市甬江入海口，全长239公里，沿途与曹娥江、姚江、奉化江、慈江、甬江等自然河流交汇。从2000年开始，浙江省投资70多亿元治理浙东运河。至2007年，杭州段和绍兴段运河已经达到四级航道标准。

一　浙江省内河航运的现状分析

（一）2016年航道概况

截至2016年底，全省通航航道9769.3公里，其中四级及以上航道1451.1公里，占14.9%，其他等级航道8318.2公里，占85.1%，等外航道4777.4公里。通航航道总里程数与2015年持平。2016年浙江省共投入养护资金35090.3万元，同比减少10.2%。其中，嘉兴航区和湖州航区投入资金最多，均占全省总投入的25.2%，但两市投入资金同比分别减少27.5%、21.4%。嘉兴港和丽水航区资金投入量的下降趋势尤为明显，同比分别减少75.9%、57.9%；舟山航区、衢州航区资金投入量上升明显，同比分别增长373.5%、243.0%；杭州航区同比持平。2016年，全省设置标志标牌里程达3559公里，设置助航标志标牌4656座（块），均与2015年保持一致，实现内河航道的助航标志标牌全覆盖。

（二）航道、港口建设

2016 年内河航道完成投资 33.6 亿元，较上年增长 5.8%；内河港口完成投资9.6 亿元，较上年增长 18.1%。其中杭州港完成投资 3.1 亿元、湖州港完成投资 3.6 亿元、嘉兴内河港完成投资 1.9 亿元、绍兴港完成投资 0.2 亿元、宁波内港完成投资 0.3 亿元、丽水库区完成投资 0.04 亿元。全省内河港口建成 500 吨级及以上泊位 16 个，泊位长度合计 1603 米，年通过能力合计 1198 万吨，其中杭州港建成泊位 2 个，泊位长度 117 米，年通过能力 25 万吨；嘉兴内河港建成泊位 4 个，泊位长度 278 米，年通过能力 48 万吨；湖州港建成泊位 10 个，泊位长度 668 米，年通过能力 1125 万吨。全省内河港口建成 100～300 吨级泊位 51 个，年通过能力总计 206 万吨、36 万人次，其中杭州港建成泊位 33 个，年通过能力 110 万吨，湖州港建成泊位 7 个，年通过能力 16 万吨，嘉兴内河港建成泊位 5 个，年通过能力 80 万吨。

“十二五”时期以来，特别是 2012 年省政府出台《浙江省内河水运复兴行动计划》以来，省市紧密协作，推动浙江省内河水运事业取得了较快发展，实现四大突破。一是有效投资不断突破新高，基础设施能力显著提升。“十二五”期间全省内河水运完成基本建设投资 136 亿元（比“十一五”期间增长 16%）；全省首条内河千吨级航道湖嘉申线湖州段（全国精品示范工程）等一批重大项目相继建成，新增 500 吨级及以上高等级航道 150 公里，新增内河 500 吨级及以上泊位 130 个。“十三五”期间，浙江省将通过全面实施“北提升、南畅通、东通海、西振兴”的水运复兴行动计划，重点建设 10 条江海河联运主通道和一批内河重点联运港区，优化航运结构，推进绿色港航建设。全省将力争建成四级以上高等级航道 300 公里（新增 150 公里、“四改三”150 公里），建成高等级泊位 100 个，完成投资 300 亿元。

（三）水路运输

2016 年，全年内河累计完成货运量 2.0 亿吨，同比减少 2.4%，其中京杭大运河货运量完成11186万吨，同比下降0.01%。2016年，全省内河港口完成货物吞吐量2.7亿吨，同比减少5.5%，其中外贸货物166.5万吨，同比减少9.3%。杭州港吞吐量0.8亿吨，同比减少11.7%，其中外贸货物吞吐量1.2万吨。嘉兴内河港吞吐量0.8亿吨，同比减少2.3%，其中外贸货物吞吐量68.1万吨，同比减少10.4%。湖州港吞吐量0.9亿吨，同比增长7.4%，其中外贸货物吞吐量97.1万吨，同比减少9.7%。2016年，全省涉航枢纽326处，同比减少10处，其中可通航303处，船闸（套闸）37座，升船机17座。2016年，三堡船闸过闸船舶85676艘次，同比下降9.8%，完成过闸运量4873万吨，同比下降9.8%和10.2%；杭甬运河新坝船闸运行总体较为平稳，全年过闸船舶55506艘次，较2015年同期下降5.9%，完成过闸运量2270万吨，较2015年同期上升1.3%。

（四）行业管理

一是行业管理水平进一步提升。印发浙江省航道养护“十三五”规划，明确了全省航道维护范围和标准；内河船型标准化加快推进，基本完成现有内河船舶标准化认定工作；发布《浙江省水运发展“十三五”规划》，进一步明确了内河航运发展思路。二是科技信息化能力建设取得新进展。在全国率先实施电子船铭牌制度，全国试点的内河船联网建设成果在互联网大会期间得到交通运输部领导的高度肯定。三是水运转型取得新突破。杭嘉湖地区水运应用LNG项目列入部第二批试点示范项目；完成850公里高等级航道电子航道图建设；湖州创建内河水运转型发展示范区，成为全国首个内河水运转型发展示范区。

二　浙江省内河航运存在的问题

近年来，浙江省内河水运建设与发展取得了一定成就，在全国处于领先水平，但由于长期资金投入不足、重视程度不够等原因，与其他运输方式相比，内河水运的优势和潜力尚未充分发挥，仍然是全省综合运输体系中的薄弱环节。归纳起来，主要存在以下几个问题。

一是基础设施有效供给不足。浙江省是我国内河航运重点建设的长江三角洲航道网的重要组成部分，但由于受总体资金限制，用于航运基础设施建设的投入尚不能满足运输市场快速发展的需求，导致全省内河航运总体技术水平不高，资金投入与内河航运发挥的作用形成鲜明的反差。

二是内河航道结构性矛盾突出，航道等级低，航道上还有不少碍航闸坝，弯急、水浅、桥多且净空不足，造成航运不能畅通，船舶平均通过能力严重不足，迫切需要提高航道标准。由于航道等级低，导致通过能力不足，以致经常发生堵挡断航现象，危及航行安全，也制约了货物运输量的增长。

三是内河港口基础设施相对落后，大部分是利用自然岸坡临河装卸，工艺陈旧落后，功能较为单一，地位和作用不突出；船舶平均吨位小，船型杂乱，技术性能差，制约了航道通过能力的发挥，影响了航运效益，且存在安全隐患。

四是土地利用比较紧张。尽管航道改造占用土地少，但提高标准还是需要一定土地。浙江省人多地少，可耕地更少，杭嘉湖水网地区大都是可耕良田，因此航道两侧征用土地很少，给今后的管理和绿化带来困难。

三　浙江省内河航运发展的对策

（一）加大资金投入，建设高等级航道

首先，要积极争取交通部对骨干航道建设的资金支持，同时，还要紧紧依靠各地政府的领导和支持，进一步制定和完善对内河航运建设的优惠政策；继续坚持“统筹规划、条块结合、分层负责、联合建设”的方针，鼓励货主、单位自建、合建港口码头和航道，广泛吸纳社会、个人、企业资金，合资、独资开发建设运河水系基础设施；继续做好利用外资工作，特别是利用世行和亚行等国际金融组织或国外政府的优惠贷款，加快水系建设步

伐。要以三、四级航道建设为重点，改善航道等级结构和航道基础设施条件，提高船只通过能力，以航道现代化促进内河航运产业升级，适应货运量快速增长的需要，同时为船舶标准化和大型化提供条件。浙北杭嘉湖等地区，要以构筑高等级航道网为核心，加快建设步伐，提高通过能力，扩展覆盖面，增强通达度，实现高标准贯通。

（二）加快结构调整，推广标准化船型

加快内河航运结构调整，关键在于搞好航道基础设施建设，为内河航运结构调整提供基础支撑，最终落脚点集中体现在运输上，船舶是实现运输的载体，要以京杭运河船型标准化为契机，在淘汰“非标”船舶的同时，积极引导专业化运输船舶发展，通过船舶标准化工作，提升船舶技术状况，提高航运生产力水平；注重引导货物运输结构的调整，要在继续巩固传统的大宗散货运输地位的同时，不断拓展内河航运的服务领域和市场空间，培育新的增长点。

（三）强化行业管理，构建协调机制

浙江省内河航运发展规划的实施，将极大地改善航道基础设施条件，但内河航运是一项系统工程，除了具备良好的基础设施外，尤其要强化行业管理，引导内河航运市场健康、有序地发展。浙江省内河航运发展规划目标的实现，除交通部门加大投入力度外，还要与国土、水利、农业等相关部门密切配合和协作，建立长效统筹机制，充分发挥航道整治工程的综合效益。

总体来看，2016～2017 年上半年，浙江省内河港航工作取得了显著成就。航道及港口建设投资规模创历史新高，长期困扰内河发展的瓶颈取得重大突破，内河水运转型发展成为全国示范，行业治理能力建设取得了新进展。但同时也存在对内河航运认识不到位、基础设施有效供给不足、运输服务水平较低、运力结构不合理、与相关部门缺乏沟通协调等问题。“十三五”期间是浙江省高水平全面建成小康社会的决胜阶段，也是浙江港航发展的关键期，机遇和挑战并存。面对机遇与挑战，浙江省将努力打造畅通高

效江河海联运体系，加快江河海联运发展；全面实施内河水运复兴行动计划，构建支撑和引领“四大经济”的水路交通走廊；加快运力结构调整，推进运输结构转型；促进港产城联动，着力打造内河水运转型发展示范区。行业管理创一流，改革转型谋求突破，为浙江省高水平全面建成小康社会和建设“两富”“两美”浙江提供坚实保障。

旅游开发篇

Tourism Development

B.11 新态势下的北京运河旅游的发展思考与对策

程宗宇*

摘　要：“十三五”规划提出推动京津冀协同发展。在新态势下，北京市为发展运河旅游进行了相应调整。虽然北京区域具备发展运河旅游的优良条件，但由于相关开发时间较短，经验不足，出现了诸多不利因素，制约了其可持续开发。为此，本文对2016～2017年度北京市运河旅游业发展相关政策法规、发展规划、项目建设及评价、发展趋势进行了思考，同时提出了相关对策。

关键词：运河旅游　北京市　通州区　协同发展

* 程宗宇，聊城大学历史文化与旅游学院硕士研究生，研究方向为社会史。

北京段运河位于京杭大运河的终点，有两处河道、两处遗产点，即通惠河北京旧城段、通惠河通州段，西城区澄清上闸、东城区澄清中闸。通惠河由北京积水潭向东流经通州，在通州与北运河交汇于通州北关闸，总长度20余千米。目前，通州东关建有运河广场，张家湾遗有漕运码头。从码头出发，向南可以看到西海子公园、月亮河花园、运河文化广场、运河奥体公园、古运河生态公园等景点，自然风光与人文景观交相辉映，勾勒出一幅运河风情图。在京津冀协同规划中，北京市依托全国政治中心、文化中心、国际交往中心、科技创新中心优势发展经济。同时，通州区依托大运河资源，进行旅游业转型，建设国际化的现代休闲旅游城市。可见，大运河在现代旅游发展中扮演着越来越重要的角色。

一　2016～2017年度北京市运河旅游业发展相关政策法规

2014年6月22日，“中国大运河”被联合国教科文组织批准列入《世界遗产名录》，成为我国的第32处世界文化遗产和第46处世界遗产。申遗的成功，不仅加强了社会对大运河的重视程度，而且还提高了通州区的知名度。有关运河旅游发展的相关政策法规相继出台。

2016年，北京市通州区、天津市武清区和河北省香河县签订了通航合作框架协议，实现京杭大运河通州、香河、武清段正式通航。未来五年内，完成大运河文化带的建设，建立大运河的遗产管理与展示项目，计划在2017年实现京津冀旅游观光性质的通航，进一步强化京津冀区域旅游协同发展。

与此同时，通州区根据国务院《关于加快发展旅游业的意见》要求，提出了“集中力量、聚焦通州、借助国际国内资源，尽快形成与首都发展需求相适应的现代国际新城”的旅游发展战略。“十三五”发展时期，通州区围绕一个核心“现代休闲”，四个基本元素“运河创新”“异国风情”“高端商务”“通州特色”，来开展旅游产业的定位与建设。

针对如今旅游业面临的新挑战，北京市出台了《北京市人民政府关于旅游改革发展的实践依据》，以完善北京旅游综合改革试点政策体系。为了提高旅游服务能力，北京市政府深入贯彻落实有关于促进旅游业改革发展的实施意见，完成《北京市服务业扩大开放综合试点实施方案》6 项任务分工，并修订《北京市旅游条例》。通州区也积极贯彻文件精神，在体制改革、土地利用、产业融合、项目带动、服务提升等方面进行改革。同时积极推进旅游管理体制的创新，如：利用“旅游 +”，推动产业融合发展，将旅游产业纳入网络中，以“互联网 +”思维打造智慧旅游业，推动智慧旅游发展。

二　2016 ~2017年度北京市运河旅游发展规划与项目建设

（一）北京市“大运河文化带”规划项目

2012 年，北京市对大运河北京段各相关县、区进行调研，在此基础上，编制了《大运河遗产保护规划（北京段）》。据规划可知，现大运河北京段物质文化遗产有 40 处，其中分布在通州的就有 17 处，可见通州区有着极其丰富的“运河资源”。通州区要充分利用“运河资源”发展运河旅游，从而进一步挖掘全区历史文化内涵。此外，为保护、利用、发展大运河的资源，实现运河旅游的可持续发展，还需要挖掘通州特色历史文化元素资源，协同合作，共同发展，为其提供全面基础保障。

近几年，北京市一直努力发展运河旅游。2016 年 3 月，北京市人民政府制定了《北京市“十三五”时期加强全国文化中心建设规划》，将推进长城文化带、西山文化带、大运河文化带的保护利用列入了主要任务。与此同时，北京市结合城市副中心建设、大运河文化带建设的背景，开展了一系列大运河及其遗迹保护工作，充分利用运河深厚的文化底蕴，把历史元素充分融入行政副中心的建设中，使历史文化与北京城市副中心交相辉映。

（二）通州区运河重点建设项目

北京市通州区深入贯彻落实国务院关于加快发展旅游业、促进旅游业改革发展等文件精神，立足通州区旅游发展实际，积极制定北京市通州区“十三五”旅游规划。通州区根据自身绝佳的区位条件、独特的自然条件、良好的生态环境条件、完善的城市配套，将通州旅游发展的战略定位为国际化的现代休闲旅游城市，并打造“现代休闲”“时尚休闲”“娱乐休闲”“购物休闲”“文化休闲”“商务休闲”等旅游产业。

为适应当今经济发展的新常态，走可持续发展的旅游道路，通州区形成了以艺术区创作交易、出版发行、原创音乐、动漫网游、影视制作为主导的文化创意产业发展新格局，完成了旅游产品的文化转型。2016 年，全区新建专业电影院 12 个、艺术表演场所 21 个、基层文化中心 15 个，举办文化演出 2630 场，审批文化市场经营单位 545 家。

大运河是通州打造国际化的现代休闲旅游城市的重要资源，在打造城市形象，维护城市生态平衡、塑造城市景观等方面具有重要意义。为充分利用运河旅游资源，通州区开设游船观光路线，串联各个重要旅游景点，并且以延芳淀湿地公园、潮白河森林公园、东南郊湿地公园等9 个湿地公园为基础，开展环城生态景观带和环区生态过渡带的建设。此外，还以大运河为基础，建设环城游步道、生态绿道、慢行系统等公共用道。通州区将以深入挖掘大运河历史文化旅游资源为基础，大力建设旅游基础设施，如实施北运河通航、建设大运河国家公园等，形成独具“通州味道”的环城游憩带。目前，通州区大运河 5A 景区建设即将启动，通过整合周边传统景点，创新旅游项目，培养新兴旅游方式，打造具有地域特色的通州大运河旅游项目，提高运河品牌的知名度。

三　2016～2017年度北京市运河旅游业评价与发展趋势

相关数据显示：2016 年，北京市实现旅游总收入 5021 亿元，增长了

9%；接待游客2.85亿人次，增长4.6%；旅游餐饮和购物总额2659亿元，增长14.7%，占全市社会消费品零售额的24.2%，提高了1.7个百分点。这说明北京市旅游业继续保持平稳发展。但是，仍存在运河旅游相关产业占比较低、运河旅游资源开发利用不足等问题。这是当今北京市旅游业亟待解决的问题。

为此，通州区紧紧抓住京津冀协同发展和北京城市副中心建设的历史性战略机遇，以环球影城项目催化通州区旅游的发展升级，加速大运河通州段景观带休闲环境及郊野公园的建设。在“十三五”开局之年，实现地区生产总值650.3亿元，比上年增长8.7%。其中，第三产业增加值336.7亿元，增长10.5%，三次产业结构由2015年的3.2∶46.7∶50.1变为2016年的2.5∶45.7∶51.8，第三产业的比重上升0.7个百分点。这说明通州区注重第三产业的建设，使旅游业在平稳增长中实现了质量和效益的“双提高”。

虽说旅游产业在北京市国民经济中所占比重越来越大，已成为具有活力的产业和富民工程的重点产业，但旅游业发展还存在以下几个问题：国际旅游市场不稳定、不确定因素增多，国内外旅游市场小，旅游客源明显不足；旅游不文明行为、非法“一日游”、旅游行业不诚信问题；旅游业成本的上升、性价比下降及周边国家旅游竞争激烈；大运河的利用，只是停留在低层次的开发，对其深层次的挖掘利用度不够，打造特色旅游“产品”不足；旅游产品的品牌效应低，与其他相关产业的融合度不足。

但是，国内经济长期向好的发展势头一直没变。在新常态下，旅游业成为为人民服务、经济转型升级的驱动力，全面建成小康社会的中坚力量。“十三五”时期，国家陆续出台了多项支持和促进旅游业发展的政策。如何抓住机遇，走好这步棋，至关重要。首先，要改革创新机制，落实政策保障，通过完善政策、健全制度、勇于突破，完善北京大运河旅游综合改革试点政策体系；其次，加强对运河文化的深挖，在此基础上，利用创意资源，融入运河文化及地方特色文化，设计创意旅游纪念品，创新表现形式，策划一批文化演艺剧目。最后，贯彻落实《京津冀协同发展规划纲要》，突破门票经济的限制，发展全域旅游，推进旅游业在协同发展中的引领和带动作用。建立京津冀区域旅游市场一体化监管机制，完善京津冀旅游“一卡通”功能，深化“9 +10”区域旅游合作机制，发挥好宣传、研究、投融资、市场发展等4 个联盟作用，拓展与各旅游联盟城市和地区的交流合作，吸引京津冀周边的游客，扩大旅游客源。此外，还可以依据游客客源地、年龄段、收入层次，制定精准的营销方案，进行精细开发与市场培育。

B.12
天津市运河旅游发展报告

陈丹阳*

摘　要： 近年来，天津市从工业城市向商贸城市转变。作为服务业的重要组成部分的旅游业，发挥着积极拉动产业的作用。为了与北京市、河北省统筹协同，加快对大运河文化资源的跨区域保护与开发，共同推进休闲农业一体化的发展，天津市建立起京津冀休闲农业发展的合作机制。依托大运河，充分发掘和利用京津冀段大运河沿线的文化遗产与民俗风情，推动大运河及其周边资源的可持续利用，打造京津冀运河文化休闲观光带，形成运河独特的休闲农业产品。天津是大运河沿线的重要城市，运河旅游发展优、劣势并存。天津市内运河遗产众多，分布广泛，是天津运河旅游发展的优势条件。但这些运河遗产中列入世界文化遗产名录的仅有河道一处。与其他重要运河城市相比，天津市内的运河遗产知名度较低，“看点”较少，大部分景点对外地游客缺乏吸引力。

关键词： 运河旅游　文化遗产　天津市　京津冀

大运河天津段全长约190公里，北起武清木厂闸，南至静海九宣闸，分

* 陈丹阳，博士，聊城大学运河学研究院讲师，研究方向为科学技术史、历史地理学、文化地理学。

为北运河和南运河两段，南北运河在三岔河口汇合。天津段运河流经武清、静海、西青、河北、红桥、南开和北辰7个区县，共留下了28处历史文化遗产。

近年来，天津市从工业城市向商贸城市转变。据统计，2015年天津市服务业增加值占GDP的比重已达到52.2%，并首次超过第二产业。服务业开放发展的空间和潜力巨大。旅游业作为服务业的重要部门，能起到积极拉动产业的作用。包括住宿餐饮、商贸物流、娱乐文化及交通运输在内的服务业都实现了持续增长。2016年，天津全年接待游客总人数同比增长10%，达到1.91亿人次；旅游总收入同比增长12%，达到3129亿元。其中接待入境游客人数同比增长2.8%，达到335万人次；外汇收入同比增长3%，达到34亿美元。2017年，天津市旅游业发展的预期目标接待总人数同比增长8%，达到2.06亿人次；旅游总收入同比增长10%，达到3440亿元。其中，接待入境游客同比增长3%，达到345万人次；外汇收入同比增长5%，达到35.7亿美元。这说明近年来天津市旅游业的发展一直呈上升的趋势。

一 2016～2017年度天津市运河旅游发展相关政策法规

大运河申遗成功后，天津市对开展运河旅游非常重视。

为了与北京市、河北省统筹协同，加快对大运河文化资源的跨区域保护与开发，共同推进休闲农业一体化的发展，天津市建立起京津冀休闲农业发展的合作机制。此外，天津市还以大运河为依托，充分发掘和利用京津冀段大运河沿线的文化遗产与民俗风情，精心打造京津冀运河文化休闲观光带，推动大运河及其周边资源的可持续利用，并形成运河独特的休闲农业产品。此外，实现京津冀联合营销，力图共同拓展运河休闲观光带的影响领域，并逐步恢复大运河的传统功能，深化大运河的历史价值和文化内涵。同时，通过微博和微信等新媒体形式，努力开发运河旅游的网上虚拟游客信息中心，并加强三地媒体的联合宣传，推动运河休闲观光带品牌形象的树立，增强运河旅游的吸引力。

为了更好地抓住京津冀协同发展的机会，早日实现北运河通航，天津市武清区、河北省香河县与北京市通州区作为北运河通航的三个重要地区节点，签署了三地框架协议。三地按照协议，将相互合作，紧密配合，采取多项措施，对北运河河道进行桥梁改造和清淤疏浚等，努力确保至2020年实现正式通航，使大运河重现昔日风采。

2016年10月，京津冀三地旅游局发布《京津冀旅游协同发展行动计划（2016～2018年）》。该计划从加快建设旅游市场、发展壮大旅游产业、逐步完善旅游行业管理体系、着力建设旅游服务新网络四个方面，详细提出了未来三年内京津冀三地旅游协同发展的21项重点任务。

为了落实《京津冀旅游协同发展行动计划（2016～2018年）》，深入挖掘运河旅游资源，整合开发运河旅游产品，天津市旅游局牵头组织京津冀三地旅游部门共同启动了"京津冀运河旅游观光带"的规划编制工作，通过深入调研和前期准备工作，初步形成了"京津冀运河旅游观光带"规划构想。2017年1月19日，"京津冀运河旅游观光带"规划研讨会在天津召开。会议邀请了京津冀三地旅游部门和运河沿线各市区有关部门及专家学者，共同听取研讨了"京津冀运河旅游观光带"的规划构想，充分发表意见建议，就重点问题进行了深入的交流探讨，为确保高质高效推进规划编制工作奠定了基础。

二　2016～2017年度天津市运河旅游发展规划与项目建设

红桥区依托大运河天津段的重要景观三岔河口，以"运河文化"为主题，在子牙河西岸修建了全长1.8公里，占地面积约8万平方米的"大运河旅游文化广场"。该广场北起志成桥，向南延伸至子牙河与南运河交汇处——三岔河口的海河堤岸。广场包括展示运河岸边市井风情的"露天博物馆”及以各种文化交流和艺术形式来展示运河文化的五个旅游服务场馆，中外游客可通过直接参与的方式亲身体验天津地区特有的漕运历史和漕运文化。

北运河桃花堤位于中环线勤俭桥头，河北工业大学红桥校区东院北侧，占地约 1.2 万平方千米。经过近年来的提升改造，桃花堤已经形成了包括桃花园、桃诗园、北洋园在内的占地 6.19 公顷的桃花观赏区。园内植有碧桃、山桃、蟠桃、寿星桃、垂枝桃、垂柳以及各类乔灌木数十个品种。园中 5000 多株桃柳与亭台阁榭、山石曲径相映生辉。红桥区政府每年都会在这里举行桃花节盛会。2016 年桃花节上，红桥区组织安排了众多文化活动，其中不仅有精彩绝伦的非遗及民间绝活展示，还有韵味醇厚的京剧表演，更有书画爱好者现场创作。为了给游人提供赏心悦目的视觉体验，2016 年，红桥区增植、补植了桃树、柳树、连翘、迎春等植被。目前园内共计栽植桃花为主的各类植物近 10 万株。针对游人逐年增多的情况，红桥区在 2016 年对北运河堤岸进行了加固，并对人流量较密集的地方进行了调整和疏通，以确保游客安全。

武清区按照“一城两河多廊道”的空间布局，着力打造“京津冀市民近郊休闲目的地”，依托北运河的环境优势，结合十四仓、八孔闸等遗址，打造了一条纵贯南北的北运河休闲旅游带，使北运河及龙凤河周边水体清澈、堤岸翠绿、环境优雅，彰显出近郊休闲文化和“森林湿地水绿乡”的生态内涵。武清区还结合全市郊野公园建设，对北运河进行了一期 15 公里、二期 24 公里的开发改造，内容包括滩地生态景观绿化、清淤拓宽以及堤岸改造等。主要通过种植大量水生植物和野花地被，以自然生态治理的方式达到净化水质的目的。治理后的北运河河道，水面平均宽度达到 140 米。目前，八孔闸、外环线等河段都已实现旅游通航，游客可以乘游船观看沿途的美丽风光。

如今，北运河休闲旅游带沿线已相继建成了北运河休闲旅游驿站、北运河精品花园酒店、运河小镇、滨水休闲绿道、潞水樱花园、湿地百草园和津北森林公园等精品旅游节点。其中尤以位于武清城区北部、北运河与龙凤河交汇处的北运河休闲旅游驿站景区的发展较为迅速。北运河休闲旅游驿站项目规划占地1200亩，以打造“京津冀市民休闲度假基地”为目标，依托其周边绿树成荫、河道纵横、野趣横生的生态优势，规划建设有南辛庄特色农家体验区、康乾行宫驿站历史文化区、儿童游乐岛、房车营地、河畔花谷，投入了电瓶车观光、画舫船、脚踏船、自平衡车休闲、自行车以及室外大型儿童玩具游乐等娱乐项目。此外，还配套建设了运河小镇特色餐饮区、北运河精品花园酒店、自助野餐区和滨水茶楼等。2016年春分时节，尚未正式开园的北运河休闲旅游驿站就已迎来游客入园的小高潮，吸引了武清城区及京津冀大批游客。

位于南运河岸的西青区中北镇，依托资源优势，打造以居住、休闲、文化为特色的中北特色区，对南运河两岸实施提升改造工程，同时对河道进行清淤、拓宽，提高河道的防汛能力，完善行洪、排涝、航运、旅游等综合利用功能，打造中北镇独具历史文化特色的运河自然景观。2016年初，南运河西青段改造完工。

全长3700米，总占地面积约9.2万平方米的北运河带状公园是河北区2016年初启动建设的重点项目。该公园北起勤俭桥，南至耳闸公园，沿途贯穿609厂、席厂、天泰路地铁上盖以及勤俭桥南等多个地块项目。公园以绿色生态为主题，设计方案注重文化挖掘、水景利用、生态大绿和南方特色。依托北运河文化带，探索河北区历史文化名园新思路，将自然生态和人文生态有机结合，力求让北运河沿线的文化、生态、居住和旅游休闲功能布局日趋合理，推动娱乐休闲、文化创意、旅游观光及房地产等相关产业的发展，惠及运河沿线群众。通过河北区相关部门的征名，北运河带状公园的首段工程被定名为“问津园”。

三 2016～2017年度天津市运河旅游业评价与发展趋势

天津是大运河沿线的重要城市，运河旅游发展优、劣势并存。天津市内运河遗产众多，分布广泛，这是天津运河旅游发展的优势条件。但这些运河遗产中列入世界文化遗产名录的仅有河道一处（天津三岔口）。与其他重要运河城市相比，天津市内的运河遗产知名度较低，“看点”较少，大部分景点对外地游客缺乏吸引力。天津市近年来扬长避短，运河旅游发展迅速，开发和新建了许多旅游景点，这些景点广泛分布于运河沿线。但也存在一些问题，如新建景点有明显的同质化倾向，相互之间呈现出竞争状态。各景点都着重开发运河沿岸的自然风光，兴建了一些游乐设施，而在运河人文历史方面的挖掘度则有所欠缺。许多景点对运河人文方面的表现都流于表面，没有体现出运河旅游的独特之处，大大降低了这些景点对外地游客的吸引力。

为此，《天津市旅游业发展“十三五”规划》中明确提出，要在确保运河生态环境的基础上，整合运河沿线的漕运文化、历史遗址、历史村落、生态与民俗文化等旅游资源。以北运河桃花堤、北辰郊野公园、武清运河驿站、运河小镇、南运河杨柳青古镇、静海运河博物馆、西汉古城遗址等项目为支撑，与海河风光带错位、联动发展，打造运河旅游观光带，带动运河沿岸休闲度假的发展。同时，借助世界遗产大运河品牌优势，与沿线城市开展联合营销。

针对现状，未来天津市运河旅游发展可以重点关注以下三个方面。

一是大力建设三岔口景区，使其成为天津运河旅游的龙头产品。大力建设三岔口景区，充分发挥三岔口对运河旅游的带动作用，是推动天津运河旅游整体发展的必要举措。在此基础上，重点推进武清运河小镇、西青杨柳青古镇、静海运河博物馆等重要旅游节点的开发建设，促进运河—海河旅游观光带的形成。

二是继续加强与北京市、河北省的旅游合作。《京津冀旅游协同发展行动计划（2016～2018年）》的发布，为京津冀运河旅游的协同发展创造了条件。京津冀在运河旅游开发中面临一些相似的问题，如遗产点偏少、知名度偏低、水资源严重不足等。这就需要三地协同合作，共同开发一些沿运水上和陆上旅游项目。

三是深入挖掘运河的人文历史特性，依托现有运河遗产，打造一批高水平的人文景点，为运河旅游增加“看点”，提升运河旅游的品质。大力开发和建设一批具有文化特色的旅游休闲特色街区、村镇和度假区。鼓励文化创意企业和非遗传承人研发运河特色旅游商品。加大对运河旅游商品创意设计和老字号纪念品、特色手工艺品的开发支持力度。

B.13
河北省运河旅游发展报告

程宗宇*

摘 要： 随着经济的发展与全球化步伐的加快，城市竞争越来越激烈，如何在“十三五”旅游业发展的黄金期，形成自身独特风格至关重要。为此，河北省利用大运河资源，定位“运河”风格的道路。同时，沧州市提出打造中国运河武术文化名城，廊坊提出实现跨区域发展，邯郸提出发展特色运河旅游文化产品。如何开好局，起好步，实现河北省运河旅游质的飞跃，是其在“十三五”期间亟待解决的问题。

关键词： 运河旅游　文化遗产　旅游新业态

大运河自北京起，经天津流入河北境内，沿线有廊坊、沧州、衡水、邢台及邯郸等市，留下了众多“遗迹”，如南运河、北运河、卫河和永济渠遗址，其中的南运河沧州—衡水段、连镇谢家坝及华家口险工被列入申遗范围之中，“两点一段”成为河北省第四处世界文化遗产。

2014年6月22日，中国大运河申遗成功，河北段大运河虽仅有“两点一段”被列入其中，但仍有众多遗存，如中国大运河中段的重要流域——大运河邯郸遗存，其全长141.8公里，流域面积701.5平方公里。这些遗存保存了大量与运河有关的物质和非物质文化遗产，为发展运河旅游提供了物质基础。随着经济的发展与全球化步伐的加快，城市竞争越来越激烈，如何

* 程宗宇，聊城大学历史文化与旅游学院硕士研究生，研究方向为社会史。

形成区域特色风格很重要。河北省如何发展运河旅游，走好自身独特运河风格的道路，是“十三五”期间亟待解决的问题。

一 2016~2017年度河北省运河旅游业发展相关政策法规

在建设社会主义文化强国的战略任务导向下，十八届三中、四中全会分别将深化文化体制改革、文化法治建设作为重要任务做出部署，十八届五中全会将“文化产业成为国民经济支柱性产业”列入“十三五”时期经济社会发展的重要目标。河北省省委办公厅、省政府办公厅印发《关于推动全省文化产业加快发展的若干意见》，力争打造和谐、美好的省城文化。

针对旅游业面临的安全问题，河北省政府着力强化旅行社主体责任，建立完善旅行社自觉履行安全保护游客权益主体的约束机制，落实旅行社主要负责人对本单位安全问题的全面责任，并且落实旅游安全监管责任，按照“党政同责、一岗双责、齐抓共管、失职追责”“管行业必须管安全、管业务必须管安全、管生产经营必须管安全”的要求，强化各级党委、政府对旅游安全工作的领导，依法依规制定旅游安全权力和责任的相关法律法规。

为贯彻落实“十三五”发展规划，沧州制定了《沧州市“十三五”时期文化发展规划纲要》，坚持创新驱动、协同发展、绿色发展、转型升级、普惠共享五项基本原则，发展全域旅游战略、“旅游+”战略、京津冀协同战略、品牌引领战略等，实现构建现代公共文化服务体系、推动片区化发展，打造标杆性大景区、推进产业融合发展，培育旅游新业态等目标，进而加快推进沧州市运河风情文化旅游区建设。

2015年4月，中央制定了《京津冀协同发展规划纲要》，要求通州、武清、廊坊三地加强合作关系，尤其在生态方面制定了“通武廊”区域的整体生态规划。一方面通过综合治理潮白河、大运河，来打造森林公园和大尺度湿地，共建和谐绿色“家园”；另一方面通过加强区域合作，打造多条跨区域的生态廊道，实现共赢发展。

二　2016～2017年度河北省运河旅游发展规划与项目建设

（一）河北省“旅游云建设”规划项目

2016 年，河北省为推进京津冀旅游大数据一体化，编制了《河北旅游云建设总体方案》，其中建设省级旅游云大数据平台，与“民间”企业合作，如与阿里旅行及同程网签约等项目，都取得不错成绩。与此同时，在旅游大数据方面，实行精准营销、产品在线销售、精品线路推广等经营方式，并与多领域开展深度合作。现在，阿里旅行河北旅游旗舰馆、同程河北旅游旗舰馆已上线运营。除此，围绕构建京津冀一体化内部交通网络的主题，加快形成“空铁陆水”无缝对接的“快旅”交通网。同时，构建“便捷乐享”服务网，完善旅游公共服务，如完善旅游集散体系、游客服务体系、自驾车服务体系等。除此，创建“互联互通”智慧旅游网体系，实现智能化旅游服务。

（二）沧州市运河重点建设项目

《河北省旅游业“十三五”发展规划》要求以满足旅游者休闲、度假、娱乐的需求为主导方向，来构建“一圈两带两区多点”的旅游空间布局，进而形成“山海相连、城乡交融、全域覆盖、区域协同”的“大旅游”。沧州市利用本地资源，如平原湿地、历史文化、民俗文化、特色产业等，大力发展乡村旅游、休闲农业及运河产业。同时，注重产业融合，培养旅游发展新方式，如培育采摘基地、休闲农庄、国家农业公园、湿地公园、特色小镇及民俗乡村。最后，推动运河生态文化、古城历史文化等旅游产品发展，促进平原旅游崛起。沧州市力图做好现代乡村休闲旅游片区，打造运河风情文化旅游区。

定位独特资源，构建旅游特色名城。沧州历史悠久、文化资源丰富，要构建沧州旅游特色名城，首先要定位独特资源。沧州有十大“名片”：铁狮子、大运河（沧州段）、石油之城、管道之都、黄骅港、沧州武术、吴桥杂技、金丝小枣、诗经传承地及著名人物纪晓岚。所以，一方面利用沧州独特资源推进旅游重点项目建设，如沧州武术城、大运河旅游观光带等；另一方面在此基础上发展“副业”，如开展武术文化演艺、武术竞赛、学术交流及武术博览等活动。除此，复原运河风情街区、水系码头等景观，进而推进建设沧州“运河武术名城”的新定位。

（三）廊坊市运河重点建设项目

为落实《京津冀协同发展规划纲要》，廊坊市加强与通州、武清的联系。目前，北京通州区、天津武清区及河北廊坊市签署了战略合作发展的框架协议。协议中规划将加强通州区、武清区及廊坊市在生态、交通、产业、公共服务等方面的深度合作，共同打造京津冀协同发展的试验示范区。

为落实《京津冀产业转移指南》，首先，明确“通武廊”三地的主导产业定位；其次，组织编制产业发展规划，实现“通武廊”三地的协作、错位、互补发展；再次，建立通州永乐开发区、廊坊开发区及武清开发区等重点园区，加强三区的协调对接机制，协同做好非首都功能及企业疏解承接工作，进行认证、手续办理等互认；最后，建立“通武廊”三地跨省市的投资、产业转移接续及招商引资异地落户等利益分配共享机制，促进优势产业有序转移、合理分布及集群发展，实现共赢。

今后，建议廊坊市以旅游市场一体化为方向，推进“通武廊”三地旅游资源的整合，鼓励旅游市场主体开展合作，促进旅游产品、信息及利益共享，进而共同打造京津冀区域的特色旅游名片。

（四）邯郸市运河重点建设项目

加强旅游文化产品创新，有效开发利用邯郸市文化资源，制定创新性的策划设计和成熟的运营模式来开发保护遗址遗迹。邯郸市始终围绕河北省旅游产业发展布局与重点区域，依托运河核心资源，按照旅游市场的优化供给，进而带动聚集，打造运河旅游精品、培育运河品牌等要求，发展特色运河旅游文化产品。除此，邯郸市和旅游重点县要谋划开发建设一批运河旅游新业态项目，推动运河旅游业转型升级，加强产品创新，培育消费新热点。

三 2016～2017年度河北省运河旅游业评价与发展趋势

2016 年，河北省旅游业发展驶入快车道。据《2016 年河北省政府工作报告》统计：全年接待海内外游客人数达 4.67 亿人次，比往年增长 25.5%；旅游业总收入实现 4654.5 亿元，比 2015 年增长 35.6%，实现了“十三五”时期河北省旅游业的良好开局。同时，河北省旅游业重点项目投资再创新高，国家旅游发展基金和旅游基础设施专项补助资金近 9 亿元，全年全省实际完成旅游项目投资 588.3 亿元，比上一年增长 44.3%。但发展运河旅游业仍需要加大力度。

2017 年，河北省在旅游业建设方面也取得了良好成绩。如旅游在建或拟建的重点项目达 1300 余个，总投资规模也超万亿元。除此，全省组织举办了河北国际经济贸易洽谈会、旅游产品推介及产业对接会，加大了对外交流力度。同时，还向境内外推介了 100 个旅游投资重点项目，其中签订了 35 个项目，项目总投资高达 1156 亿元，实现了河北省旅游业的“对外开放”，实现了经济的良性发展。

目前，河北省旅游业仍存在一些问题。旅游文化资源开发利用程度低。比如，沧州历史悠久、文化资源丰富，但文化丰裕度与现有文化影响力不相匹配，文化遗址、历史名人、特色工艺、杂技武术、工笔画等代表性文化资源尚未得到有效开发利用。沧州铁狮子、沧州古城、河间府署、运河码头遗址、青县盘古庙、泊头清真寺等文化遗产，均处于浅表性保护或开发阶段，项目缺乏创新性的策划设计和成熟的运营模式。

区域旅游竞争力不足。旅游文化产业在总体规模、产业结构、区域发展及载体支撑等方面存在比较突出的问题。从总体上看，旅游文化产业总量较

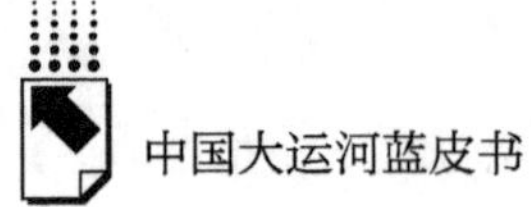

小，占地区生产总值比重低。产业内部结构不合理，生产制造、印刷等传统产业占比过大，以影视、动漫、传媒、视觉艺术、工艺与设计、软件和计算机服务为代表的新兴产业发展滞后。部分产业项目面临落地难、进展慢的问题，相关单位、部门间协同发展意识不强，缺乏有效的联动推进机制。

为贯彻落实“十三五”发展规划，河北省坚持创新驱动、协同发展、绿色发展、转型升级、普惠共享五项基本原则，发展全域旅游战略、“旅游+”战略、京津冀协同战略、品牌引领战略等，以实现构建现代公共文化服务体系，推动片区化发展，打造标杆性大景区，推进产业融合发展，培育旅游新业态等目标，进而加快推进省内运河旅游文化开发保护。

建立省内旅游担保保险平台，按照“政府引导，市场运作”原则，引导大型公司带动微型公司的发展，产生联动作用。构筑河北省运河旅游人才支撑平台，强化“招才引智”措施，成立省运河旅游人才猎头公司，为全省旅游企业提供人才评价、调查、协助沟通等顾问咨询服务，引进一批国内外旅游高级人才。依托行业组织和职业院校，加强行业培训，开展专题培训，进行专业运河人才教育培养，培养规模适度、结构合理及层次多样的专业旅游人才。

B.14
河南省运河旅游发展报告

程宗宇*

摘　要：　“十三五”期间，河南省推进大运河文化带建设工作。同时，实施以郑州为主导的“三区一群”发展战略，来应对建设国家中心城市大背景的机遇与挑战。除此，河南郑州定位打造一座“运河上的城市”，建设“一河两岸六园八景十二遗珠”的现代风情旅游景区，实现对大运河及其周边资源的可持续利用。为此，本报告从政策、规划及发展趋势三方面，分析河南省运河旅游发展状况，并提出相关建议。

关键词：　运河旅游　文化遗产　大运河文化带

2014年6月22日，中国大运河被列入世界遗产名录，运河旅游资源的开发越来越受到重视。为此，运河沿线的各省份积极开展运河旅游，取得一定的“成绩”，但由于开发时间较短，经验不足，出现了诸多瓶颈因素。其中，隋唐大运河主干道通济渠和永济渠的主要运河段——河南段大运河，涵盖了较为完整的运河遗产类型，如河道、码头、河堤、桥梁、仓窖及水工设施，具有很高的研究价值。本段运河流经范围很广，河南境内的主要有洛阳市、郑州市、商丘市、安阳市及鹤壁市等。此外，还留有众多“运河遗产”，如洛阳市的回洛仓遗址及含嘉仓遗址，通济渠郑州段，通济渠商丘南关段及夏邑段，永济渠滑县及鹤壁浚县段，浚县

* 程宗宇，聊城大学历史文化与旅游学院硕士研究生，研究方向为社会史。

黎阳仓遗址等遗产。如今，河南省为开发利用运河旅游资源采取了一系列的举措。

一 2016~2017年度河南省运河旅游业发展相关政策法规

2017 年，河南省文化厅在郑州组织并召开河南省大运河文化带建设工作座谈会，进一步研究部署如何推动河南大运河文化带建设工作。为进一步保护大运河文化遗产，实现运河旅游的协调发展，政府编制了《河南大运河文化遗产保护维修规划》。规划中就如何保护、维修大运河文化遗产，重点提出两点：一是建立保护维修项目库；二是分阶段做好保护维修工程。

为保护、维修大运河文化遗产，洛阳市政府常务会议审核通过了《洛阳市大运河遗产保护规划（2011~2030）》，全力打造洛河展示区、含嘉仓遗址展示区、回洛仓遗址展示区、隋唐洛阳城遗址展示区四个特色展区，并结合中国大运河申遗计划与国民经济和社会发展规划，制定了近期和中远期保护规划。

同时，商丘为适应新常态、抢抓新机遇，加强城乡发展建设，经河南省人民政府批准，根据《中华人民共和国城乡规划法》《河南省实施〈中华人民共和国城乡规划法〉办法》及相关法律法规，编制了《商丘市城乡总体规划（2015~2030 年）》。

二 2016~2017年度河南省运河旅游发展规划与项目建设

（一）河南省“大运河文化带”规划项目

2017 年，河南省委、省政府传达党中央、国务院及国家文物局对大运河文化带建设工作座谈会精神，同时对河南“大运河文化带”建设工作提出具体规划要求。首先，开发利用运河资源时，要准确把握河南大运河文化带建设总体要求，然后深入挖掘，以“运河遗产”为载体系统，展现大运河蕴含的丰富文化内涵。其次，保护开发运河资源要立足实际，积极开展运河遗产资源的调查，依托调查成果，建立河南省大运河文化遗产数据资源库，为运河旅游开发提供基础信息服务，最终达到可持续发展。再次，围绕历史研究空白点和大运河沿线重要节点，开展相关考古工作，制定科研课题，对历史、文化、漕运、民俗等问题进行研究，实现运河旅游的学术价值。最后，筑牢安全底线，划定大运河文化遗产保护红线，实施运河遗产平安工程，完善监测运河资源预警系统，确保运河文物安全等。

（二）郑州市运河重点建设项目

面对建设国家中心城市大背景的机遇与挑战，郑州市积极响应大运河文化带建设工作座谈会精神，立足本市具体情况，大力扩展空间及建设相关工程。为此，郑州市委召开十一届四次全体（扩大）会议，大力实施以郑州为主导的“三区一群”发展战略，实施以郑州为中心涵盖开封、新乡、焦作、许昌的“1 +4”郑州大都市区建设，进而为郑州的发展拓展了空间。与此同时，积极推进了九大支撑性工程的建设，如畅通郑州工程，为郑州市发展运河旅游提供交通便利；数字郑州工程，为郑州市运河旅游开发提供基础信息服务。

2016 年，郑州市借着大运河通济渠郑州段申遗成功的“东风”，规划打造一座“运河上的城市”，即以惠济区古荥镇为“龙头”，以大运河遗址带为“龙身”。同时，还整合周边传统景点，激活“运河遗产”，实现旅游方式的“更新”，打造“一河两岸六园八景十二遗珠”的现代风情旅游景区。一方面，凸显惠济区历史文化之厚重，合理开发运河旅游资源；另一方面，有利于使其跃升为世界级文化遗产，实现郑州市运河旅游的“现代化”。

（三）洛阳市运河重点建设项目

洛阳市大运河遗产保护规划坚持“保护为主，抢救第一，合理利用，加强管理”的总方针，对洛河洛阳段、洛阳南关码头遗址、含嘉仓遗址、回洛仓遗址、天津桥遗址、隋唐洛阳城遗址、鼎门遗址、应天门遗址、明堂及圆形建筑遗址等进行开发保护。洛阳市计划中远期实施六项项目：洛河洛阳段两岸“运河遗产小道”建设工程及沿线解说设施建设工程；隋唐大运河博物馆建设项目；含嘉仓遗址考古复探项目；含嘉仓考古遗址公园建设项目，包括含嘉仓遗址环境整治工程、仓城格局地面标志展示工程以及其他相关保护展示工程；回洛仓考古遗址公园建设项目（二期），主要有回洛仓遗址环境整治工程、仓城格局地面标志展示工程等；洛阳南关码头遗址保护展示项目。

（四）商丘市运河重点建设项目

2017 年，商丘大运河世界遗产公园举行开工仪式，正式开始建设。根据世界文化遗产保护的需要，经省文物局批准，计划在大运河商丘南关码头遗址保护范围内，建设总占地 2300 多亩的遗址公园。公园主体区域由两部分构成，即隋唐大运河核心保护展示区和缓冲区。项目建成后，将和商丘古城、大沙河古宋河生态长廊等景区连成一片，进一步丰富商丘全域旅游内容，提升城市品位，为全市的文化旅游产业发展注入新活力。

三　2016 ~2017 年度河南省运河旅游业评价与发展趋势

2016 年，河南省生产总值达 40160. 01 亿元，比上年增长 8. 1%。其中，第一产业增加值达 4286. 30 亿元，第二产业增加值达 19055. 44 亿元，第三产业增加值达 16818. 27 亿元，分别比上年增长 4. 2%、7. 5%及 9. 9%。在第三产业中，旅游总收入达 5764. 06 亿元，比上年增长 14. 5%；海内外游客全年共接待 58306. 95 万人次，比上年增长 12. 4%，其中入境游客达 293. 95 万人次，比上年增长 9. 6%。据统计：2016 年末河南省 4A 级以上景区达 146 处，旅行社达 1178 家，星级酒店达 520 个。

虽然第三产业的比重逐步上升，旅游业在经济总量中的占比也有所提高，但经济辐射带动能力不足。2017 年郑州市委全会报告中指出，2015 年郑州经济总量在全国 35 个大中城市中排名第 14 位，不足武汉、成都的 70%；在所在省份的首位度方面，武汉、成都均已达到 38% 左右，郑州还不到 20%，足见其经济辐射带动能力明显不足。除此，河南省在旅游产业结构调整、科技及创新能力建设、专业人才队伍建设、旅游资源保护开发等方面都存在严重的短板问题。在发展理念更新、国际化意识增强、重视创新性的背景下，如何实现独特旅游资源的专业性开发，是河南省发展新经济急需解决的问题。

面临严峻复杂的挑战，要学会抓住机遇。按照中共中央办公厅、国务院办公厅《关于实施中华优秀传统文化传承发展工程的意见》要求，应不断加强郑州市区文化遗产的开发与保护，全面打造“四大重点文化片区”建设，特别是加强依托大运河郑州段、国家历史文化名镇古荥镇的开发与保护，建设运河文化生态旅游与历史名镇保护相结合的“古荥大运河历史文化示范区”。

关注民生，完善旅游公共服务，打造幸福运河。在“十三五”规划工作中，打造郑州城市生态绿化，始终按照“组团发展，廊道相连，生态隔离，宜居田园”的生态城市建设理念，以创建国家生态园林城市为统揽，以生态廊道和公园建设为重点，全面推动园林绿化工作持续健康发展。在水资源的建设与治理中，郑州市 2016 年用小浪底水来引导环城生态水系，并对七里河、贾鲁河等城区河道进行扩挖与治理，形成湿地型湖泊。除此，计划建设相应的旅游服务设施，如建设旅游咨询服务体系、旅游标识导览系统、无线网覆盖、旅游安全保障体系及应急方案等。

B.15

安徽省运河旅游发展报告

陈丹阳*

摘　要： 在中国大运河世界遗产名录中，安徽省境内仅有淮北柳孜运河遗址、通济渠泗县段两个隋唐大运河遗产点入选。虽然与其他省份相比，入选的遗产点不多，但安徽省对这两处位于皖北的大运河遗址旅游开发工作的重视程度却不逊于其他省份。虽然皖北有大量可供旅游开发的历史人文资源，但这些资源较为分散，一直缺乏一个核心旅游景点。大运河申遗的成功，为安徽省以运河遗产为核心开发皖北旅游业创造了绝佳的机会。未来安徽省运河旅游发展可以重点关注拓展外地游客来源、省际旅游协作、开发运河旅游商品等方面。

关键词： 运河旅游　安徽省　柳孜运河

在中国大运河世界遗产名录中，安徽省境内仅有淮北柳孜运河遗址、通济渠泗县段两个隋唐大运河遗产点入选。虽然与其他省份相比，入选的遗产点不多，但安徽省对这两处位于皖北的大运河遗址旅游开发工作的重视程度却不逊于其他省份。

---

* 陈丹阳，博士，聊城大学运河学研究院讲师，研究方向为科学技术史、历史地理学、文化地理学。

一　2016～2017年度安徽省运河旅游发展相关政策法规

安徽省是全国旅游资源最丰富的省份之一，其境内的黄山、天柱山、九华山等世界名山，以及列入世界文化遗产的西递宏村古村落，皆是海内外游客青睐的旅游胜地，但这些名胜景点都处于安徽南部。因此，发展皖北旅游是安徽旅游业的当务之急。

大运河申遗成功为皖北旅游发展创造了绝佳的机会。在2015年初的安徽省两会上，政协委员们就建言："南抓名胜山川，北推世遗运河，融合皖风徽韵，放大运河'世遗效应'，加快发展安徽旅游。"委员们认为应放大运河"世遗效应"，把皖北历史文化的"沃土"和运河文化资源结合起来，对促进旅游业发展意义重大。可借助"世遗"这张名片，整合皖北历史文化资源，把运河文化打造成为皖北旅游第一品牌。为此需要让皖北历史文化资源"化虚为实"。借大运河申遗成功的"东风"，以皖北原生态文化为基础，重现历史人文风貌，讲好运河故事，推出精品文化演艺项目，如霸王别姬、淝水之战、大禹会诸侯等，使游客有听头，更有看头。

申遗成功后，柳孜运河遗址的保护、开发和宣传力度进一步加大。淮北市及濉溪县积极做好柳孜运河遗址本体保护、环境整治及监测工作，编制了《柳孜运河遗址总体保护与管理规划》《柳孜运河遗址加固防渗保护方案》《柳孜运河遗址保护与展示方案》《柳孜运河遗址环境整治实施方案》；制定了缜密细致、论证科学的经费申报方案，争取到国家文物局用于支持柳孜运河遗址保护利用的专项资金6300万元。在世界文化遗产金字招牌效用的带动下，淮北市、濉溪县正积极推动中国大运河柳孜运河遗址公园的规划设计，定位于科研、游览等功能，向世人展示历史的、真实的隋唐运河文化。

二 2016～2017年度安徽省运河旅游发展规划与项目建设

从2013年起，淮北市投入1000万元作为旅游发展基金，并且逐年增加，将隋唐运河文化作为文化旅游发展方向之一。2015年9月，淮北市隋唐运河古镇核心景区工程全面开工建设。该项目按国家级旅游景区4A标准建设，总投资约20亿元，规划占地总面积约64万平方米，总建筑面积约79万平方米，由安徽省旅游集团斥资打造。

隋唐运河古镇核心景区工程规划结构为“三轴、四点、八片”，兼顾休闲、娱乐、商业等服务内容。其中启动建设的五大核心景点别具匠心且各有千秋。该工程将在历史研究的基础上，科学、准确、全面地再现隋唐运河古镇丰富的建筑与文化场景。其景观内容全面涵盖漕运水利、宗教民俗、商业手工业、教育文化、休闲娱乐和社会管理。一期项目位于跃进河北岸，占地面积约35万平方米，主要内容有运河古街、运河人家、运河乐园、运河大观园四大板块，影视产业园区、核心演艺区、民俗客栈区、旅客服务区、古镇商业区五大功能区，并着力打造富含文化历史元素的五凤三阁、水镜戏台、拖船堰埭、漕仓堰闸等核心景区。

其中“五凤三阁”景区，是隋唐运河古镇项目的标志性建筑群，由“五凤门”“三佛阁”两组建筑群和周边水面广场景观组成，景点涵盖运河文化、智慧体验、互动体验、文化体验、民俗展示等五大功能。“五凤三阁”的隋唐建筑风情将成为淮北城市旅游新地标，并成为淮北的旅游文化名片、城市会客厅和文化形象窗口。另外，影视产业一条街规划面积近4万平方米。淮北市文旅体委引导9家影视制作机构与运河古镇签订了入驻协议。

2016年5月，国家旅游局与国家开发银行等10家银行在综合考虑项目成熟度、市场前景、开工条件以及示范引领和带动作用的基础上，组织专家共遴选了747个旅游项目。其中淮北市隋唐运河古镇项目入选《2016全国优选旅游项目名录》。2016 年 9 月 27 日，隋唐运河古镇“五凤三阁”落成揭牌仪式隆重举行。2016 年底，淮北隋唐运河古镇被安徽省新闻出版广电局授予“安徽省广播影视产业园区”称号。

2016 年底，中国侨联确认的第三批中国华侨国际文化交流基地名单对外公布，其中淮北市隋唐大运河博物馆榜上有名。中国隋唐大运河博物馆设隋唐五代陶瓷、淮北汉画石像、运河遗韵、柳孜遗址二期发掘成果展等八大展区和两个临时展厅，先后接待了韩国抱川市青少年交流团、澳大利亚墨尔本市中学生考察团等多个国外旅游团。

三 2016 ~2017年度安徽省运河旅游业评价与发展趋势

在大运河沿线八省市中，安徽省是列入世界文化遗产的遗产点和河段数量较少的一个，仅多于天津市（1 处）。与东部省市的京杭大运河遗产相比，隋唐运河年代久远，知名度低。安徽北部地区经济又较为落后，旅游业发展滞后，这些都是安徽省发展运河旅游的先天劣势。

但从另一方面看，这些因素又为安徽省发展运河旅游创造了一定的机遇。虽然皖北有大量可供旅游开发的历史人文资源，但这些资源较为分散，一直缺乏一个核心旅游景点。大运河申遗的成功，为安徽省以运河遗产为核心开发皖北旅游业创造了绝佳的机会。不仅如此，据统计，从 2010 年到 2015 年，安徽省旅游业带动 45 万贫困人口脱贫，这一数字占到全省同期脱贫人口的 12%。大力发展运河旅游，无疑对皖北贫困人口脱贫具有积极意义。

针对现状，未来安徽省运河旅游发展可以重点关注以下三个方面。

一是拓展外地游客来源。虽然近几年来安徽省着力建设淮北柳孜运河旅游项目，但皖北旅游业先天不足，造成其对外地游客的吸引力较弱，而本地游客的旅游消费能力又十分有限，不足以带动运河旅游未来的发展。为此，不但要扩展运河旅游在安徽省其他地区的影响力，还要跳出省界，吸引邻近的江苏、山东、河南等省份的游客。这就需要积极整合皖北旅游资源，以淮北、宿州、亳州为核心，努力构建包括大运河遗址、历史名人追踪和文化研学在内的皖北文化之旅。

二是与大运河沿线其他省市积极开展旅游协作，共同打造中国大运河精品遗产旅游带，开发以历史文化体验、运河风景观光、古城古镇观光为主要内容的大运河遗产之旅。顺应互联网与高铁的快速发展，促进区域旅游一体化发展，走互联互通、文化融合、品牌合作、资源共享的发展之路。将重点放在旅游产品开发、市场开拓、公共服务等方面，构建跨区域旅游合作的模式和机制，开拓旅游业发展新空间。将淮北和宿州作为大运河遗产之旅的重要两站，争取在几年内将淮北隋唐运河升级为5A级景区。

三是大力开发运河旅游商品。目前皖北运河由于现存遗产较少，旅游开发以新建景点为主。与江浙等省运河两岸大量留存至今的古迹相比，这些新建景点对外地游客缺乏吸引力。为克服这一劣势，需要将皖北的民俗活动、非遗、传统美食等方面与运河旅游结合到一起，充分考虑游客需求，避免千篇一律，着力打造标志性的运河旅游商品。一方面刺激游客的消费欲望，另一方面塑造安徽运河旅游的品牌，提升知名度。

B.16
山东省运河旅游发展报告

周　嘉*

摘　要： 中国大运河成功入选《世界遗产名录》后，山东省政府以及运河沿线各地市逐渐重视对大运河的保护和开发，坚持的原则是在整体性保护的基础上进行合理有效的开发与利用。在政策法规方面，先后制定了《山东省京杭运河航运污染防治办法》《山东省旅游业发展改革方案》等。在发展规划和项目建设方面，较为突出的是"儒风运河"规划项目，定位为以运河文化为灵魂，以"儒风运河"为旅游品牌，打造国际知名的大运河世界文化遗产旅游带。此外，枣庄市台儿庄的古城重建和景区提升建设、运河湿地公园建设项目，以及聊城市京杭大运河聊城段的旅游发展及水生态体系规划，也都如火如荼地进行着。儒风运河沿线旅游所取得的效益规模可观，当然也存在一些亟待解决的问题。

关键词： 运河旅游　山东省　儒风运河　水生态体系

山东段运河位于京杭大运河中段，南起山东与江苏两省交界处的大王庙闸，北到德州德城区第三店闸，全长643公里，占大运河长度的1/3，是京杭大运河海拔最高、船闸密度最大、水利工程成就最突出的河段，也是流经省份中贯穿城市最多的河段，被誉为"鲁运河"，范围涉及41个县市区，

* 周嘉，博士，聊城大学运河学研究院讲师，研究方向为历史人类学、运河城市史。

土地总面积达3.9万平方公里，占全省总面积的24.1%，流域人口占全省总人口的28.5%。

古运河流域是齐鲁文化的发源地之一，文化气息浓厚，民俗风情丰富，既有自然风光，又有人文景观，旅游资源容量较大，类型较为齐全。这些丰富的旅游资源为开发新的旅游产品，加快发展旅游业奠定了坚实的基础。就目前来看，运河的旅游价值是比较明显的，而且运河作为交通的载体，本身也是一种旅游资源。运河流域优美的自然风光让历代文人墨客大做文章，形成了丰富的人文景观，加上众多的历史遗迹，构成了今天运河的旅游景观。

一　2016~2017年度山东省运河旅游业发展相关政策法规

中国大运河成功入选《世界遗产名录》后，山东省政府以及运河沿岸各市政府非常重视后申遗时代运河的保护与发展，逐步建立起相对完善的政策法规体系。今天的大运河基本上是清乾隆年间最后一次疏浚的河道。自隋朝开始至清末民初，大运河始终是一条南北交通大动脉。到民国时期，纵贯南北的津浦铁路通车后，大运河渐渐失去了南北交通的重要性。近年来，大运河又受到关注，尤其是在南水北调工程的规划中，大运河重新发挥了重要作用。

山东段运河是中国大运河的重要组成部分，全长600多公里，由南至北依次经过枣庄、济宁、泰安、聊城、临清、德州等市县。山东申遗点段包括中河台儿庄段、会通河微山段、小汶河、会通河南旺枢纽段、会通河阳谷段、会通河临清段、南运河德州段等8段运河15处遗产点，总长近200公里，遗产区暨文物本体保护区面积近2万公顷，成为大运河整体申遗最为有力的支撑点段之一。

自2012年文化部颁布《大运河遗产保护管理办法》后，山东省委、省政府高度重视大运河遗产保护与旅游开发利用，高举中国特色社会主义伟大旗帜，全面贯彻党的十八大和十八届三中、四中、五中全会精神，以“创新、协调、绿色、开放、共享”五大发展理念为指导，发挥旅游业在供给侧结构性改革中的重要作用，以提高发展质量和效益为中心，加快形成引领经济发展新常态的体制机制和发展方式。山东省政府第67次常务会议于2015年底通过了《山东省京杭运河航运污染防治办法》。该办法自2016年3月1日正式施行，为运河旅游事业的发展打下了坚实的基础。

此外，山东省政府还制定实施了《山东省旅游业发展改革方案》，明确改革目标，确定改革路径、工作重点和时限，构建有利于部门协调的旅游发展管理机制。根据“发展大旅游、培育大市场、建设大产业”的要求，参照相关省市做法，山东省适时组建省、市、县级旅游发展委员会，更好履行指导旅游业加快发展的各项职能，支持旅游行业协会依法独立承担服务于行业发展的各项工作。按照国家旅游局出台的《关于促进智慧旅游发展的指导意见》，支持省内城市和景区创建国家智慧旅游试点城市和景区。

运河旅游事业的持续发展，离不开对河道的有效管理和保护。鉴于河湖管理保护的区域复杂性，2016年12月，中共中央办公厅、国务院办公厅印发了《关于全面推行河长制的意见》，要求各地区各部门结合实际认真贯彻落实。山东省运河沿岸各市加紧制定了相应的地方性方案。例如，聊城市为了建立健全河湖渠管理保护长效机制，进一步加强聊城河湖渠管理保护，推进生态文明建设，印发《聊城市全面实行河长制工作实施方案》。根据该方案要求，2017年底前，聊城市将全面实行河长制，建立起市、县、乡、村四级河长体系以及责任明确、协调有序、监管严格、保护有力的河湖渠管理保护体制和良性运行机制。

二 2016～2017年度山东省运河旅游发展规划与项目建设

（一）山东省“儒风运河”规划项目

2016年6月，山东省旅游局下发了《山东省旅游业发展“十三五”规划》，紧密对接国家和全省经济发展战略的要求，依托全省交通大动脉的基本空间格局，按照特色旅游主题，构建全省“两核、三带、八区”的旅游空间布局。其中，“三带”之一便是“大运河世界文化遗产旅游带”。京杭大运河旅游要以运河文化为灵魂，以“儒风运河”为旅游品牌，全面整合德州、聊城、泰安、济宁、枣庄等地市相关旅游资源，以济宁、聊城与台儿庄古城为旅游核心区，构筑临清古城、德州老城区、南旺枢纽考古遗址公园、南阳古镇、微山湖国家湿地公园、滕州红荷湿地、东平古州城、戴村坝等多点支撑的空间格局，开发运河遗产观光、运河文化体验、运河城镇休闲、水利科技修学等旅游产品，打造国际知名的“大运河世界文化遗产旅游带”。

“儒风运河”规划全称为“‘儒风运河’文化旅游目的地品牌建设总体规划”，是山东省十大文化旅游目的地品牌建设的子规划项目之一。本次规划范围为京杭大运河流经的山东段，包含山东省德州、聊城、泰安、济宁、枣庄五个地市，全长643公里，占整个运河流程的约1/3。在“‘儒风运河’文化旅游目的地品牌建设总体规划”中，尤其突出了以下几个特点。

1. 突出战略性

站在“活态世遗”的高度，看待“儒风运河”文化旅游目的地品牌建设，坚持“国际化视野、国际化产品、国际化人才、国际化市场和国际化资本”五个国际化运作手段去高品质开发。站在更高、更远的视野，运用区域整合的理念打造世界级文化旅游目的地，形成由曲阜“三孔”、济宁任城区古运河、水泊梁山、台儿庄古城、临清古城、蒙山沂水、泰山、趵突泉、大明湖等构建而成的文化旅游的“金环”，打造世界级文化旅游目的地。

2. 突出品牌性

旅游目的地品牌构建是一项系统化、品质化、长效化的工作，需要在旅游目的地品牌定位、品牌形象、品牌符号、品牌产品、品牌服务、品牌设施、品牌营销、品牌保障及品牌动态管理等方面给予足够的重视和创新。在“儒风运河”文化旅游目的地品牌打造的过程中，重点打造运河文化研学、运河城镇休闲、运河乡村体验、运河风情度假四大旅游品牌，除了对品牌定位和品牌形象进行创新外，在吃、住、行、游、购、娱等服务要素方面也进行品牌化创建。

3. 突出文化性

在充分依托“儒风运河”山东段沿线现状资源的基础上，深挖“儒风运河”文化，并总结出“儒风运河”文化体系，即运河漕运文化、运河水工文化、运河商业文化、运河古镇文化、运河饮食文化、运河民俗文化、运河建筑文化、宗教文化、文学艺术、文物古迹等。赋予“儒风运河”文化旅游目的地新的活力，将“儒风运河”片区打造为山东文化旅游新高地，将“儒风运河”品牌打造为山东省重要的文化战略品牌。

4. 突出特色性

构建“儒风运河旅游生活方式”，该方式的核心特征是——游运河、逛古城、尝小吃、品美食、泡温泉、看演出、研文学、做好汉等，重点让游客细细品味运河之“韵”。

（二）枣庄市运河重点建设项目

枣庄市运河文化旅游资源丰富，运河文化的开发推广一直是其文化旅游发展的重心。京杭运河枣庄段流经台儿庄、峄城区、薛城区、滕州市，沿运文化旅游资源丰富，遗存众多，运河旅游文化产业开发势头不断上升、前景广阔。截至2016年底，枣庄市拥有A级旅游景区50家，其中沿运区域内拥有A级旅游景区34家。最具代表性的台儿庄古城景区，于2012年成功获评国家5A级旅游景区，已发展成长为枣庄市旅游业发展的一大龙头，正引领着台儿庄区国家全域旅游示范区的创建发展，知名度高，国内外影响力大。

2016年，枣庄市委主持编制了《枣庄市全域旅游发展行动计划》，“运河明珠·生态枣庄”成为城市旅游形象定位。相关规划和实施方案等文件明确了枣庄市品牌旅游核心区的发展地位，以及点轴布局、沿河发展、多点支撑的空间格局，以枣庄市台儿庄古城、滕州微山湖湿地红荷风景区等景区项目为品牌支撑，结合枣庄市冠石榴园、台儿庄运河湿地景区、铁道游击队纪念园景区等沿运龙头景区，形成沿运鲁运河体验产品集群。

台儿庄古城重建和景区提升建设。台儿庄古城重建项目，占地200万平方米，总建筑面积60万平方米，总投资约50亿元。近年来，台儿庄古城按照“二战名城、运河古城、中华水城、国际慢城”的发展定位，全力打造建筑品牌、业态品牌、服务品牌，着力进行景区质量提升。2016年，台儿庄古城旅游发展有限公司变更，组建台儿庄古城旅游集团有限公司，注册资金7000万元，主要从事景区经营管理、旅游接待、旅游资源开发及营销、旅游商贸等业务，下辖枣庄市润昌商贸有限公司、兰琪酒店、古城旅行社等3个子公司。台儿庄运河湿地公园景区交由古城旅游集团管理，推进台儿庄景区融合发展。

台儿庄运河湿地公园建设项目。总投资4.25亿元，规划总面积2592万平方米，是国内第一家以运河湿地为主的湿地公园，主要由涛沟河下游段、峄城大沙河分洪道下游段以及两河口之间的京杭运河段等河流湿地组成，将台儿庄城区包围其中，属典型的河流湿地。其性质定位是以湿地资源保护、修复为前提，以台儿庄运河湿地生态系统和历史文化为主要景观资源，以湿地观光、科普教育、度假休闲为主要内容的综合性湿地公园。目前台儿庄运河湿地公园已发展成为国家4A级旅游景区。

（三）聊城市涉运旅游规划项目

大运河聊城段是古代会通河的一部分，位于聊城市下辖的阳谷县、东昌府区、临清市境内，全长97.5公里。聊城市委、市政府高度重视旅游产业发展，把旅游产业作为国民经济的战略性支柱产业和人民群众更加满意的现代服务业来培育。经过努力，产业建设体系基本完整，旅游六要素建设基本配套，旅游基础设施日趋完善，城市旅游文化初步显现，“江北水城·运河古都”城市品牌更加响亮，市民综合素质普遍提升，城市环境更加亮丽，城市知名度进一步提升。

2016年，聊城市制定了《京杭大运河（聊城段）旅游发展及水生态体系规划》，力图打造聊城运河文化与旅游长廊，形成“一带一核两城”的空间格局，重点项目包括江北水城城市文化旅游综合体、临清中州古运河、七级运河古镇规划。规划范围北至临清市域边界卫河，南至阳谷县域边界金堤河，总长97.5公里，工作范围涉及流域内沿线4公里范围内（以运河为中线）的空间用地。规划用地面积初步估算为390平方公里，沿线包括中心城区、临清市、阳谷县、江北水城旅游度假区、茌平县等县市区，流经马颊河、徒骇河等主干河流。

近年来，临清市在推动科学发展的同时，十分珍视运河文化资源这一宝贵财富，积极妥善保护，深入挖掘弘扬。特别是2017年，临清市委、市政府明确提出以“打造全国运河文化名城”为目标，实施重要人文古迹保护工程，加快中洲古城区保护性建设，打响明清市井休闲文化和世界文化遗产城市品牌。当前，临清市正在抢抓大运河整体保护开发和建设中等城市的机遇，全力打造古香古色、独树一帜的中洲古城，着力建设古韵再现、生态优良的运河文化休闲体验带，规划运河观光游、胡同文化游等特色线路和风景区，着力打响“明清御窑、临清贡砖”“游在运河、吃在临清”等品牌，努力提升临清文化旅游产业的综合实力。

三 2016～2017年度山东省运河旅游业评价与发展趋势

总体而论，2016年山东省旅游业消费总额、旅游接待人次分别迈上8000亿元和7亿人次两大台阶：旅游业消费总额达到8000多亿元，同比增长13.6%；接待游客总数达到7.1亿人次，同比增长8.7%。全年完成旅游投资2000多亿元，同比增长超过27%。全省旅游市场总体规模不断扩大，市场增长迅速。从2012～2016年的统计数据来看，“儒风运河”沿线旅游人数和旅游综合收入呈不断增长态势，并持续保持较快的增长速度。在接待旅游人数方面，截至目前，“儒风运河”沿线共接待游客达10000多万人次，年平均增长率约为30%；在旅游综合收入方面，“儒风运河”沿线近1000亿元，年平均增长率近25%。

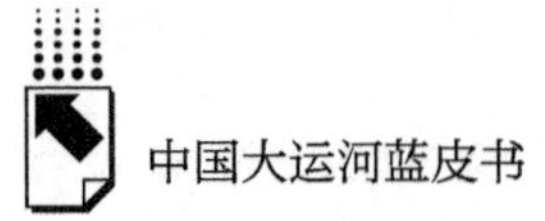

闲暇时间是游客旅游的最佳时机，如寒暑假、节庆休假等法定节假日。无独有偶，“儒风运河”沿线旅游也受游客休闲时间的制约，明显表现在旅游景区人数往往在节假日达到一年的最大峰值。通过对“京杭运河”“台儿庄古城”“三孔”“泰山”等重要景点在 2014 年 6 月至 2015 年 6 月一年的搜索指数趋势可以得出，2014 年 11 月到次年 2 月，搜索指数较低；在其他月份相对较高，尤其是 10 月国庆节期间达到一年的峰值。搜索指数高低的背后，凸显了“儒风运河”沿线旅游淡旺季明显的客观现实。国内游客在总游客构成中，占比超过 95%，国内游客明显占旅游市场主体。从游客分布的城市来看，游客集中分布在济南、青岛、枣庄、济宁、临沂等省内城市以及东部沿海城市，尤其是距离山东比较近的北京、天津等环渤海城市和上海、南京、徐州等长三角地区的城市。究其原因，是受旅游距离衰减规律（即距离目的地越远，到访目的地的旅游人数越少）和客源地本身经济发达程度的影响。

根据“儒风运河”沿线旅游近几年接待游客人数发展情况，得出年均增长率约为 30%；根据旅游发展情况，在旅游政策引领和旅游发展形势的驱动下，推测 2016 ~ 2020 年为旅游高速发展期，按照年均 30% 的增长速度，2020 年旅游接待人数将达到 30000 万人次；当旅游发展到一定程度，旅游增长速度从高速发展进入快速发展阶段，2020 ~ 2025 年的年均增长速度假定为 15%，那么到 2025 年接待游客人数将近 50000 万人次。

当然，目前的旅游业也存在一些问题。第一，旅游基础设施、服务设施较差，不利于品牌服务体系的完善。公务出游、旅行社传统组团游弱化，公民旅游逐步进入“自驾车、散客时代”，越发对旅游目的地基础设施、公共服务提出更高要求。“儒风运河”沿线旅游公共服务设施的发展相对滞后，渐成“软肋”，游客集散中心、咨询中心的建设，与省内外先进省市相比存在差距。第二，“儒风运河”品牌缺少足够的产品支撑，不利于品牌产品体系的形成。“儒风运河”沿线地区旅游资源虽然丰富，但目前仍处在层次较低的开发状态，可以参与的项目太少，缺乏深度。“儒风运河”沿线除台儿庄运河古城开发较好外，其他地区旅游产品尚处于初级开发阶段。运河沿线主要为倚靠自然资源开发的旅游产品，如湿地公园、森林公园、微山湖景区等，旅游产品开发层次低。第三，现有产品项目与运河文化的融合不足，不利于品牌内涵的快速生成。目前现有产品的开发与运河文化的深度融合不足，缺乏更深层次、更多层面的文化与旅游产品的融合。第四，旅游与相关产业融合不够，不利于品牌旅游产业的规模集聚。旅游业是一项综合性很强的产业，在与农业、文化、体育等行业的融合方面，有很强的延展性。而目前，“儒风运河”沿线旅游的现实情况是，旅游与文化、体育、农业等的联系互动融合较少，旅游产业结构相对单一。

B.17
江苏省运河旅游发展报告

周 嘉*

摘 要： 江苏省政府发布实施了多个促进旅游业发展的政策意见，以全面推进旅游业发展。南京、镇江等市相继成立职能更加完备有效的旅游管理委员会，为旅游业发展提供了有力保障。针对旅游业方面的管理体系，江苏省体制机制改革的力度进一步加大。苏州为了应对这一目标，将行政区划进行适当调整，打造了一批古城旅游的示范展示区。无锡、徐州、镇江等市成立了旅游集团，整合了一些旅游资源。扬州和南京两市改革管理体制，采取了景区建管分离的措施。目前，江苏省旅游供给结构还不够优化，供给效率不高，产品创新不足，新业态产品体系尚不健全，缺乏具有较大影响力的旅游品牌，尚未建立起与全域旅游发展相适应的多部门融合管理机制。

关键词： 运河旅游 文化遗产 江苏省

大运河在江苏省由南向北流经苏州市、无锡市、常州市、镇江市、扬州市、淮安市、宿迁市和徐州市，沟通了江、淮、沂、泗水系，联通了太湖、高邮湖、洪泽湖、骆马湖、微山湖等五大湖泊，全长404公里，将楚汉文化、淮扬文化、吴文化等地域文化有机串联起来。相较于其他省份的部分河道，江苏段运河并没有淤塞和停用，仍然发挥着通航运输的作用。大运河江

---

* 周嘉，博士，聊城大学运河学研究院讲师，研究方向为历史人类学、运河城市史。

苏段全长683公里，是目前航运价值排位居首的人工水道，以长江为分界线，又可分为苏北段和苏南段。

一 2016～2017年度江苏省运河旅游业发展相关政策法规

江苏省政府高度重视旅游业发展，形成了促进旅游业改革创新发展的良好环境。省政府发布实施多个促进旅游业发展的政策意见，与国家旅游局签订省局合作协议，全面推进旅游业发展。南京、镇江等市相继成立职能更加完备有效的旅游管理委员会；多地相继召开旅游发展大会，出台支持旅游业发展的意见，加大财政支持力度，为旅游业发展提供了有力保障。苏州为了应对这一目标，将行政区划进行适当调整，打造了一批古城旅游的示范展示区。无锡、徐州、镇江等市成立了旅游集团，整合了一些旅游资源。扬州和南京两市改革管理体制，采取了景区建管分离的措施。

早在2015年底，江苏省公布了《江苏省旅游条例》，自2016年3月1日起施行。其中第十九条涉及大运河的旅游事业发展："省人民政府旅游主管部门应当推进发展游（邮）轮、游船、游艇等水上旅游，促进长江、运河、湖泊、近海等水上旅游航线和产品的开发，加强水上旅游的宣传和推广。"省政府办公厅于2016年初印发了《江苏省乡村旅游发展三年行动计划（2016～2018）》，力图打造以"三农"资源为主要载体的特色旅游，其中的主要任务之一是优化乡村旅游发展空间布局，重点建设古运河乡村风情文化旅游带。各市也有相关政策出台，如扬州下发了《扬州旅游业发展总体规划2009～2030》，提出旅游发展的总体布局，规划为"一城一轴四片"的空间形态。

二 2016～2017年度江苏省运河旅游发展规划与项目建设

大运河申遗成功后，沿岸历史遗产资源最为丰富的江苏段旅游产品的整体开发和旅游形象的推广备受政府关注。江苏省政府力图完善省域旅游发展格局，构建“一网两圈四带”的旅游空间发展格局，大力推动资本、产品和项目的集聚效应。其中，一个着力点是打造大运河世界文化遗产旅游带。此种设想的目的是，充分挖掘作为世界文化遗产的大运河的内涵，积极构建大运河沿岸城市的旅游带，将江苏段运河打造成国家级别的运河旅游风景精品。同时，立足于水乡、水城等原真性的景观廊道，修复完善沿线的自然生态环境，再现运河的自然风光和人文情怀。加强运河品牌与沿线旅游的合力发展，尤其重点推出文化体验、度假休闲等方面具有特色的新型旅游产品。

努力培育区域性的核心旅游集聚区。其一，建设里下河生态旅游区。依靠丰富客观的自然资源和乡村美景，以及“新鱼米之乡”品牌的号召力，将湿地景观、乡村景观等作为区域性旅游发展的重要资源。支持建湖九龙口、金湖荷花荡、高邮湖、盐都大纵湖、兴化垛田、泰州溱湖等旅游景区的建设，形成生态旅游新亮点。其二，打造环骆马湖休闲度假区。依托骆马湖良好的生态条件及丰富的旅游资源，促进徐州、宿迁两地环湖区域联动发展，积极开展休闲度假旅游，建设国内一流的环湖休闲度假区。

促进城镇旅游发展，建设一批中心示范城市。例如，无锡挖掘太湖、运河、吴文化、佛教、民族工商业、影视文化等资源，打造环太湖区域的文化旅游休闲地，力争将其建设成国内一流且国际知名的度假地。淮安则依托洪泽湖、运河等河湖资源，突出名人文化、西游文化和漕运文化，力图打造漕运之都、环洪泽湖旅游圈城市。扬州更是进一步深挖饮食文化、盐商文化、休闲文化等资源，凸显遗产精品旅游资源优势，力争打造运河和长江游客的集散中心地、国际运河文化旅游目的地等。其中，以项目为纲，构建复合产品体系，拓展旅游产业空间，加强线路的串联，重点围绕“一路”（文昌路）、“一河”（京杭大运河），以及高邮湖、宝应湖、邵伯湖周边沿线景点项目的串联，做精乡村游直通车规划。

根据《扬州旅游业发展总体规划2009～2030》，扬州旅游发展总体布局规划为“一城一轴四片”的样态。扬州主城区为“一城”，是旅游资源最为集中的区域。运河沿线风光和古运河轴为“一轴”，以运河为纽带，连接沿岸周边地区景点，形成一条较具特色的水上旅游路线。“四片”则是市域范围的重要分区，分别为北片环湖自然生态旅游区、南片滨江时尚休闲度假区、东片养生休闲度假区和西片运动健身休闲体验区。

三 2016~2017年度江苏省运河旅游业评价与发展趋势

在“入遗”后，江苏省加大了对大运河保护利用的力度，探索正确处理活态文化遗产保护与发展的关系、当前利益与长远利益的关系、局部利益与整体利益的关系，努力发挥地域特色和资源优势。从遗产带来看，江苏省有遗产河段325公里，占运河全线的1/3；遗产区7个，占遗产区总面积的46%；遗产点22处，占总数的40%。从文化景观带来看，大运河途经的江苏省8市属于国家园林城市和中国优秀旅游城市，以扬州瘦西湖为代表的5A景区有16处，国家旅游度假区4座，4A级景区、省级旅游度假区占全省的70%以上。每年来的游客多达200多万人次，近年来更是以每年20%~30%的速度递增。旺季时，古运河一度出现了“堵船”现象。

“一带一路”、长江经济带建设等国家战略的实施，为旅游业带来广阔的发展空间。产业结构的转型升级，也给旅游的综合性战略带来重要发展期。伴随着广大人民群众生活水平逐渐提高，旅游公共服务体系日趋完善，进一步催生了大众旅游时代的兴起。大众旅游时代带来新机遇，将产生规模更为庞大、更为多样化的旅游消费需求。度假体验、康体养生、运动休闲等新产品、新业态不断涌现，大大拓展了旅游业发展新领域，为江苏省加速推进旅游业供给侧结构性改革提供了新的动力。

但是，目前江苏省旅游供给结构还不够优化，供给效率不高，产品创新不足，新业态产品体系尚不健全，缺乏具有较大影响力的旅游品牌，尚未建立起与全域旅游发展相适应的多部门融合管理机制，人才培养机制亦有待进一步完善，等等。2016年，江苏省旅游局曾调研淮安运河旅游度假区建设、清江浦景区、市游客集散中心、里运河游船、维也纳大酒店等项目。调研组认为，淮安旅游度假区区位优势和通达性优势明显，吃住行游购娱等功能配置齐全，拥有省内不多见的丰厚历史文化底蕴。同时，里运河夜景游项目吸引了大量的游客，清江浦记忆馆等场所还配置了一些互动性设施，总体满足旅游度假区的基本要求。调研组同时提出，度假区不同于景区，要更加突出度假功能，景点和项目在规划建设过程中要注重休闲元素，要加大旅游度假区的宣传推介力度，做到宣传先行于建设。

此外，还应当以大运河等世界文化遗产以及古镇古村落、汉文化遗迹、明文化遗址、六朝遗迹、名山景区等名胜遗产为基础，深度挖掘文化内涵，丰富特色，形成一批具有国际吸引力的观光产品。旅游城市的个性和特色是竞争成败的关键，应加大对城市资源、社会资源的挖掘力度，着力打造极具城市个性和文化个性的旅游产品，着力发展文化旅游事业，积极推进休闲度假旅游的广泛宣传，突出“运河名城”的旅游个性品牌形象，提升以运河为主题的旅游竞争力。

B.18 浙江省运河旅游发展报告

陈丹阳*

摘　要： 浙江省境内的运河遗产点比较多，具有分布范围广、保存状况良好的特点，为浙江省开展运河旅游创造了极为有利的条件。目前浙江省正着手构建四大都市旅游经济圈，强化旅游资源与线路的区域整合。“十二五”期间，杭州营销模式创新取得显著成效，众多营销项目受到业界好评，例如牵头成立“京杭大运河城市旅游推广联盟”，建设京杭大运河（杭州段）文博旅游创新示范区、西溪湿地国家生态旅游示范区、良渚文化遗址保护工程等项目，共同打造具有国际水准的“世界遗产地”。在旅游资源非常丰富的同时，浙江省运河旅游仍然存在着一些问题，主要体现为两点，一是旅游供给的结构性矛盾非常突出，二是旅游接待空间分布不均衡。

关键词： 运河旅游　文化遗产　大运河文化带

浙江省的旅游资源极为丰富，旅游经济处在全国领先水平。全省拥有30个省级以上旅游经济强县，43个省级以上旅游度假区，192个4A级以上高等级景区，其中包括4家国家级旅游度假区（数量并列全国第一）、16家

* 陈丹阳，博士，聊城大学运河学研究院讲师，研究方向为科学技术史、历史地理学、文化地理学。

5A 级景区（数量居全国第二）。旅游业已经成为浙江省服务业的龙头产业，且正逐步发展成为国民经济的支柱产业。

在中国大运河入选世界遗产名录的项目中，浙江省境内共有 5 段河道和 13 处遗产点入选，河道包括江南运河嘉兴—杭州段、江南运河南浔段、浙东运河萧山—绍兴段、浙东运河上虞—余姚段、浙东运河宁波段，遗产点包括湖州南浔历史文化街区、嘉兴长虹桥、嘉兴长安闸、杭州富义仓、杭州凤山水城门遗址、杭州桥西历史街区、杭州西兴过塘行码头、杭州拱宸桥、杭州广济桥、绍兴八字桥、绍兴八字桥历史街区、绍兴古纤道以及宁波庆安会馆。这些运河遗产具有分布范围广、保存状况良好的特点，为浙江省开展运河旅游创造了极好的条件。

一　2016 ~2017 年度浙江省运河旅游发展相关政策法规

目前浙江省正着手建设四大都市旅游经济圈，以中心城市为龙头，以都市区为依托，加快推进市场共享、分工合作。杭州都市旅游经济圈依托都市风情、商务会展、江南水乡风情、运河古镇文化、吴越文化和太湖文化，以杭州、湖州、嘉兴和绍兴作为主体，着重发展都市休闲、古镇休闲、乡村旅游和滨湖度假。

浙江省还提出要强化旅游资源和线路的区域整合，以资源优化、统一规划、统一布局、统筹开发为原则，打破行政区划的界线，推动包括京杭大运河浙江段（嘉兴、湖州、杭州、绍兴、宁波）在内的旅游功能区建设；以高速公路、铁路、水路和水域为依托，加快连点成线，尽快在全省范围整合、包装、推出一批高品质的特色旅游线路，着重打造丝绸之路、运河古韵、水乡古镇及宗教朝觐等一批国际精品旅游线路。

杭州市作为浙江省会、京杭大运河的终点、旅游名城，也是大运河遗产最为集中的城市之一。同为世界文化遗产的西湖，一直是杭州市旅游的核心。大运河申遗成功后，为全面推动旅游业发展，杭州市提出以“西湖”“京杭大运河”两大世界文化遗产为核心品牌，以京杭大运河景区（杭州段）、西湖风景名胜区、西溪国家湿地公园、湘湖国家级旅游度假区四大旅游集聚区为驱动，联合上城区、下城区、江干区、拱墅区、西湖区、滨江区、萧山区和余杭区，提升各类旅游服务配套设施，全面打造集都市休闲、旅游观光、文化创意、娱乐体验、会议会展、养生度假等多功能于一体的“大都市旅游休闲核心”，辐射带动全市旅游业整体发展。其中“大运河文化旅游休闲带”以杭州城市发展格局为基础，依托京杭大运河（杭州段）水上通道，沟通主城区及余杭、萧山，挖掘和整合区域内的文化资源，包装和推广文化主题旅游资源，凭借京杭大运河文化遗产品牌，带动杭州整体文化旅游产品升级和运河东西两岸文化旅游互动，打造杭州文化休闲旅游新热点。

除杭州外，大运河浙江段沿线各城市都将运河旅游作为其旅游发展工作的重点项目。嘉兴市提出加快完善“一心三带五极”的格局，构建运河国际旅游休闲城市及长三角区域旅游集散中心地。宁波市提出要以三江六岸“大运河—海丝”文化长廊为主要载体，自西向东依次推进余姚古城文化旅游区、河姆渡遗址文化旅游区、慈城—保国寺文化旅游区、梁祝文化产业园、宁波三江滨水核心区、宁波帮文化旅游区等项目的开发。绍兴市将越城区迎恩门风情水街列入“十三五”重点旅游建设项目，以古运河为主线，建设迎恩天地、运河水游城、二十四苑、米市街四十八铺、桨声灯影、钟山胜境等六个功能区块。湖州市则提出“运河水乡民俗休闲旅游带”概念，将京杭大运河湖州段作为主轴线，以“河”为主体，并充分发挥“丝绸之府、鱼米之乡、文化之邦”的资源和品牌优势，突出“文化遗产长廊”特色，结合沿岸景区（点）建设，塑造世界文化遗产——大运河湖州段、世界第一丝镇南浔、和孚桑基鱼塘、笔都善琏、桥乡双林、鱼都荻港、蚕乡新市和古镇菱湖的旅游形象，构建以文化旅游、商贸旅游和乡村旅游为特色的水乡民俗旅游带。

二　2016～2017年度浙江省运河旅游发展规划与项目建设

“十二五”期间，杭州营销模式创新取得显著成效，众多营销项目受到业界好评：首创了国际市场整合营销模式，全方位加大市场开拓力度；牵头成立“京杭大运河城市旅游推广联盟”；全力推进旅游国际化战略，在旅游产品国际化方面，深度挖掘西湖、西溪、运河三大旅游产品的国际吸引力，已基本形成特色鲜明的休闲产品国际化新格局。杭州市提出要处理好西湖、大运河、良渚（申遗中）等世界遗产保护与利用的关系。建设京杭大运河（杭州段）文博旅游创新示范区、西溪湿地国家生态旅游示范区、良渚文化遗址保护工程等项目，共同打造具有国际水准的“世界遗产地”。提升优化“印象西湖”“西湖之夜”“宋城千古情”“水之灵”等一系列旅游文化演艺项目，新创“良渚印象”“径山禅茶”“新安江之夜”“千年运河谣”等大型旅游文艺节目，支持京杭大运河（杭州段）旅游区创建5A级精品游景区。建立“旅游直通车”，引领杭州精品旅游，重点建设萧山机场、杭州东站往西湖风景区、京杭大运河杭州景区的“杭州世遗文化旅游直通车”，以及萧山机场、杭州东站往京杭大运河杭州景区、西溪湿地公园等的“杭州民俗慢生活旅游直通车”。建设自驾旅游景观廊道，重点打造包括京杭大运河风韵世遗之路自驾旅游景观廊道在内的四条不同主题的自驾游经典线路，优化道路两侧景区导引标识体系，提升道路沿线景观质量，逐步完善周边旅游服务配套设施建设，构建符合国际标准的自驾旅游景观廊道。依托京杭大运河（杭州段）世界遗产旅游资源，构建京杭大运河（杭州段）水上风情廊道。

为建设运河名城，嘉兴市结合城市有机更新，挖掘深厚的历史文化底蕴，大力发展个性化、多元化的城市休闲旅游产品，促进中心城市旅游存量提升、增量拓展，提升市区旅游的首位度。充分发挥运河旅游品牌的影响力，全力打造体现运河文化以及其他多元文化为主要内容的运河古城“月芦文杉”板块，大力开发“两湖一洲”、温泉小镇等区块，着力打造运河国际旅游休闲城市。

嘉兴市规划的运河风情文化旅游带大运河嘉兴段沿线，经过嘉兴市本级、桐乡市和海宁市，包括苏州塘、嘉兴环城河、杭州塘、崇长港、上塘河等河道，总体定位为时尚生活与传统历史文化相融，国内知名的具有江南水乡风情的运河水上休闲长廊。依托大运河沿线景观风貌，挖掘特色文化，分段打造个性化主题，突出嘉兴城区段的城市品质生活和滨水休闲氛围，乌镇、濮院、石门、崇福、长安等区段的历史文化和古镇风情，王江泾、油车港等区域的生态湿地景观，并以“全景运河”“休闲慢生活”为核心理念，设计大运河绿道和运河水上游线，串联起各个文化景点，结合现代创新艺术形式，打造功能多样、个性鲜明的运河文化休闲带。

此外，嘉兴还着手兴建运河温泉度假区，集温泉旅游、康体养生、文化体验、商务旅游等功能于一体的综合型温泉旅游商务度假区和以江南田园风貌为主题的温泉新城。将乌镇古镇景区、西塘古镇景区、南湖旅游区、海宁中国皮革城、京杭大运河（嘉兴段）等培育成大型综合旅游景区。“十三五”期间，积极培育嘉善西塘、海盐南北湖、海宁盐官景区、濮院古镇、京杭大运河（嘉兴段）等成为国家5A级景区。

为强化旅游形象宣传，突出“运河、古镇、田园、水乡”的特色，嘉兴市强化“运河水城、秀美嘉兴”城市旅游主题形象宣传。根据不同的宣传主题，策划“沿着运河游嘉兴”“小镇生活、嘉兴味道”等宣传口号。整合全市同类型旅游区和城镇、乡村的品牌资源，实现品牌价值最大化。

2017年3月，嘉兴市秀洲运河文化公园西延三期工程正式开工。该公园位于秀洲国家高新区京杭运河北侧，进深约150米，整个公园平面呈东西带状分布，总长8.4千米。东起秀清港、西至秀清路的一期工程已于2007年竣工，其主要景点包括学绣塔、学绣楼和森林茶社等；二期工程位于运河路南侧，秀清路和秀园路之间，总面积5.2万平方米，已于2016年8月完工并通过竣工预验收。运河文化公园规划的功能定位为：立足古运河千百年的文化积淀，打造集历史、文化、景观、休闲、旅游于一体的运河文化长廊

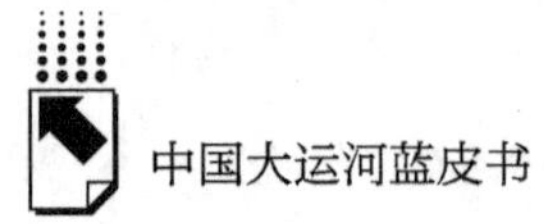

景区。随着公园开发区域进一步扩大，整个运河文化景观长廊将成为秀洲区古运河边一道亮丽的风景线。

绍兴市大力开发古城文化旅游区，以8.3平方千米的古城为核心区域，依托八大历史街区、名人故居、文物古迹、内河等旅游资源，带动古城周边区域的开发，形成环状辐射圈。古城是绍兴旅游最具竞争力的资源，也是列入世界文化遗产遗产点与河段的所在地。绍兴市紧紧围绕名人文化、运河文化、黄酒文化，充分利用历史文化遗存、水系网络结构和传统民俗民风，开发文化旅游体验项目，将绍兴古城建设成为古城文化旅游目的地，使旅游产业成为古城区发展的核心动力。水陆交通方面，绍兴市结合历史街区保护工程与河道整治工程，在截污、疏通、景观布置的基础上构建内圈水上旅游线，充分利用中国大运河（绍兴段）的宝贵资源，将浙东运河水系与环城河、镜湖等水系连通，利用浙东运河文化带动古城周边区域发展。

三 2016~2017年度浙江省运河旅游业评价与发展趋势

浙江省作为旅游强省，拥有发展运河旅游得天独厚的条件。但在旅游资源非常丰富的同时，浙江省运河旅游仍然存在着一些问题，主要体现为两点，这也是未来浙江省运河旅游发展需要重点关注的两个方面。

一是从供给侧看，目前浙江省旅游供给的结构性矛盾非常突出。具体表现为产品、服务与制度等供给（特别是公共服务产品）跟不上散客化和品质化的消费需求，高品质新产品供给不足与同质化低端产品过剩同时存在。这一特点也体现在运河旅游开发方面。在水网密布的长三角地区，各地所拥有的旅游资源有很大的相似性。目前大运河浙江段各城市所提出的运河旅游发展政策大同小异，如何依托各城市的独特优势，让运河旅游从众多水乡旅游景点中脱颖而出，实现差异化竞争，整体提升浙江省运河旅游水平，避免各城市之间低水平竞争，挑战巨大。

二是旅游接待空间分布不均衡，核心景区与周边旅游联动发展不足。例如杭州优质旅游资源丰富，但分布与发展呈现不均衡的态势。率先成功申遗的西湖风景区是杭州最具代表性的景点，环西湖一带的旅游者占了杭州旅游人数的70%以上，远超其他景区，存在一定的遮蔽效应；集聚的旅游者过度占用当地社会资源，导致当地居民与游客存在矛盾。旅游旺季，杭州各县区市接待人数差距较大，空间上分布不均衡。核心景区急需向周边“引流”，但周边旅游产品的吸引力不够，使得其难以与核心景区联动发展，享受不到核心景区的溢出效应。虽然杭州市提出以“西湖”“京杭大运河”两大世界文化遗产为核心旅游品牌，且大运河部分遗产与西湖风景区重叠，但整体上大运河遗产作为后来者，仍会受到西湖遮蔽效应的影响。因此，要想处理好运河旅游景点与业已存在的核心景区的关系，应一方面充分利用核心景区的巨大吸引力，另一方面尽量减少核心景区的遮蔽效应。这是未来浙江省运河旅游需要重点解决的问题。

学术文化篇

Academic Research

B.19
2016～2017运河相关论著研究状况分析

裴一璞　高元杰　刘玉梅*

摘　要： 在中国大运河成功申遗后，2016年和2017上半年运河研究相关论著更为丰富，整体学术水平有稳定的提高，呈现出许多新的特色。运河研究领域不断拓展，相关研究成果涉及历史、地理、政治、经济、社会、文化、艺术、考古、旅游、工程、环境等诸多领域，运河文化遗产保护和旅游开发成为运河研究的热点。随着"河长制"等保护河流生态环境政策的推行，运河的生态环境保护和建设也越来越引人关注。此外，运河的文化性、艺术性

* 裴一璞，博士，聊城大学运河学研究院副教授，研究方向为宋元史、区域历史地理；高元杰，博士，聊城大学运河学研究院讲师，研究方向为生态环境史、运河文化史、明清社会经济史；刘玉梅，博士，聊城大学运河学研究院讲师，研究方向为中国美学、艺术学。

也受到重视。

关键词： 中国大运河 运河研究 文化遗产保护 旅游开发

一 运河相关著作研究状况

2016年1月至2017年6月，国内共出版与运河相关的著作23部，内容涉及运河遗产与保护、运河科技与航运、运河旅游与开发、运河图像与档案、运河传说与口述等方面。

有关运河遗产与保护的著作主要有井扬《居天下之首的临清运河钞关》（中国财政经济出版社，2016年1月）。该书旨在探究临清运河钞关所反映的明清商品经济发展状况、与地方经济文化之关系、临清钞关制度的特点及钞关文化的概貌等。内容分为上、下两编，上编为研究主体，由八部分组成。第一部分为绪言；第二部分论述明清漕运与临清因运河而兴的过程、临清运河钞关设置之缘起、钞关建置及其功能；第三部分简述临清钞关差官制度，考察了明清两代较有影响的钞关官员；第四部分简述临清运河钞关的税款征收制度及征税特点、征收则例等情况；第五部分论述明代至清中期运河商品经济的发展状况、临清运河钞关与地方经济社会发展之关系、运河钞关对临清商业格局等的影响；第六部分对明清临清运河钞关部分碑刻及地方文献进行了整理；第七部分整理了明清诗文、小说中与临清运河钞关有关的内容，对运河钞关进行了多角度的透视；第八部分为结语，对明清运河钞关与临清社会经济发展之关系进行了概括。下编为临清运河钞关文献辑览，收录了有代表性的古文献资料，供读者赏析。

王虎华《扬州运河世界遗产》（南京师范大学出版社，2016年1月）。该书旨在为更好地传承大运河的文化精神，培育新的属于运河城市的文化生产力提供参考。在内容表述上，共分为六章。第一章“扬州运河概述”，主要介绍扬州运河的历史演变。第二章“扬州在大运河申报世界遗产中的贡献”，主要介绍大运河申报世界遗产过程等，还单独添加了一个附录，收录了有关扬州古运河保护与利用的建议与提案。第三章“列入世界遗产名录的大运河扬州段点”，主要介绍大运河扬州段的世界遗产段点及特性。第四章“扬州运河其他重要段点”，主要介绍扬州运河水工遗产。第五章“扬州运河世界遗产的保护”，主要介绍世界遗产保护要求及理念等。第六章“扬州运河世界遗产大事年表”，主要罗列扬州运河大事年表、扬州运河申报世界遗产大事年表。

苏州市文物局《大运河苏州古城段遗产研究报告》（文物出版社，2016年3月）。该书是对大运河苏州古城段遗产研究成果的整理，旨在让更多的人了解苏州大运河，切实增强保护大运河的使命感、责任感。采用中、英文两种文字，在同一页码中做到中、英文对照。全书共分四部分，分别是“大运河苏州古城段水系研究”“苏州城内水系与大运河关系研究”“苏州城内水系与世界遗产苏州古典园林关系研究”“大运河苏州古城段相关遗产研究”。第一部分主要介绍大运河苏州古城段现状、大运河苏州古城段的历史沿革、大运河苏州古城段的价值。第二部分主要介绍苏州城内水系、苏州城内“三横四直”的主干水系、苏州城内水系与大运河的关系。第三部分主要介绍苏州园林与紧邻的相关水道、水系与历代园林的关系。第四部分主要介绍大运河苏州古城段重点遗产点，包括山塘河、虎丘云岩寺塔、平江河、全晋会馆、盘门和宝带桥。

张强《江苏运河文化遗存调查与研究》（江苏人民出版社，2016年3月）。该书以淮安、扬州、镇江、常州、无锡和苏州等城市为对象，探索保护运河文化遗存的路径，以达到窥一斑而见全豹的目的。内容共包括绪论及六章。绪论“历史上的运河及江苏运河遗存”，主要介绍江苏运河及其主要遗存等。第一章“运河淮安段文化遗产保护与利用”，主要介绍淮安与运河淮安段的历史及现状等。第二章“运河扬州段文化遗产保护与利用”，主要介绍运河扬州段的历史及现状等。第三章“运河镇江段文化遗产保护与利用”，主要介绍运河镇江段的历史与现状等。第四章“运河常州段文化遗产保护与利用”，主要介绍运河常州段的历史及现状等。第五章“运河无锡段文化遗产保护与利用”，主要介绍运河无锡段的历史及现状等。第六章“运河苏州段文化遗产保护与利用”，主要介绍苏州段运河的历史及现状等。

余敏辉《从“地下”走出的辉煌——世界文化遗产视野下的隋唐大运河安徽段》（时代出版传媒股份有限公司、安徽人民出版社，2016年6月）。该书从世界文化遗产视野来研究隋唐大运河安徽段，以对后续的保护利用提出相关建议。内容上除绪论与附录外，共分九章。“绪论”主要介绍皖北运河遗产点。第一章“隋唐大运河的‘一号工程’——通济渠的前世今生”，主要介绍通济渠的兴修始末等。第二章“扼汴水咽喉、当南北之冲——隋唐大运河安徽段的古往今来”，主要介绍运河名人、古镇、传说等。第三章“中国运河考古史上的首次大发现——柳孜运河遗址”，主要介绍柳孜运河遗址两次考古发掘始末等。第四章“隋唐大运河保存最完好的活态遗址——通济渠泗县段”，主要介绍通济渠有关历史等。第五章“繁华梦断两桥空、唯有悠悠汴水东——埇桥遗址及其他”，主要介绍埇桥遗址的兴废、形制等。第六章“‘天下第一石’主产区运河史迹——灵璧‘花石纲遗址’和‘张氏园亭遗址’”，主要介绍花石纲遗址、张氏园亭遗址。第七章“商旅不知亡国恨，至今沿路说隋堤——千年隋堤史话”，主要介绍隋炀帝开河筑堤的逸闻、唐宋元对隋堤的管护等。第八章“夹岸垂杨三百里，只应图画最相宜——‘隋堤烟柳’评说”，主要介绍隋堤柳的兴衰及文化意蕴。第九章“大型线性活态文化遗产——关于隋唐大运河安徽段保护和开发的思考和建议”，主要介绍“后申遗时代”——隋唐大运河安徽段保护工作。“附录”部分主要介绍隋唐大运河安徽段文化考察活动。

淮安市政协文史委、淮安市文广新局、淮安市旅游局《世界文化遗产：中国大运河淮安段概览》（中国文史出版社，2016年12月）。该书系统地介绍了淮安段大运河各遗产区、遗产点及遗产要素，内容共分为五部分。第一部分介绍了中国大运河的历史发展及世界文化遗产点。第二部分介绍淮安的遗产区，分别对清口枢纽和总督漕运公署遗址的历史和遗产特点进行了梳理。第三部分介绍淮扬运河淮安段河道遗产，包括里运河、里运河河道、古黄河、中运河、张福河。第四部分介绍淮安遗产点，包括清口枢纽、双金闸、清江大闸、洪泽湖大堤、总督漕运公署遗址。第五部分“附录”，主要包括大运河淮安段申报世界遗产纪略、中国大运河31个遗产区范围简表、中国世界遗产简介。

中国文化遗产研究院、南京博物馆、淮安市博物馆《京杭大运河清口水利枢纽考古报告》（文物出版社，2016年12月）。该书是对2011～2012年京杭大运河清口水利枢纽考古勘探和发掘工作的总结。内容共分四部分，每部分下又分章节。第一部分“概述”，分为三章，主要介绍淮安地理位置及自然人文环境、历史沿革及现状、考古发掘缘起及经过。第二部分“京杭大运河清口水利枢纽考古调查”，分为两章，主要介绍调查范围及方法、调查成果。第三部分“京杭大运河清口水利枢纽考古勘探与发掘”，分为两章，主要介绍考古勘探与发掘成果。第四部分“结语”，分为四章，主要介绍近年来京杭大运河清口水利枢纽考古的主要成果、存在的问题、特点及价值等。

郑州市文物局《世界文化遗产——中国大运河通济渠郑州段》（科学出版社，2016年12月）。该书以中国大运河申报世界文化遗产为契机，以雅俗共赏的手法表现中国大运河通济渠郑州段的历史和现状。内容共分6章，书末有附录2则。第一章“中国运河概况”，主要介绍中国运河的历史脉络等。第二章“郑州大运河的千年历史”，主要介绍郑州大运河的演变及历史作用。第三章“郑州大运河的考古调查”，主要介绍郑州大运河的位置、走向及出土文物。第四章“郑州大运河的遗产”，主要介绍惠济桥、荥阳故城城址等。第五章“郑州大运河的历史故事”，主要介绍王贲引鸿沟水淹大梁等传说。第六章“郑州大运河的申遗与保护工作”，主要介绍申遗前期的准备、考古勘探、申遗后保护和利用等。“附录”分别为《大运河通济渠郑州段管理规划》节录、河南省人民政府公布实施《大运河通济渠郑州段管理规划》相关文件。

冬冰《运河长子的担当——扬州牵头大运河“申遗”记忆》（广陵书社，2017年1月）。该书主要叙述扬州作为大运河“申遗”牵头城市的工作过程。内容共分6章，书末有附录1则。第一章“缘起·扬州‘申遗’第一声”，主要介绍“申遗”准备。第二章“牵头·花落扬州，偶然之中的必然”，主要介绍扬州“申遗”牵头过程。第三章“路径·三项‘申遗’，交汇点城市的选择”，主要介绍遗产点。第四章“奔跑·扬州牵头‘申遗’的内外兼修”，主要介绍“申遗”探索过程。第五章“大考·八年梦圆”，主要介绍“申遗”成功。第六章“收获·我们为什么要‘申遗’?”，主要介绍“申遗”的原因。最后“附录”1则，题为“大运河（扬州段）保护与‘申遗’大事记”。

安徽省文物考古研究所、淮北市博物馆《汴水蕴物华：柳孜运河遗址出土文物》（科学出版社，2017年2月）。该书主要选录柳孜运河遗址1999年、2012～2013年两次田野考古发掘出土的文物，按照先质地后用途的顺序排列，探讨古代柳孜地区的社会物质文化生活。内容不分章节，以图录的形式对两次发掘中出土的文物进行介绍，并进行分类，主要分为瓷器、陶器、石器、金属器、木骨贝器等几大类。其中瓷器是该书介绍的重点，也是出土数量最多、种类最丰富、釉色多样的文物，按照主要色系可以分为白釉、青釉、黑釉、黄釉、青白釉等5大类，还有一些酱釉、蓝釉、三彩等小类。书中收录的文物，时间跨度自隋代一直延续到明清。

宿峰《寻找古运河——京杭大运河山东段文化遗产研究》（团结出版社，2017年3月）。该书通过对山东聊城、济宁、德州段大运河的现场调研、收集整理文献资料，为加强对运河文化资源的保护和利用提供有价值的参考资料。内容不分章节，共三部分。第一部分“古运河山东德州段文化遗产调查研究”，主要介绍运河德州段概况、河流水系、历史遗产、历史沿革等。第二部分“古运河山东济宁段文化遗产调查研究”，主要介绍运河济宁段概况、历代治运工程及现存实物资料。第三部分“古运河山东聊城段文化遗产调查研究”，主要介绍运河聊城段概况、运河水利工程及相关文化遗产等。

有关运河科技与航运的著作主要有谭徐明、李云鹏等《中国大运河技术史》（中国水利水电出版社，2016年12月）。该书为英文版，目前无汉译本，是一本对中国大运河水利工程技术史进行整体性介绍的著作。书中开篇为“介绍”，主要讲述大运河的自然环境、历史、工程及交通管理等，重点关注京杭大运河的相关情况。正文共分八章。第一章主要介绍通惠河的相关历史和重要工程。第二章主要介绍北运河的修建背景和重要水利工程。第三章主要介绍南运河的自然条件、历史发展、主要工程及科学价值等。第四章主要介绍会通河（包括中运河）的历史发展、流经区域、水利工程等。第五章主要介绍淮扬运河的基本状况及水利工程。第六章主要介绍江南运河的基本状况及水利工程。第七章主要介绍浙东运河的基本状况及水利工程。第八章主要对大运河的核心价值进行总结。最后是“附录”部分，对欧洲和美洲运河文化遗产的价值进行了总结。

侯林《南运河航运与区域社会经济变迁研究（1901～1980）》（中国社会科学出版社，2017 年 6 月）。该书基于区域经济学和历史地理学相融合的研究视角，以近代以来南运河航运的发展演变为线索，探讨在新旧交通工具变革中南运河航运的作用和地位，并全面勾勒了南运河沿岸区域社会经济的兴衰史。内容除绪论外，共分为 5 章。第一章“晚清之前南运河与沿岸社会经济的透视”，主要介绍南运河水系的变迁、南运河流域的社会经济。第二章“南运河航运业的发展历程”，主要介绍南运河航运业的兴衰过程（1901～1937 年）。第三章“南运河流域新旧交通格局的重构与冲突”，主要介绍新式经济、交通格局的形成等。第四章“南运河航运对沿岸区域经济的影响”，主要介绍南运河航运与沿岸农业的商品化进程、矿业及手工业发展。第五章“南运河航运与沿岸城镇经济的兴衰”，主要介绍南运河航运与沿岸城镇的分布、城镇经济的兴衰等。

有关运河旅游与开发的著作主要有吴顺鸣《大运河》（黄山书社，2016 年 4 月）。该书通过追溯大运河开凿的历史，介绍运河沿岸的名城及民风民俗，旨在向读者展现一条包容、开放、魅力无穷的大运河。内容采用中、英文两种文字表述，共分三大篇，分别是“中国早期的运河”“大运河的贯通与兴衰”“大运河名城”。第一篇“中国早期的运河”，主要介绍古代运河的开凿历史及相关人物事件等。第二篇“大运河的贯通与兴衰”，主要介绍大运河的兴衰变迁。第三篇“大运河与名城”，主要介绍运河沿线地级以上城市，讲述运河与城市互动发展的关系。

于文波、朱炜等《基于“城市记忆”传承的运河文化休闲空间整合》（北京大学出版社，2016 年 8 月）。该书通过城市记忆与休闲理论的探讨，提出了城市记忆传承的空间整合目标与原则，归纳了激活休闲空间、传承城市记忆的研究方法和综合保护实践路径。内容共分“绪论”“上篇”“中篇”“下篇”“附录”五部分，除“附录”外，共九章。第一章“绪论”，主要探讨城市的传承与失忆等内容。上篇“城市记忆传承与休闲空间整合之理论与方法”，包括第二章“运河的千年与十年”，主要介绍运河的历史与演变等；第三章“城市记忆与休闲理论解析”，主要介绍“城市记忆”理论研究等。中篇“基于‘城市记忆’传承的休闲空间整合”，包括第四章“基于‘城市记忆’传承的运河休闲空间总体架构”，主要介绍承载运河记忆的空间单元集群及耦合分析等；第五章“基于‘城市记忆’传承的运河休闲景观整合”，主要介绍水域水岸休闲景观整合等；第六章“传承‘城市记忆’的城河共生系统建构”，主要介绍休闲空间可达性与运河交通的分析评估等；第七章，“运河休闲产业的构想”，主要介绍休闲与休闲产业等；下篇“基于‘城市记忆’传承的休闲空间整合实证”，包括第八章“传承运河记忆的空间整合措施实证”，主要介绍国际案例及其设计核心等；第九章“城河共生：作为城市记忆传承的休闲运河”，主要介绍城河共生体等。“附录”主要对关键的概念进行了解释。

中央电视台科教节目制作中心、中央新闻纪录电影制片厂（集团）《大运河》（中国水利水电出版社，2017 年 1 月）。该书为大型人文纪录片《大运河》的同步图书，内容共分 8 章，以图文并茂的方式展示运河古往今来的历史变迁。第一章“千年水道”，主要介绍浙东大运河、隋唐大运河、京杭大运河的开凿历史等。第二章“华夏粮仓”，主要介绍北京南新仓、浚县黎阳仓等运河沿岸粮仓。第三章“码头风云”，主要介绍宁波三江口、天津三岔河口等运河沿岸码头。第四章“会馆和它们的主人”，主要介绍京师会馆、苏州山塘街会馆等运河沿岸会馆。第五章“南腔北调”，主要介绍昆曲、京剧等运河沿岸戏曲。第六章“老街深处”，主要介绍绍兴八字桥历史街区等运河沿岸老街。第七章“流淌的美味”，主要介绍饼、粽子等运河沿岸美食。第八章“终点·起点”，主要介绍江苏扬州、山东德州等运河城市的历史变迁。

杨正福《扬州运河古镇》（广陵书社，2017 年 1 月）。该书主要讲述扬州 10 座运河城镇的发展变迁史，内容不分章节，图文并茂地展示扬州运河古镇的风采。内容分别是：得宝瑞应好安宜——宝应县安宜镇；大运河畔“金汜水”——宝应县氾水镇；交界之首、千年古镇——高邮市界首镇；江左名区、广陵首邑——高邮市高邮街道办事处；甘棠古镇、运河明珠——江都区邵伯镇；水上门户、玉器名镇——广陵区湾头镇；江河要津、千年古镇——邗江区瓜洲镇；扬子县治、千古名镇——仪征市新城镇；转运半天下、东南此尽美——仪征市十二圩办事处；仪真往来几经秋、风物淮南第一州——仪征市真州镇。

有关运河图像与档案的著作主要有王耀《水道画卷：清代京杭大运河舆图研究》（中国社会科学出版社，2016 年 4 月），该书是对海内外现存清代京杭大运河舆图较系统深入的调查、整理和研究结果。内容共分五章，从不同角度分析清代大运河舆图。第一章“沧海遗珍：清代运河图的现存状况与图幅绘制”，主要介绍海内外藏图机构和藏图概况，并探讨运河图的收藏情况。第二章“历史图景：清代运河图的文本考察与时代印记”，主要介绍运河图显示的文本信息及时代特征。第三章“大地肖像：清代运河图的文本考察与空间叙述”，主要介绍运河图绘制的地域特征。第四章“异样图卷：清代运河咨估类地图与漕运图”，主要这两类地图的绘制内容、图幅特点及流转等。第五章“宏图大业：清代运河河工图与河渠治理”，主要介绍运河河工图的史料价值等。附录包括运河咨估类地图图目、漕运图图目以及运河河工图图目。

漳卫南运河管理局《漳卫南运河年鉴（2016）》（中国水利水电出版社，2016 年 10 月）。该书主要包括 2015 年水利部海委漳卫南运河管理局的工作内容及相关政策法规。分为大事记、河系概况、年度综述、要载·专论、工程管理、工程建设、水政工作、水资源管理、防汛抗旱、水资源保护、财务管理、水利经济、人事工作、党群工作、综合管理、局属各单位、附录等栏目。“大事记”主要介绍2015年漳卫南局工作概况。“河系概况”主要介绍漳卫南运河水系、地形地貌、气象水文等。“年度综述”主要介绍2015年漳卫南局水利发展综述。“工程管理”主要介绍漳卫南局标准化管理等。“要载·专论”主要介绍漳卫南局2015年工作会议讲话等。“工程建设”主要介绍防洪工程。“水政水资源管理”主要介绍水法规宣传与普法等。“防汛抗旱”主要介绍汛前准备、度汛应急等。“水文工作”主要介绍雨情水情等。“水资源保护”主要介绍水功能区管理、突发水污染事件防范等。“综合管理”主要介绍目标管理考核、表彰奖励等。“局属各单位”主要介绍卫河河务局、邯郸河务局等下属单位规章制度、工作进展等。“附录”主要介绍漳卫南运河管理局的规章制度与国内新闻媒体的相关报道。

陈清义《运河图鉴》（山东画报出版社，2016年11月）。该书是对历史上有关运河绘图的一次总结性介绍，分上、下两卷，收录有关运河的绘图90余幅，时间基本集中在清代。在每幅运河图前，先介绍其规格、形制，再介绍收藏来源及出处，最后对图中的内容进行介绍。按照收录的运河图种类，有风景类图，如《清明上河图》《姑苏繁华图》等；有皇帝出巡图，如《出警入跸图》《南巡苏州虎丘行宫图》等；有运河水道图，如《通惠河源流图》《两河全图》等；有漕运图，如《漕运总图》《清乾隆漕运图》等；有黄河图，如《豫省黄河全图》《黄河南河图》等；有运河交通图，如《两淮盐场及四省行盐图》《两淮盐河图》等；有运河水利工程图，如《山东运河河工图》《中游河工全图》等；有运河泉源图，如《九省运河泉源水利情形图》《山东十七州县运河泉源总图》等。

金德海、张林《档案中的里运河》（河海大学出版社，2017年3月）。2016年初，淮安市档案局与淮海晚报社联合推出“档案中的里运河”专版，全年共进行了34期报道，从档案的视角描绘了里运河古今的画卷。该书是对里运河全年报道的汇编，不分章节，末尾有“附录”1则。内容主要是有关里运河的报道，如《裁弯取直，里运河“辞船别马”》《清口》

《码头三闸》《惠济祠》《高家堰，守护运河的“水上长城”》等，共34篇。

有关运河传说与口述的著作主要有杨光正《大运河的传说》（江苏人民出版社，2017年2月）。本书主要收录了邳州大运河文化研究会和民间文艺家协会搜集整理的流传在邳州段运河两岸乡村的民间传说，共57篇。其中有关大运河及其支流的传说9篇、运河沿岸地名传说17篇、民间风俗传说2篇、民间舞蹈传说2篇、民间生活传说6篇、有关乾隆皇帝的传说21篇、各类佚文7篇。除运河传说外，还收录了4篇有关邳州段运河的考证文章。

嘉兴市文化广电新闻出版局、嘉兴市文学艺术界联合会《运河记忆——嘉兴船民生活口述实录》（上海世纪出版股份有限公司、上海书店出版社，2016年12月）。该书分上、下两册，不分章节，汇编了中国大运河（嘉兴段）船民生活口述历史40份，以及浙江杭州、湖州，江苏吴江、昆山，山东济宁代表性船民的口述史材料5份，并附带2张光盘，录有11位船民的访谈视频纪录片。本书从内容看，不分篇章，包括概述、航运春秋、渔家岁月、船上百业、附录四部分。“概述”主要介绍了运河船只、漕运、住家风情、船民信仰世界等内容。“航运春秋”收录了17份船民的口述资料。“渔家岁月”收录了14份船民的口述资料。“船上百业”主要收录了14份船民的口述资料。“附录”主要包括2篇关于访谈过程的文章。

二 运河相关论文研究状况

2016年1月至2017年6月，国内期刊共发表运河相关学术论文300余篇，内容涉及运河河道与河政、漕运制度与管理、漕运文化与社会、运河区域社会经济、运河遗产保护与开发、运河文化与艺术等方面。

有关运河研究的综述性文章有刘玄《明清以来大运河海外研究述评》（《聊城大学学报》2016年第2期），郑民德《2015年度中国大运河研究综述》（《德州学院学报》2016 年第 3 期），俞佳奇、孙旭红《镇江运河文化研究综述》（《高校社科动态》2016 年第 3 期），刘志平《淮安运河研究的现状与思考》（《淮阴工学院学报》2017 年第 2 期）等，从河道与河政、漕运、运河与区域社会、运河文化等方面介绍了大运河的综合研究成果。

有关运河河湖治理与水系变迁的文章有孙涛等《大运河山东段古河道及船闸考察与清代山东段运河高程重建》（《历史地理》2016 年第 1 期），李云鹏等《三江闸及其在浙东运河工程体系中的地位》（《萧绍海塘文化专题研讨会论文集》，上海古籍出版社，2016 年 1 月），赵维平《论明清河漕对先明的本质蜕变》（《中国文化研究》2016 年第 1 期），朱年志《运河水柜：马场湖的历史与变迁》（《济宁学院学报》2016 年第 2 期），姜传岗《大运河之终》（《济宁学院学报》2016 年第 2 期），刘春迎《北宋时期汴河的治理及其漕运管理》（《开封大学学报》2016 年第 3 期），朱剑刚《长江三角洲“人·地·水”关系中的运河要素探析》（《苏州教育学院学报》2016 年第 4 期），钟行明《明清山东运河水柜管理运作》（《建筑与文化》2016 年第 6 期），李亚卿《宋都开封——北方水城地脉的变迁与维护》（《中国经贸导刊》2016 年第 32 期），高秀丽《浅谈元明清三朝京杭运河的防务》（《遗产与保护研究》2017 年第 2 期），彭安玉《大运河江淮段流向的历史演变——兼论清代“借黄济运”政策的影响》（《江南大学学报》2017 年第 3 期），鲍君惠《世界文化遗产——中国大运河通济渠郑州段的历史考述》（《聊城大学学报》2017 年第 3 期），王平《万恭治理京杭大运河山东段考略》（《春秋》2017 年第 3 期），肖冉等《鸿沟引水口与渠首段经流考辩》（《地理学报》2017 年第 4 期）等，分别探讨了运河治理的过程、水系的变化及相关人物。

有关运河舆图的论文有姜莉莉等《中国明、清时期黄河和京杭大运河地图的特征与价值》（《地球信息科学学报》2016 年第 1 期），王耀《台北藏〈南河黄运河湖蓄泄机宜图说〉与乾隆朝中河治理》（《史志学刊》2016 年第 1 期）、《美国藏〈山东运河全图〉与光绪朝山东运河状况》（《贵州师范学院学报》2016年第1期)、《清代漕运图的绘制内容与图幅特征》(《昆明学院学报》2016年第2期)、《古地图所见乾隆朝清口地区河渠治理》(《中国典籍与文化》2016年第3期)、《明代京杭大运河地图探微》(《中华文史论丛》2016年第4期),陈东明等《中国古代水利地图数据库的构建与优化》(《出版发行研究》2017年第1期)等,对运河地图进行了探讨。

有关运河与区域社会的论文有彭成、汤晓敏《明代江南运河沿岸驿站选址特征》(《上海交通大学学报》2016年第2期),熊帝兵《隋唐大运河与柳孜经济文化的繁荣》(《淮北师范大学学报》2016年第2期),雷宏谦《京杭大运河与济宁的兴衰》(《邢台学院学报》2016年第2期),孙竞昊《明清北方运河地区城市化途径与城市形态探析:以济宁为个案的研究》(《中国史研究》2016年第3期),王春花《京杭运河沿线驿站与运河关系初探——以地方志资料为中心的考察》(《中国地方志》2016年第3期),周嘉《清末民初运河城市的公用事业——以临清水会为中心》(《华北水利水电大学学报》2016年第4期),童小丽《浅析明清时期京杭大运河对山西商人的影响》(《经济师》2016年第4期),陈宝华《明清德州运河经济兴衰史述论》(《德州学院学报》2016年第5期),赵兴彬《东平古文化的运河印迹》(《泰山学院学报》2016年第5期),胡梦飞《包世臣〈闸河日记〉中的清代山东运河》(《南昌师范学院学报》2016年第5期),肖秀杰《运河对回族在沧州聚居点形成与发展的影响》(《才智》2016年第7期),丛振《〈入明记〉所见运河区域字牌文化研究》(《兰台世界》2016年第11期),于秀萍《明清以来南运河"公共空间"的公关信息传播》(《公关世界》2016年第21期)、《积淀与记忆:古代西方旅行家书写大运河》(《江南大学学报》2017年第1期),冯兵、沈胜群《清代京杭运河沿线民间信息传播与扩散——以漕运旗丁为载体的考察》(《聊城大学学报》2017年第1期),黄俊棚《水与城的双向互动:隋唐五代时期运河变迁与城市兴衰》(《学习与实践》2017年第2期),王玉朋、高元杰《明清山东运河区域城市洪涝及御洪之策》(《聊城大学学报》2017年第2期),冯西西《隋唐大运河与中原繁荣的相互影响》(《华北水利水电大学学报》2017年第2期),

李想《“运河之都”淮安与济宁比较研究》（《淮阴工学院学报》2017 年第 2 期），党梓华、李连辉《明清时期运河对阳谷县域经济和文化的影响》（《北方经贸》2017 年第 3 期）等，分别探讨了运河城镇的社会结构、经济兴衰、社会生活、社会问题、区域游记、经济与税收等方面的问题。

有关运河文化的论文有王勇、史小军《明代诗歌所见运河景象及其文学意蕴》（《学术交流》2016 年第 1 期），程宏亮、叶永胜《李白行旅与大运河江苏段考述》（《盐城师范学院学报》2016 年第 1 期），杨志娟《选择与嬗变：运河回商与伊斯兰文化中国化》（《西北民族研究》2016 年第 2 期），王元林《中国大运河沿岸天妃信仰及其遗迹调查》（《中国文物科学研究》2016 年第 4 期），赵昌智《千年流淌的运河文脉——以扬州为中心》（《淮阴师范学院学报》2016 年第 6 期），荀德麟《大运河与中国古典小说名著》（《淮阴师范学院学报》2016 年第 6 期），田汉云《清代学术主潮与大运河文化带》（《淮阴师范学院学报》2016 年第 6 期），邹逸麟《运河在中华文明发展过程中的作用》（《浙江学刊》2017 年第 1 期）、赵豫云《宋代运河与话本的兴盛》（《江西社会科学》2017 年第 3 期）等，对历史时期有关运河的文学、宗教、信仰、地域文化等内容进行了广泛探讨。

有关运河漕运的论文有胡梦飞的系列论文《明清时期漕运对苏北地方信仰风俗的影响》（《淮阴工学院学报》2016 年第 2 期）、《漕运、治河与信仰：以明清时期张秋镇为中心的考察》（《江南大学学报》2016 年第 6 期）、《明清时期淮安地区河漕治理与河神信仰》（《黄河科技大学学报》2016 年第 6 期）、《保漕与祈雨：明清时期山东运河区域的龙神信仰》（《华北水利水电大学学报》2017 年第 1 期），陈喜波、邓辉《明清北京通州城漕运码头与运河漕运之关系》（《中国历史地理论丛》2016 年第 2 期），阮宝玉、吴滔《明清漕粮运输方式推行中的区域差异——以州县水次仓为视角》（《中国历史地理论丛》2016 年第 3 期），钟行明《明清山东运河船闸的空间分布与管理运作》（《建筑与文化》2016 年第 5 期），吴琦《南漕北运：中国古代漕运转向及其意义》（《华中师范大学学报》2016 年第 6 期），谢宏维、李奇飞《明代漕运总督述论》（《史学月刊》2016 年第 10 期），黄纯艳《宋代运河的水情与航行》（《史学月刊》2016 年第 6 期）、《宋代船舶的数量与价格》（《云南社会科学》2017 年第 1 期），谢天义《明清漕运与济宁地方信仰重构》（《兰州教育学院学报》2017 年第 3 期）等，内容涉及漕运文化、漕运运转、漕运与城市等方面。

有关运河考古的论文有刘丽文《镇江京口闸遗址出土元瓷供器》（《收藏》2016 年第 1 期），胡兵等《江苏淮安板闸遗址》（《大众考古》2016 年第 4 期），魏雷、余敏辉《关于柳孜运河遗址“木岸狭河”的探讨》（《宿州学院学报》2016 年第 4 期），李倩、祁小东《清口水利枢纽遗址考古与保护利用》（《淮阴师范学院学报》2016 年第 5 期），胡珺等《柳孜运河遗址出土待修瓷器的检测分析——以刻莲瓣白釉盏和青白釉碗为例》（《中国科学技术大学学报》2016 年第 10 期），宫希成等《安徽淮北濉溪柳孜运河遗址第二次发掘简报》（《文物》2016 年第 12 期），陈续涛《盛世与沦落：洛阳“运河一号”古沉船考释》（《中国港口》2016 年第 S1 期），邱志荣《浙东运河古越灵汜桥寻考》（《浙江水利水电学院学报》2017 年第 1 期），张敏等《江苏扬州市秋实路五代至宋代墓葬的发掘》（《考古》2017 年第 4 期），王苏淮《基于考古资料分析大运河在淮安的历史地位和作用》（《文物鉴定与鉴赏》2017 年第 7 期）等，对安徽柳孜运河、河南地区运河、江苏运河、浙东运河的考古情况进行了相关介绍。

有关运河文化遗产保护的论文有陈小韦等《运河聚落遗产空间发展策略探讨——以宿迁市皂河镇为例》（《四川建筑》2016 年第 2 期），申丽霞《保护规划在大运河河南段保护管理工作中的重要地位和影响》（《遗产与保护研究》2016 年第 3 期），胡梦飞《徐州运河文化遗产的保护与开发》（《湖北职业技术学院学报》2016 年第 3 期），沈建钢、蒋英慧《中国大运河常州段保护对策研究》（《常州工学院学报》2016 年第 3 期），刘玉梅《山东运河区域美食文化遗产资源的开发与利用——以枣庄美食为例》（《美食研究》2016 年第 4 期），季瑶、季祥猛《世界文化遗产点：清口枢纽述略》（《淮阴工学院学报》2016 年第 4 期），任紫钰《浅谈隋唐大运河的历史价值和现实意义》（《中国文化遗产》2016 年第 5 期），许瑞生《线性遗产空间的再利用——以中国大运河京津冀段和南粤古驿道为例》（《中国文化遗产》2016年第5期），张恒、李永乐《共生理论视角下京杭大运河聚落遗产一体化保护研究——以清名桥历史文化街区为例》（《洛阳理工学院学报》2016年第5期），谭兴梅《运河入遗后邮驿文化资源开发与整合——以世界遗产点盂城驿为重点》（《山东商业职业技术学院学报》2016年第5期），刘朝晖《"被再造的"中国大运河：遗产话语背景下的地方历史、文化符号与国家权力》（《文化遗产》2016年第6期），张缨等《水利工程文化遗产的保护与开发探讨——以京杭运河德州段为例》（《中国水利》2016年第6期），徐业龙《淮安运河文化遗产社会价值解读》（《淮阴工学院学报》2016年第6期），王晓《后申遗时代大运河（杭州段）遗产保护问题研究——从历史地区环境"完整性"出发》（《东南文化》2016年第6期），《大运河（杭州段）整体性保护方法研究——运河遗产廊道建设的视角》（《中国名城》2016年第8期），李麦产、王凌宇《论线性文化遗产的价值及活化保护与利用——以中国大运河为例》（《中华文化论坛》2016年第7期），曹继林《大运河遗产保护与发展规划策略初探——以京杭运河桐乡段综合保护和旅游开发规划项目为例》（《智能城市》2016年第7期），李剑《无锡运河文化遗产资源的数字化保护与传播研究》（《装饰》2016年第8期），李云鹏等《中国大运河水利遗产现状调查及保护策略探讨》（《水利学报》2016年第9期），姜师立《大运河活态遗产保护与利用探析》（《中国名城》2016年第9期），赵旎娜《文化线路视野下浙东运河水系古桥梁的遗产构成研究》（《艺术与设计：理论版》2016年第10期），袁晓琳、李文清《浅议南运河水利文化遗产开发管理》（《河北水利》2016年第11期），任云兰《整合历史文化遗产资源促进京津冀旅游产业协同发展》（《城市发展研究》2016年第12期），霍艳虹等《京杭大运河"文化基因"的提取与传承路径理论探析》（《建筑与文化》2017年第2期），李德楠《后申遗时代运河商业老街的保护开发》（《中国名城》2017年第3期），任伟《后申遗时期大运河郑州段保护和利用工作的反思》（《华北水利水电大学学报》2017年第3期），陈菲、孙倩《后申遗时代扬州运河文化遗产旅游发展对策》（《红河学院学报》2017 年第 3 期），朱卫国、周文竹《运河古桥遗产的价值判断和保护》（《建筑与文化》2017 年第 4 期），刘怀玉、李新《后申遗时代淮扬运河遗产可持续利用研究》（《江苏商论》2017 年第 5 期），邹玉清《分形与延续——世遗大运河江苏城市物质与非物质文化遗产相交融文创产品设计》（《中国市场》2017 年第 11 期）等，内容涉及隋唐大运河、京杭大运河及浙东运河各段点的文化遗产保护及开发途径等内容。

有关运河城镇建设的论文有王明远《台儿庄古城的重建：记忆重构、公共记忆与国家话语》（《民俗研究》2016 年第 1 期），刘铭等《古运河常州城区段（中吴大桥——郑成桥）滨水地区详细规划》（《江苏城市规划》2016 年第 1 期），黄开晶、孟祥彬《景观规划视角下运河文化的保护与发展——以香河县京杭大运河文化景观带规划为例》（《小城镇建设》2016 年第 2 期），孙琪悦、罗谦《文化视角下的淮安滨水空间发展策略研究——以里运河河下古镇段为例》（《现代城市研究》2016 年第 2 期），陈天英、朱彦《推进运河城市风情文化旅游带建设——以嘉兴市为例》（《江南论坛》2016 年第 6 期），刘立钧、徐洪英《沧州城市空间发展研究》（《城市》2016 年第 9 期），荀琦《交通枢纽与旅游需求影响下的河下古镇改造》（《山西建筑》2016 年第 17 期），魏海如《常州运河三镇新型城镇化发展战略研究》（《中国国际财经》2016 年第 22 期），张澍《界首运河生态小镇培育路径探析》（《城乡建设》2017 年第 1 期），马静《大运河徐州沛县段景观道路规划》（《江苏城市规划》2017 年第 2 期），孙佳俐、孟祥彬《京津冀一体化下的运河沿岸村镇保护与发展研究》（《小城镇建设》2017 年第 4 期），刘畅等《传统聚落水适应性空间格局研究——以台儿庄古城为例》（《现代城市研究》2017 年第 4 期），李德生等《京杭运河徐州段河道生态景观设计》（《现代园艺》2017 年第 11 期），曲繁等《京杭大运河扬州段滨河休闲景观设计》（《山西建筑》2017 年第 13 期）等，内容主要涉及京杭大运河京津冀段、山东段、江苏段、浙江段，对运河沿岸城镇发展规划提出了相关建议与对策。

涉及运河旅游开发的论文有颜敏、赵媛《国内外运河遗产旅游研究综述》（《资源开发与市场》2016 年第 5 期），吕天娥、刘浏《基于创意产业的淮安漕运文化资源开发研究》（《淮阴工学院学报》2016 年第 4 期），刘畅《基于旅游开发的江苏地域文化划分研究》（《南通航运职业技术学院学报》2016 年第 4 期），胡艳艳《长尾理论视角下非热门运河城市的旅游发展提升路径》（《旅游纵览》2016 年第 5 期），任俊英《新常态下苏南运河带工业遗产旅游开发模式研究——以常州为例》（《常州工学院学报》2016 年第 6 期），蒋婷《基于网络文本的京杭大运河（杭州段）旅游形象感知研究》（《常州工学院学报》2016 年第 6 期），陈秋婕等《基于运河文化的旅游纪念品设计探究》（《包装世界》2016 年第 6 期），王璐《扬州运河生态旅游的现状调查》（《旅游纵览》2016 年第 8 期），吕雯《沿运城市发展运河文化旅游的思考研究》（《旅游纵览》2016 年第 9 期），关向峰《淮安漕运文化旅游资源的开发与译介》（《高教学刊》2016 年第 19 期），徐淑升《京杭大运河遗产廊道生态文化旅游开发探讨——以山东南段为例》（《旅游纵览》2017 年第 2 期），杨骏、孙静《枣庄市旅游资源类型与价值分析》（《枣庄学院学报》2017 年第 3 期），余彩花等《大运河（江苏段）旅游发展现状及策略探讨》（《旅游纵览》2017 年第 6 期），李永乐等《京杭运河旅游发展马太效应成因与对策》（《中国名城》2017 年第 7 期），韦康、徐颖《无锡古运河历史文化街区商业业态调查与创业投资策略研究》（《现代商业》2017 年第 17 期）等，对京杭大运河山东段、苏北段、苏南段、浙江段相关旅游文化建设提出了相关对策与建议，并对运河旅游纪念品的设计开发进行了相关探讨。

有关运河治理、航运与经济发展研究的论文有刘洪涛《关于北运河恢复通航的方案思考》（《水利发展研究》2016 年第 1 期），何笑《浅析杭甬运河全线贯通对区域经济发展的作用》（《中国水运》2016 年第 1 期），杨兰琴等《北运河流域实施“五水共治”方式思考》（《北京水务》2016 年第 3 期），贡恩东、卢波《联结千年水脉融创城市客厅——苏州市大运河综合整治规划》（《华中建筑》2016 年第 3 期），董良科《苏北运河船闸对区域经济发展的影响》（《中外企业家》2016 年第4 期），陈媛等《基于 PEST 分析的无锡内河航道发展战略研究》（《现代交通技术》2016 年第 4 期），王斌、张勇《浅谈梁济运河堤防工程的管理和维护》(《建筑知识》2016 年第 5 期),周彦玲等《梁济运河工程促进济宁市水利发展的思考》(《山东水利》2016 年第 7 期),上官慧、吴晓楷《生态护岸在卫运河治理中的应用》(《水利规划与设计》2016 年第 12 期),任凯畅《政工工作在京杭运河船闸管理所发展中的重要性》(《中外企业家》2016 年第 30 期),陈慧《京杭运河船闸管理所政工工作存在的问题及对策》(《中外企业家》2016 年第 32 期)、祝亮、许惠民《杭甬运河宁波市区航道升级改造方案的探讨》(《浙江交通职业技术学院学报》2017 年第 1 期),张胜红《以全面推行河长制为契机努力实现漳卫南运河管理保护新跨越》(《海河水利》2017 年第 2 期),陈英娟《南运河沧州段的现状及发展出路》(《华北水利水电大学学报》2017 年第 3 期),满霞玉等《城市内涝积水点分布模拟及治理策略初探》(《水电能源科学》2017 年第 3 期),江衍铭等《基于静态与动态神经网络的运河水位预报》(《天津大学学报》2017 年第 3 期),赵然杭等《南水北调东线工程山东段突发事故风险评估》(《南水北调与水利科技》2017 年第 4 期),杜从原《新常态下的杭州内河水路货运业发展途径》(《水运管理》2017 年第 4 期),裘新敏《杭甬运河的航运经济发展》(《水运管理》2017 年第 4 期),刘潍铭《新形势下运河河道综合整治工程要点》(《珠江水运》2017 年第 6 期),黄彬《韩庄运河治理工程设计探讨》(《水利建设与管理》2017 年第 7 期)等,内容涉及运河防洪与治理、河政管理、运河通航与经济发展等内容。

关于运河水资源与水污染的论文有李俊等《漳卫南运河流域浮游植物群落结构的特征》(《淡水渔业》2016 年第 2 期),王乙震等《南运河生态修复水体有机污染物的污染特征》(《环境化学》2016 年第 2 期),陆家骝等《京杭运河苏州段重点监控污染源调查分析》(《环境监测管理与技术》2016 年第 3 期),韩梓流、逄勇《基于京杭运河五牧断面水质达标的水环境容量计算研究》(《水资源与水工程学报》2016 年第 4 期),鲍林林等《北运河沉积物中主要脱氮功能微生物的群落特征》(《中国环境科学》2016 年第 5 期),冯忠伦等《南水北调输水对梁济运河区域地下水位的影响》(《灌溉排水学报》2016 年第 5 期)，孟顺龙等《丰、枯水期里下河腹地典型水体浮游动物群落结构与水质评价》(《水生态学杂志》2016 年第 6 期)，王刚等《北运河流域（北京段）主要污染物减排措施效果评估》(《环境污染与防治》2016 年第 6 期)，陈永娟等《北运河水体中荧光溶解性有机物空间分布特征及来源分析》(《环境科学》2016 年第 8 期)，朴海涛等《大运河丰水期水体中全氟化合物的分布》(《中国环境科学》2016 年第 10 期)，刘洋等《北运河闸坝区水体氨氧化微生物及硝化活性特征研究》(《环境科学学报》2016 年第 11 期)，李倩倩等《无机型城市景观水体表观污染的悬浮颗粒物粒度分布特征：以中国运河苏州段为例》(《环境科学》2016 年第 12 期)，高晓薇等《北运河（北京段）水污染特征时空变化模拟》(《水利水电技术》2016 年第 12 期)，张质明等《未来气候变暖对北运河通州段自净过程的影响》(《中国环境科学》2017 年第 2 期)，冯忠伦等《南水北调输水梁济运河区地下水位预测》(《中国农村水利水电》2017 年第 3 期)，徐庆勇等《北京北运河流域平原区地下水水质空间分布特征》(《水资源与水工程学报》2017 年第 3 期)，杜伊等《北京市北运河水体中化学需氧量组分含量及其可生化性研究》(《湿地科学》2017 年第 3 期）等，对运河区域的水资源和水生物、水污染进行了详细介绍，针对运河防污提出了不少意见与对策。

B.20
2016～2017运河相关会议活动、科研分析

王玉朋　崔建利　朱年志　吕德廷*

摘　要：　2016年和2017年上半年关于运河的会议丰富多彩，从正面反映了“运河热”持续升温的过程。从会议的内容看，既有相关政府部门的决策工作类，也有学术部门的运河研究类。此外，民间运河组织对推动地方运河文化的保护与传承也具有积极意义。从考古发掘看，主要集中在隋唐运河安徽段，在京杭大运河上也有一些段点的新发现。从立项课题看，对运河的研究涉及历史、政治、经济、社会、交通、文化、艺术、考古、工程、环境等领域，其中对“河长制”的关注成为新的特点，体现了运河研究关注历史性与现实性之间的紧密联系。

关键词：　中国大运河　学术会议　研究立项　考古发掘

一　运河相关会议活动开展情况

2016年1月8日，杭州京都小学、北京通州运河小学联合发起筹建中

* 王玉朋，博士，聊城大学运河学研究院讲师，研究方向为明清史、社会经济史；崔建利，硕士，聊城大学运河学研究院副研究馆员，研究方向为中国古典文献学；朱年志，博士，聊城大学运河学研究院讲师，研究方向为明清史、社会经济史；吕德廷，博士，聊城大学运河学研究院讲师，研究方向为隋唐史、历史文献学。

国大运河少年儿童文化教育促进会的倡议，并在杭州签署了《中国大运河少年儿童文化教育促进会合作发起协议书》，向大运河沿岸少年发出“共建中国大运河少年儿童文化教育促进会”的倡议。这是大运河申遗成功以来，中国学校率先自主发起的青少年传承运河文化的倡议。

1月20日，浙江省宁波市江北区文广新出版局组织全区各相关成员单位召开大运河遗产保护管理工作会议。会议系统演示了大运河（宁波段）监测预警平台项目。根据世界文化遗产和国家文物局对大运河文化遗产保护监测的要求，会议对大运河（江北段）监测数据报送工作进行了详细的解说和实际操作指导，明确了各成员单位在大运河（江北段）保护管理工作中应具体承担的责任。

3月2日，为弘扬新时期雷锋精神，践行社会主义核心价值观，江苏镇江市志愿者开展了主题为“呵护运河环境、关爱运河人家”的保护运河志愿行动。

3月10日，大运河遗产保护管理办公室赴大运河宁波段进行调研遗产专项及监测管理的活动，重点对浙东运河上虞—余姚段、浙东运河宁波段及宁波三江口（庆安会馆）等进行实地考察，听取了宁波市相关单位关于大运河保护管理工作的汇报，并围绕大运河的保护利用、监测管理等工作进行了交流座谈。

3月23日，山东运河经济文化研究中心调研组赴德州调研运河保护利用现状。调研组充分肯定了德州在运河保护与利用上所做的工作，肯定德州运河遗址保护措施到位，运河古城开发特色鲜明，形成了独特的文化品牌。

4月19日，世界运河历史文化城市合作组织2016年年会暨世界遗产运河论坛在扬州举行，国内外相关运河组织代表、运河城市嘉宾以及社会各领域专家学者出席了会议。大会主题为“运河文化旅游与可持续发展”，旨在共享保护发展经验，推动互利合作。会议期间，世界运河历史文化城市合作组织秘书处正式揭牌。大会对《世界运河历史文化城市合作组织章程》进行了修改，标志着由扬州发起的世界运河历史文化城市合作组织在专业化、国际化运作方面更加规范，必将极大促进世界运河城市之间的经济、文化交往，实现共同繁荣与进步。

4月26日，山东省政府在济宁市召开京杭运河港航建设发展座谈会。会议提出，到2020年，京杭运河山东段项目计划投资220亿元，全省内河通航里程达到1350公里，港口吞吐量达到2亿吨，全面建成“一干多支、干支直达”的内河港口群。会后，参会代表现场调研枣庄和济宁段港口、船闸和航道建设情况。

5月13～14日，聊城大学运河学研究院主办的山东社科论坛·运河学论坛顺利召开，共有来自中国社会科学院、国家图书馆、北京大学、复旦大学、山东大学、浙江大学、辽宁师范大学、淮阴师范学院、江苏科学技术出版社、《中国社会科学报》的专家、学者20余人参加。本次论坛旨在通过不同高校、单位之间的交流，为运河学的发展建言献策，以促进聊城大学运河学研究院的发展以及运河学体系的建立。此次论坛对运河学相关学科的建立、运河遗产的保护与开发、运河文化的发扬都具有重要的意义与价值。运河学论坛的顺利召开，分享了最新的运河学研究成果与学术观点，界定了运河学的学科范围和关键概念，与会者一致认为运河研究既要服务学术，更要服务现实需求。

6月3日，“中国大运河少年儿童文化教育促进会（筹）”签约仪式在杭州市京都小学举行。来自北京、浙江、河南、江苏的9家单位参加了本次活动，共同见证了杭州市运河综合保护中心、杭州市京都幼儿园、河南省郑州市惠济区弓寨小学、浙江省桐乡市虎啸中心小学、浙江省桐乡市青少年宫、嘉兴市王江泾镇中心小学等6家单位加入“中国大运河少年儿童文化教育促进会（筹）”。截至目前，已有19家学校或单位加入“中国大运河少年儿童文化教育促进会（筹）”。

6月15～17日，“风从运河来——2016年全国网络媒体聊城行”活动在山东省聊城市举行。山东京杭运河研究专家在此期间重申，对大运河的开发利用，前提是要保存好文物古迹，保护比开发重要。

6月22日，“重走大运河”大型新闻行动启动仪式在嘉兴市船文化博物馆举行。启动仪式由嘉兴市广电集团主办，嘉兴市政协文史委、嘉兴市交通运输局、嘉兴市港航管理局以及嘉兴市旅游委员会等单位协办。7月，嘉兴市广电集团记者从大运河南端的杭州出发，沿运河北上，考察了运河沿线10余座城市，关注运河保护开发的现状。整个活动，他们以全媒体的方式，全方位介绍运河的保护和开发，并以此推动嘉兴市运河文化的传承和发展。

7月8日，大运河书香文脉传承发展论坛在扬州举行。关注大运河文化遗产保护的专家学者与来自大运河沿线城市的全民阅读工作者汇聚一堂，共商大运河书香文脉传承与发展大计。本次论坛上，来自大运河沿线8省（市）28个城市的代表就“大运河书香文脉传承与发展”达成共识，并发布《“千里运河，千里书香”扬州宣言》。宣言号召各界人士为实现中国梦而读书，倡议建立大运河沿线城市阅读文化交流机制，努力让运河城市因书香满城而活力四射。

7月15日，“2016中国运河城市联盟枣庄峰会”在台儿庄古城开幕。本届峰会由国家旅游局指导，京杭大运河城市旅游推广联盟、山东省旅游发展委员会、枣庄市人民政府主办，枣庄市旅服委、台儿庄区人民政府承办。峰会主题为“创新、合作、活力、共赢”，旨在强化运河保护传承发展工作，弘扬运河沿线自然生态文化和传统文化，搭建中国大运河保护发展平台，建立更完备的大运河保护机制，推进沿运城市之间的合作交流以及区域产业协调发展，不断提高中国大运河的对外知名度、美誉度和影响力。在开幕式上，发布了京杭大运河精品线路，京杭大运河旅游网站同步上线。

7月19日，扬州市政协在江都区邵伯镇开展“大运河沿线历史文化遗存保护利用”基层调研。市政协委员实地参观了明清大运河故道、邵伯镇历史街区、邵伯古堤、邵伯船闸、邵伯码头、邵伯巡检司、斗野园、邵伯铁牛等运河历史文化遗存。在随后的协商座谈会上，邵伯镇政府向政协委员们介绍了扬州市大运河历史文化遗存保护和利用的基本情况。座谈会就“大运河沿线历史文化遗存保护利用”展开讨论，为进一步做好保护和利用大运河历史文化遗存工作建言献策。

7月22日，“拱宸邀曰——中国大运河世界文化遗产保护·杭州对话”在杭州隆重举办。本次活动由杭州市京杭运河（杭州段）综合保护中心主办，杭州地铁文化传媒有限公司（城报）承办。来自北京、上海、广州以及香港、台湾等地的嘉宾60余人共同出席了大会。此次盛会旨在通过志愿者服务队的平台共建、开放共享，亮出杭州的运河世界文化遗产这张金名片。

7月28日，“2016运河旅游美食精品展”在扬州市邵伯棠湖旅游度假区拉开序幕。本次活动由京杭大运河城市旅游推广联盟发起，扬州市江都区旅游局承办。沿运河20多个城市的餐饮界、旅游界代表聚集一堂，从中华传统美食角度宣传推广运河世遗品牌。会上，运河城市旅游推广联盟发布了备受关注的“运河三十六味”，用36种代表各运河城市特色的地方美食，向海内外展示运河魅力。

8月3日，河南省政协召开月协商座谈会，邀请省政府和相关部门负责同志及部分政协委员、专家学者、遗产地政府代表，围绕“世界文化遗产大运河、丝绸之路河南段的保护利用”议政建言。

8月5日，大运河（宁波段）保护管理规划江北段调研咨询会召开。宁波市文保所、浙江省古建筑设计研究院、宁波市规划局江北分局、宁波市规划局慈城分局、宁波市江北区文保所、宁波市江北区农水局（农办）和各相关街道等运河相关职能部门处室负责人参加了本次会议。会议基本摸清了大运河（江北段）沿线的土地利用情况、水利水工设施的建设和使用情况、沿线防洪工程的改造情况和改造规划、沿线各相关地块的控制性规划编制情况和沿线工程项目建设情况等规划基本调查信息，为科学编制运河保护管理规划、促进多部门建立沟通协商机制打下了坚实的基础。

8月12日，扬州市召开世界运河历史文化城市合作组织顾问专家咨询会，就如何更好地发挥合作组织作用进行座谈交流。世界运河历史文化城市合作组织主席、扬州市市长朱民阳主持会议，中国亚欧会议高官张小康、中国太平洋经济合作全国委员会常务副会长邹明榕等嘉宾出席。会前，世界运河历史文化城市合作组织秘书处正式启用。咨询会上，与会人员就如何进一步发挥好世界运河历史文化城市合作组织的作用，推动合作组织更加规范化、国际化积极建言献策。

9月1日，G20峰会的中外记者共同体验京杭大运河风情。为了帮助境内外媒体朋友在主题多样、形态各异的城市采风中寻找到最佳采访点，G20杭州峰会新闻宣传部结合运河城市特点与特色，在杭州市内设计推出了包含创新杭州、风雅杭州、美丽杭州3大主题的8条特色采访线，并在省内毗邻杭州的湖州、嘉兴、绍兴等城市安排了4条采访线。

11月2日至9日，全国政协调研组在浙江省和河南省就大运河申遗成功后运河遗产的保护和利用进行监督性调研。委员们充分了解了大运河申遗成功后的保护和利用情况，客观指出两省在大运河保护和利用方面取得的成绩和存在的问题，提出了颇具针对性的意见和建议，诸如全民参与保护、大运河河长制、保护与开发兼顾、运河保护思路的转变等。

2017年1月1日，“2017年中国（杭州）新年走运大会”在杭州市运河畔举行。大会主题为“杭州与世界同走运”，邀请各国友人一道在大运河沿岸徒步行走6.8公里，共同庆祝新年来临。大会由杭州市体育局指导，杭州市人民政府、中国新闻社主办，杭州市旅游委员会、中国新闻社浙江分社、杭州市运河集团、杭州市拱墅区人民政府和杭州市下城区人民政府承办。活动吸引了20余个国家的游客报名参加。活动报名所得数万元悉数捐给杭州市下城区朝晖街道红十字会，呼吁人们进一步保护中国大运河这一活着的世界文化遗产。

3月3日，全国政协十二届五次会议开幕，民盟中央在会上提交《关于建设运河文化经济带贯通“一带”“一路”两大板块的提案》。民盟中央提出，建设运河文化经济带在“一带一路”发展战略中具有重要的地位，建议开展以运河为纽带的文化经济区域建设，整合资源，在东南地区形成贯通“一带”“一路”两大板块、连接长江经济带和环渤海经济圈的战略格局，实现科学有效的“三通”——“互联互通”“古今联通”“融会贯通”。同日，淮安市召开里运河文化长廊建设项目推进会，实地查看进度，现场会办问题，座谈推进工作，全面启动2017年项目规划建设任务。据介绍，2016年里运河文化长廊建设项目完成投资17.58亿元，各项工程有序推进。2017年计划实施44个项目，总投资约89.6亿元，当年计划投资约26.16亿元。

4月10日，运河重点研究课题会议在济南召开。会议由山东运河经济文化研究中心主办，中国孔子基金会、聊城大学、山东交通学院、省内运河研究会的30余名代表出席会议。在会议上，山东运河经济文化研究中心主任班开庆详细介绍了运河重点研究课题、筹备第三届运河论坛等事宜，并就即将展开的相关工作和课题进行了介绍。最后，山东运河经济文化研究中心表示力求在2017年上半年完成《运河大观》丛书的编纂工作，年底前出版发行。

4月20日至26日，全国政协调研组赴江苏省、山东省，就政协有关推动“大运河经济带”建设的重点提案进行了专题调研。调研组先后实地走访了苏州、徐州、济宁、聊城四个沿运河城市，重点考察运河沿线经济、文化、生态建设情况，并与两省四市有关领导同志和相关单位，就大运河的保护、开发、利用以及推动“大运河经济带”建设等问题进行了座谈交流。全国政协副主席王家瑞在调研座谈时，充分肯定了江苏、山东在大运河保护和开发利用方面做出的积极努力和取得的显著成效。他进一步指出，委员们建议将建设“大运河经济带”上升为国家战略，是一个值得深入研究的重大课题。

4月27日，“中国大运河：工程、交通、旅游发展论坛”在聊城大学运河学研究院召开。本次会议是全国政协将建设“大运河经济带”上升为国家战略调研之后首次召开的运河研究会议，共有来自北京、河北、山东、江苏、浙江等运河沿线省市职能部门的领导，以及高校、智库的专家学者参加了本次论坛。大会讨论氛围热烈，与会专家学者对大运河的历史文化、遗产保护，尤其是运河工程、运河交通、旅游规划等现实问题，提出了一系列深刻的见解，达成了共识。

5月8日至13日，大运河保护管理办公室针对河南省的大运河遗产保护展开专项调研工作。调研组现场考察了大运河遗产点，听取了遗产地城市关于大运河保护管理工作情况的汇报，对大运河遗产监测通用平台完善提升项目实施情况、前期巡查发现的相关问题整改情况以及国家文物局批复的保护工程实施情况进行了重点调查研究。

6月28日，大运河文化带建设工作座谈会在山东省济南市召开。中国文物局副局长宋新潮传达了中共中央办公厅调研室关于保护大运河、带动区域经济发展的报告。报告建议，从国家战略高度审视大运河功能，以大运河为核心打造“大运河文化带”，使之成为中华文脉的重要标志。与会的京杭大运河沿线城市代表围绕报告展开了深入全面的讨论。

6月28日，“香河荷花节”在河北省香河县中信国安第一城景区和万亩荷塘景区同时启动。本届荷花节以“运河驿站、荷香香河”为主题，由廊坊市旅游发展委员会、香河县人民政府主办，香河县旅游局、刘宋镇政府、中信国安第一城、香河县旅游协会协办。本届荷花节的举行，将全面展现香河美丽的生态环境和丰富的文化旅游资源，进一步丰富香河的旅游文化内涵，有力推动美丽乡村旅游新业态发展，塑造“运河驿站、荷香香河”旅游形象，提高香河全域旅游发展档次，为广大市民和国内外游客创造更加丰富的旅游体验。

6月22日，“运河时代·2017古运河人居论坛”在无锡市梁溪区南下塘文化创意园举办。线上有超10万人次互动参与，共同为无锡奉献了一场重量级论坛。论坛从古运河城市价值和发展等多个角度展开探讨，集聚了许多关心古运河保护和开发以及对运河人居感兴趣的各界群体。现场氛围热烈，观众受益匪浅。

二　运河考古与研究立项情况

2016年1月，仪征市博物馆考古人员在仪征城区石桥河东岸与仪扬运河北岸交会处（响水闸与挡军楼遗址）发现一块清代治河石碑。碑长179厘米、宽71厘米、厚30厘米，底座缺失，内容为清康熙年间仪真县为确保运盐船舶进入批验盐引所航道的畅通，对河道及两岸进行清理整治

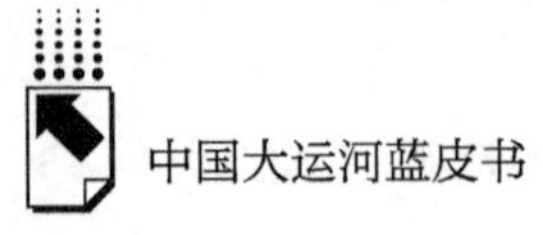

的记录。

1～3月，安徽省文物考古研究所对泗县陆李运河遗址进行考古发掘。证实了隋唐古运河途径泗县陆李境内的走向以及断面结构情况，掌握了古运河河口宽度约为40米，河堤宽度为1.5～2.5米。

3～5月，为配合安徽省宿州市泗县城区跨古运河桥梁建设，安徽省文物考古所对泗县朝阳路运河遗址进行了抢救性考古发掘，发掘面积156平方米。经过发掘，证实了古运河泗县段在该范围的走向、地层堆积情况及河口的具体尺寸。

2016年上半年，安徽省文物考古研究所对灵璧县二墩子段隋唐大运河遗址进行了考古挖掘。本次发掘出大运河中心河道、河床和河坡，同时发现大量精美文物，共出土可复原文物200多件，瓷片标本约500件。通过本次发掘，证实了隋唐古运河途径灵璧县二墩子境内的走向以及断面结构情况，掌握了古运河河口宽度约为40米、深4.0米、底宽17.5米。灵璧县二墩子段隋唐大运河遗址的发掘，对隋唐大运河的开凿、使用、废弃、保护研究以及中国漕运史、贸易史、陶瓷史等具有重要意义。

2017年初，施工人员在河北省香河县王家摆村附近整修河道时，发现了一艘明代沉船，出土青花瓷杯等多件器物以及100多块青砖。另据廊坊市文物处官网消息，4月8日，廊坊市文物管理处值班室接到河北省文物局值班室电话通知，香河县王家摆村东有人盗挖运河故道沉船。鉴于运河文物的重要性，廊坊市文物管理处会同香河县文广新局对沉船进行抢救性清理。经清理，发现不完整船舱3舱，舷板无存，隔舱板厚3.7厘米，高20～50厘米，船舱内清理出土酱釉碗4件，青花瓷杯1件，鸡腿瓶2件，酱釉罐1件，元丰通宝铜钱1枚，另有青花碗、杯残片，黑釉碗口沿，缸胎罐残片，鸡腿瓶残片等遗物。另清理出青砖113块，砖长48厘米，宽24厘米，厚12厘米。王家摆村东运河故道沉船的发现和清理，为研究北运河的漕运历史及航道变化等提供了重要的实物资料。

2016年6月17日，国家社科基金年度项目和青年项目公示，公布立项课题为3917项，与运河相关的课题有6项，具体如下。

表1　2016年度国家社科基金年度项目和青年项目（部分）

课题名称	负责人	工作单位	项目类别	学科	批准号
民间文献与京杭运河区域社会研究	吴　欣	聊城大学	重点项目	中国历史	16AZS014
洛阳汉唐运河遗址调查与古沉船发掘报告	赵晓军	洛阳市文物考古研究院	一般项目	考古学	16BKG018
京杭大运河与明清文学研究	苗　菁	聊城大学	一般项目	中国文学	16BZW082
京杭运河传统体育文化的传承与发展研究	张永虎	聊城大学	一般项目	体育学	16BTY037
明清山东运河河政、河工与区域社会研究	郑民德	聊城大学	青年项目	中国历史	16CZS017
安徽柳孜运河遗址考古资料综合研究报告	陈　超	安徽省文物考古研究所	青年项目	考古学	16CKG012

2016年6月8日，该年度教育部人文社会科学研究一般项目评审结果公示。其中规划基金、青年基金、自筹经费项目共1960项通过评审。涉及运河的有2项，具体如下。

表2　2016年度教育部人文社会科学研究一般项目（部分）

课题名称	负责人	工作单位	项目类别	学科	批准号
艺术学“四态”一体化的运河古镇活力再造研究——以浙江段为例	吕微露	浙江大学城市学院	规划基金项目	艺术学	47016YJA760026
大运河生态文化景观可持续保护与发展研究	王　薇	天津工业大学	青年基金项目	艺术学	16YJC760052

2016年7月20日，2016年度教育部哲学社会科学研究后期资助项目公示，共有54项批准立项。与运河相关的有1项，为淮阴师范学院李德楠主持的“明清小冰期背景下的黄河水文与运河漕运”（一般项目，批准号：16JHQ039）。

2016年8月22日，2016年度国家社科基金艺术学项目公布，立项196项。与运河相关的项目为聊城大学刘建峰主持的“鲁西运河流域乡民艺术

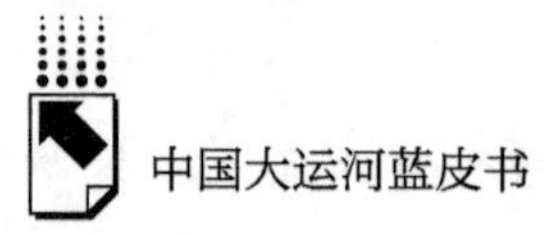

保护与旅游开发研究”（青年项目）。

2016 年 9 月 20 日，国家社科基金后期资助项目立项名单公布，共有 398 项。与运河相关的课题为淮阴师范学院赵维平主持的“中国治水通运史”（16FZS052）。

2017 年 6 月 16 日，国家社科基金年度项目和青年项目立项名单公示，立项课题共有 4289 项。与运河相关的课题共有 6 项，具体如下。

表 3　2017 年度国家社科基金年度项目和青年项目立项名单（部分）

课题名称	负责人	工作单位	项目类别	学科	批准号
“河长制”设立背景下地方主官水治理责任问题研究	郝亚光	华中师范大学	一般项目	政治学	17BZZ044
国民政府河政体制研究（1927 ~ 1949）	胡中升	宜春学院	一般项目	中国历史	17BZS063
“河长制”下地方政府流域治理跨部门协同的绩效评估及优化路径研究	刘小泉	井冈山大学	一般项目	管理学	17BGL161
基于量化风险评估的内河水上交通安全体系设计研究	尹静波	上海交通大学	一般项目	管理学	17BGL259
戴震藏《直隶河渠书》稿研究	宋开金	山东科技大学	青年项目	中国历史	17CZS002
清代河政与基层社会研究	曹金娜	东北大学	青年项目	中国历史	17CZS022

2017 年 6 月 23 日，该年度教育部人文社会科学研究一般项目评审结果公示，通过评审的项目共计 3366 项。其中，规划基金、青年基金、自筹经费项目共 2842 项。与 2016 年相比，2017 年总的项目数增加了近 900 项。与运河相关的项目有 2 项。

表 4　2017 年度教育部人文社会科学研究一般项目（部分）

课题名称	负责人	工作单位	项目类别	学科
公众共用物视野下的水环境治理河长制研究	王　勇	中国计量大学	青年基金项目	法学
族群关系视阈下的元代漕粮海运研究	陈彩云	浙江师范大学	规划基金项目	历史学

运河遗产篇

Canal Heritage

B.21
运河部分遗产点保护现状调查

课题组

摘　要： 2014年，中国大运河项目成功入选世界文化遗产名录。系列遗产分别选取了各河段典型河道段落和重要遗产点，其中包括27段河道遗产，总长度1011千米，相关遗产共计58处遗产点。入选的遗产分布于2个直辖市、6个省和25个地级市，遗产区总面积20819公顷，缓冲区总面积54263公顷。自申遗成功以来，各省市十分重视遗产点（段）的保护工作。本文选取北京市的澄清上闸、澄清中闸，天津市的三岔河口段，河北省的华家口夯土坝、连镇谢家坝，河南省的通济渠郑州段、商丘南关段，安徽省的淮北柳孜运河遗址，江苏省的淮安清口枢纽、宿迁龙王庙行宫、高邮盂城驿等著名遗产点，介绍其发展演变、历史文化和保护现状，为日后运河遗产的进一步保护与开发提供借鉴。

关键词： 中国大运河　遗产保护　世界文化遗产

一　澄清上闸（含万宁桥）

澄清上闸，位于北京市西城区地安门外大街上的万宁桥西侧，该闸始建于元代，跨玉河通往什刹海的入口处，是京杭大运河通惠河段的重要水工遗存。

元世祖至元二十年（1283），郭守敬奉旨开凿通惠河运道，将积水潭作为水库，又在通惠河沿途设船闸十处，以资控制，其中澄清（上）闸，又名海子闸，是积水潭之水流的第一道关卡，也是元代大运河漕粮北运的终端。至元二十二年（1285）于闸后建木桥。至元二十九年（1292）重修闸桥时改为石拱桥，并取“万世安宁”之义，定桥名为“万宁桥”。因元代称积水潭为“海子”，元明时期澄清上闸又被称为“海子闸”，万宁桥称“海子桥”。

元明鼎革，特别是明成祖朱棣毁弃元大都改建北京城后，漕运终点发生改变：“自明改筑京城，与运河截而为二，潭之宽广，已非旧观。”虽然曾于宣德六年（1431）重修了澄清上闸和万宁桥，但明代通惠河以东便门外的大通桥为西端，大运河的终点码头也南移至北京城东南角外的大通桥下。于是澄清上闸和万宁桥在漕运上的地位被大通桥所取代，大通桥与万宁桥之间的旧运道逐渐淤塞、断流。此外，因为人们习惯于把正阳门称为前门，把地安门称为后门，位于地安门附近的万宁桥又被称为“后门桥”或“地安桥”。

1924 年，为修建北新桥至太平桥仓的电车轨道，营造局将万宁桥桥面纵向坡度降低，并在桥栏杆内侧增设人行道。1950 年，四海（积水潭、后海、什刹海、西小海）清淤工程后期，实施玉河疏浚工程，维修沿河桥梁，于万宁桥石桥面铺设沥青，河道填平建房。1954 年上半年，实施玉河北段排水工程，澄清上闸与万宁桥主体均被埋于地下，只有桥面以上外露。斑驳古老的桥栏经历多年的风雨侵蚀，仍卧在地安门大街两旁，而栏上雕刻的花纹仍依稀可见。2000 年，万宁桥附近一段河道被挖开，桥身重见天日。其间北京市对该桥进行了整治修缮，对毁坏的桥栏杆按旧样进行了修整，而河岸边和桥洞下的镇水兽也被原地保留。在中国科学院院士侯仁之等人建议下，恢复原来的桥名“万宁桥”，建碑于桥畔，并被确定为北京市重点文保单位。2011 年，澄清上闸遗址（含万宁桥）获批为大运河北京段申遗点项目之一，升格为全国重点文物保护单位。2014 年 6 月 22 日，澄清上闸随着大运河申遗成功而正式成为世界文化遗产。

澄清上闸/万宁桥作为一座闸桥合一的水工设施，兼具通行与节水的双重功能。澄清上闸的结构大体由闸门、闸墙和闸基三部分组成，如今木质闸板已糟朽，而闸墙和闸基依然保留完好，闸槽清晰可见，河两岸的绞关石仅余其三，其中河北岸的绞关石从中间断开，河南岸则仅有部分石角露出地面。闸桥东西两侧河两岸各有镇水兽一座，以钢条护栏保护起来。如今澄清上闸早已废弃，失去了水闸原有的功能。位于闸体东侧的万宁桥现在仍作为交通桥使用。万宁桥为单孔石拱桥形态，其桥面略显隆起，两侧有节间式白石栏杆，每侧有望柱 18 根，栏板 17 块，抱鼓石 2 块。桥身段每侧有望柱 10 根，栏板 9 块。八字栏杆各有望柱 4 根，栏板 4 块，抱鼓石 1 块。桥面宽 20 米，桥身长 15 米，桥堍长均为 6.90 米，桥梁全长 28.80 米。侧墙和墙翼用料石砌筑，上面有白石双层仰天石组成的金边线。桥台即闸座为燕翅型，拱碹为半圆形纵联式结构，由 6 道纵联石、8 块碹脸石和 1 块龙门碹构成。桥身作为地安门外大街的一部分，仍承载着重要的市内交通功能。桥东西两侧将玉河遗址公园和什刹海（前海）风景区连接在一起，发挥着文化展示和休闲旅游的重要功能。

二　澄清中闸（含东不压桥）

澄清中闸（含东不压桥）位于北京市东城区东不压桥胡同南头。该闸始建于元代，跨玉河，作为什刹海之水从万宁桥下进入皇城的通道，是京杭大运河通惠河段的重要水工遗存。

元世祖至元二十年（1283），郭守敬奉旨开凿通惠河运道，为节制水源，设置数十闸座，于积水潭东端玉河之上设澄清上、中、下三闸。澄清中

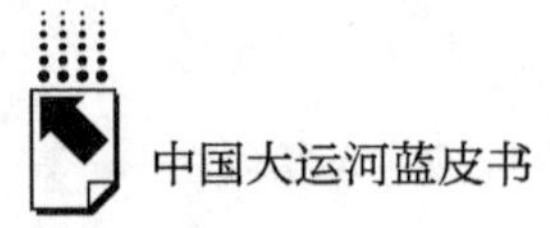

闸东侧另建东西向石桥一座，作为闸桥一体式水工设施，兼具通行与节水的双重功能。但明皇城墙的外扩导致玉河故道失去了行船功能，于是澄清中闸被废弃，仅存闸口遗迹和闸座上的东不压桥供行人往来。

关于东不压桥的桥名来历，自古众说纷纭。明中叶文人张爵的《京师五城坊巷胡同集》中载其为“步粮桥”。又因为另有一座同名、同样式、同一功能的石桥位于地安门西大街北海后门稍东的位置，故人们以“东、西步粮桥”加以区分。日本学者多田贞一认为，所谓“步粮是绿营二等兵，以前在此守桥”，故名。另有一种说法认为，所谓“步粮桥”其实应为“步量桥”，因为桥身被明皇城占去了一半，桥身之窄可用步量。还有学者认为，因为桥所在的地安门以东旧时为布粮市场，故应名“布粮桥”。至于“不压桥”之名，据说是因明成祖迁都北京，扩建皇城，北墙压在西步粮桥上，故称其为“西压桥”，而东步粮桥与皇城有一定距离，故称“东不压桥”。此外，还有人认为，“东不压桥”是民国以后才依据民间俗称改定的，意思是说：随着皇城拆除，石桥如释重负，再无压迫之谓。

1923 年，开始拆除皇城北墙，修筑北皇城根道路，在东不压桥南新建三孔石板梁桥，取名“御河石板桥”。1950 年实施玉河疏浚工程期间，东不压桥位于地安门东大街道路以北，桥上北面有石栏杆，南侧无栏杆，桥孔南面的上部封堵。1954 年玉河北段改暗沟工程施工期间，将该桥上部结构拆除。桥台是带燕翅型，净跨径 5.60 米，将其埋于地下。

21 世纪初，随着大运河申遗项目的启动和进展，北京市文物研究所于 2007 年 4 月中旬至 2008 年 5 月上旬，对什刹海和地安门东大街之间的通惠河及玉河遗址进行了考古发掘，把澄清中闸遗址及东不压桥的桥洞挖掘出来，使这座北京城内的重要运河文化遗址得以重见天日。其中，澄清中闸位于东不压桥上游，闸口宽 6.1 米，残高 1.2 米，门槽宽 0.27 米，进深 0.25 米，闸底部已被破坏。东不压桥全长 42.1 米，桥拱跨径 5.6 米，两岸城砖砌成的桥基尚存，拱券残高 0.53 ~ 1.65 米。据推测，桥总长 47.1 米，桥西燕翅长 10 米，西裹头残长 19 米，东燕翅发掘长度 9 米。西岸的桥基之上有五十余块长 1 ~ 3 米、宽约 0.5 米、厚 0.2 米的花岗岩条石，仍然十分平整、坚实。2011 年，澄清中闸遗址和东不压桥获批为大运河北京段申遗点项目。2014 年 6 月 22 日，大运河申遗成功，澄清中闸遗址正式成为世界文化遗产。

目前，澄清中闸与东不压桥作为玉河遗址公园的一部分，得到了有关部门的重视和保护，四周的“大运河遗产区界桩”注明了保护范围，周围设置了严格的限建区。

三　北、南运河天津三岔口段

天津是著名的九河下梢之地，三岔河口则是九河之水最终汇流入海之所。三岔河口地处天津旧城之东北，南运河和北运河在此交汇，形为三歧，故称三岔，后来所指渐有扩大，遂成其近旁地区之泛称。南运河和北运河（包括二运河的前身）的开凿与海河水系的形成关系密切。原本华北平原上的河流很多都是独流入海的，曹操开挖白沟（南运河的前身）等运河后，流经今河南省北部和河北省南部的一些较小的自然河都被引入运河，成为运河支流，随运河北流；而河北平原中部一些较大的自然河流则被引导至天津附近运河末端，才与运河汇流入海。再加上北运河挟潮白河、永定河两大水系汇流而来，在三岔河口就汇聚了潮白河、永定河、大清河、子牙河和南运河五大水系而成海河干流。由此可知三岔河口之重要性。三岔河口的位置原来在今狮子林桥附近，由于河道弯曲，不利于排洪，清光绪二十三年（1897），在天津海关税务司德璀琳的建议下，海河工程局成立，并且组建了海河工程委员会，为了航运便利，对海河航线采取了“塞支强干”及“裁弯取直”的措施。光绪二十七年（1901）至 1923 年，海河工程局先后裁弯 6 次，形成了现在的河道。

三岔河口在天津的经济发展史上具有相当重要的地位。作为南北漕运的中转枢纽，元代每年要从南方调运一二百万石粮米进京，明清两代则增加到四百万石。修建宫殿需要的巨木和砖石，以及与京城人民生活息息相关的茶叶、丝绸、糖、木、竹、瓷器及漆器等物资，都要经过三岔河口，三岔河口因此迅速发展为天津最早的商品集散地和航运中心。“三岔口，停船口，南北运河海河口，货船拉着盐粮来，货船拉着金银走，九河下梢天津卫，风水都在船上头。”从这首歌谣中可以感受到昔日三岔河口繁忙的漕运景象。那时的三岔河口商贾云集，大批船只来来往往，熙熙攘攘。银号、货栈、店铺林立，三岔河口很快就发展为重要商业市镇。康熙年间，清政府在北门外南运河北岸的甘露寺设立了钞关，南来北往的货船必须在此通关后才能上岸交易或放行，规范了天津的航运秩序。外地客商纷纷前来投资经营，这一带诞生了“瑞蚨祥”“德华馨”“同升和”“谦祥益”“正兴德”等众多老字号，因此三岔河口在天津商界一直保持着重要地位。在近代工业的发展过程中，三岔河口地区又产生了天津最早的机器制造业。当时在南北运河沿岸靠近三岔河的三条石大街上，先后出现了为过往船只装配和更换各种铁件的铸铁作坊，成为天津近代工业的发源地。

三岔河口地区还是天津的娱乐中心。晚清时期，天津早期戏园在此发展壮大。清朝道光年间崔旭在《津门百咏》中描述道：“戏园七处赛京城，纨绔逢场多有情；若问儿家住何处，家家门外有堂名。”可见当时天津戏园之盛。至今三岔河口一带仍有以戏园命名的街道、胡同，如天福园胡同、金华园大街等。天津较早的戏曲科班也出现在三岔河口附近，其中以北派武生李吉瑞的大吉利科班，培养出“四大名旦”之一荀慧生的三岔河口韦陀庙义顺科班，培养出“江南活武松”盖叫天的隆庆和科班等最为著名。

三岔河口地区也是天津近代教育的发祥地。清朝末年，以严修（字范孙）为代表的一批教育家热心办学，创立了早期的教育事业，三岔河口涌现出大批中小学，如位于锅店街的北门东中学、三条石中学等官立、私立学校等，数量众多，不胜枚举。教育事业的蓬勃发展，给三岔河口地区带来了浓厚的人文氛围，北大关针市街的梅氏家族，就曾走出了著名教育家梅贻琦先生。

三岔河口地区还是天津饮食文化的中心。历史上，繁忙的漕运将四面八方的特产聚集到三岔河口，银鱼、刀鱼、梭鱼、鲤鱼、鲫鱼、青虾等河海两鲜给津门厨师提供了用武之地，极大地促进了当地饮食文化的发展。康熙元年（1662），在“八大成”之首的“聚庆成”饭庄带动下，其他七家“成”字号大饭庄先后在三岔河口南运河岸开张迎客。这些大规模饭庄的聚集，对天津饮食文化的发展产生了深远的影响。

中华人民共和国成立后，为了保护三岔河口地区宝贵的历史文化遗存，1954 年，天津市人民政府将天后宫、玉皇阁、文庙、清真大寺等列为天津市文保单位。1962 年，河北省天津市人民委员会又将望海楼教堂遗址、广东会馆列为天津市文保单位。1982 年，天津市人民政府又将大悲禅寺列入天津市文保单位。其中，望海楼教堂遗址于 1988 年被列入第三批全国重点文物保护单位，广东会馆于 2001 年被列入第五批全国重点文物保护单位，天妃宫遗址于 2006 年被列入第六批全国重点文物保护单位。天津市十分重视三岔河口地区历史文物的宣传保护，早在 1959 年就建成了三条石历史博物馆，广东会馆经修整后改为天津戏剧博物馆，文庙经修整后改为文庙博物馆，且是天津市爱国主义教育基地。

2014 年 6 月 22 日，中国大运河申遗成功，天津南北运河三岔口河段成为世界文化遗产。借此契机，经国家文物部门批准，天津市在三岔河口建大运河历史文化展区。展区位于子牙河西岸，全长 1.8 公里，总占地面积约 8 万平方米。北起志成桥，向南延伸至南运河与子牙河交汇处的三岔河口海河堤岸。展区以运河文化为主题，将历史文化与旅游相结合的“大运河旅游文化广场”作为天津大运河三岔河口地区展示区，为天津市民和海内外游客提供了亲身体验大运河历史文化的场所，便于更好地保护和宣传大运河的历史文化。

四　华家口夯土坝

华家口夯土坝，又名华家口夯土险工，位于京杭大运河河北段景县安陵镇华家口村东，为全国重点文物保护单位、世界文化遗产，是南运河上著名的工程设施，在历史上曾发挥了重要的作用。

京杭大运河河北段又称南运河，由漳、卫两河之水汇流而成，每逢雨季，经常发生水患，对沿岸农田、房屋、百姓生命财产安全造成了巨大威胁。在漕运畅通时期，国家、地方政府投入大量的人力、物力、财力对运河进行管理与治理，在一定程度上减轻了运河水患的危害。1855 年黄河北徙，夺大清河河道入海后，随着运道淤塞、漕粮改折、海运兴起、外敌入侵、铁路兴修等内外因素的影响，清廷逐渐放弃内河漕运，基本不再对运河进行管理与治理，导致运河区域生态环境进一步恶化，水患发生频率提高。同治九年（1870），景县运河决口，华家口全村被水冲毁，百姓损失严重。光绪二十年（1894），运河再次决口，华家口再遭洪患。面对洪水造成的危害，宣统三年（1911），时任景县知县的王为仁决定通过修建堤坝的方式加固河防。

华家口夯土坝建于运河转弯之处，该处受洪水冲刷最为严重，所以最容易决口。夯土坝南北走向，全长 255 米，呈梯形，顶部宽 13 米，高 5.8 米至 6.7 米，整座大坝全部用白灰、黄土加糯米浆层层夯筑而成，异常坚实，修成的坝墙每步宽为 1.8 米，厚 18 厘米，其底部采用了坝基抗滑木桩技术，顶部和外坡则用素土夯实。夯土坝修成后，历经百年风雨，保障了沿岸的平安，有效防止了决堤事件的发生。不过在 20 世纪 50 年代，由于洪水的长期冲刷，坝体底部的木桩很多已经腐烂，下部淤塞严重，坝体整体下沉，出现局部开裂与风化的现象。随着中国大运河申遗步骤的推进，2012 年，河北省相关部门对夯土坝做了全面加固和修缮，还对河道及周边环境进行了整治，并制定了《中国大运河华家口夯土险工保护管理规定》，从而使文物的保护、管理更加科学化与系统性。

目前，作为河北省大运河世界文化遗产之一的华家口夯土坝得到妥善的保护。两岸种植了草皮与树木，以加固河堤，绿化环境，同时划定了文物的保护范围，以栅栏进行防护，在岸上通过一些铸造的古代人物形象刻画了夯土坝修造的过程，非常生动灵活，同时以图画、人物塑像的方式再现了外国申遗专家来华家口考察的场景。整体看来，华家口夯土坝目前保护现状非常良好，河道景观也很美丽，水工设施与自然环境和谐统一，既很好地维持了文物的原貌，又进行了运河文化的宣传。

华家口夯土坝作为著名的世界文化遗产，突出体现了南运河水工设施的特点与价值，也体现了当时劳动人民的智慧与技术的先进性，对于研究水利史、工程史、环境史、社会史都具有重要的意义。

五 连镇谢家坝

谢家坝位于河北省东光县连镇镇，连镇在明清时期又叫连洼、连窝镇，为运河积水之处，是南运河沿岸著名的河工重地、商业中心、漕运码头。在明清两朝，东光运河属河间府管河通判管理，漳、卫两河汇流之水波涛汹涌，对沿岸城镇造成了巨大的冲击，而由于古代自然科学技术的落后，面对洪水，往往不能采取有效的策略，甚至通过求神祭祀的方式来寻求心灵的安慰。谢家坝的修建，体现了劳动人民的伟大智慧，也表明了他们战胜自然灾害的决心，具有深远的历史影响。

谢家坝为国家重点文保单位、世界文化遗产，位于南运河东岸，运河五街与六街交界处。这里处于运河一个大的拐弯处，上游水源顺流而下，受洪水的冲击最严重，所以每逢雨季容易溃堤，造成洪涝灾害。清朝末年，传统漕运衰落，国家对运河疏于管理，水患发生频率猛增，连镇百姓备受其苦。当时一谢姓乡绅为拯救民苦，捐资从南方购入大量糯米，在旱季运河水少的时候组织工人施工，以糯米熬粥，加以灰土、泥土及各种黏性原料，层层夯筑堤坝，不断加固。该坝因为谢姓乡绅出力最多，故名谢家坝。谢家坝具有很高的科技含量，采用了诸多先进的河工措施与手段，工程非常科学合理。

谢家坝与景州华家口险工是南运河仅有的两处夯土坝，也是河北境内三处大运河世界文化遗产之一，具有重要的历史、现实意义。谢家坝全长 218 米，高 5 米，厚 3.6 米，坝体为糯米加混合材料夯筑，夯土以下为毛石累垫，基础为原土深深打入木桩筑成。谢家坝建成后，利用长达百年之久，对于抵御长期的洪水起到了重要的作用，同时对于研究清朝末年的河工技术、南运河水文环境的历史变迁都具有重要的意义，其价值不可估量。

目前谢家坝保护良好，保护范围以夯土坝体外皮为基线，向上下游各10米，向南100米，向北200米的区域为保护地带。建设控制地带为以重点保护区边线为基线，向上下游各50米，向南950米至连镇闸，向北510米至连镇码头桥区域。通过保护范围与控制地带的划定，有效防止了各类损害文化遗产行为的发生，对于维持保护区域的生态平衡、河道稳定、坝体的稳固起到了重要的作用。与景县华家口夯土坝相比，谢家坝的文化宣传力度尚待加强，可以通过历史文化挖掘、遗产展板与宣传册、工程复原过程展示等手段介绍世界遗产的形成、发展、演变的脉络，从而不断扩大遗产的影响力，进而推动遗产的保护与利用。

六　临清运河钞关

临清运河钞关地处山东省临清市明代会通河遗址旁边，最早设立于明宣德四年（1429）。宣德十年（1435），临清运河钞关升为由户部直接控制、督理关税的榷税分司，下面又设置了五个分关。在万历年间，临清运河钞关年征收税银高达八万多两，占全国税收的四分之一，远超京师的崇文门钞关，位居全国八大钞关之首。清光绪二十七年（1901）运河漕运停止后，钞关署治便逐渐荒废。临清运河钞关为一组有机搭配的建筑群，自东向西依次为河口正关、阅货厅、“国计民生”坊、关堞、仪门、正堂等。共有三进院落，占地四万平方米。

“钞关”之名源自明代“以钞纳税”。临清钞关直接隶属于户部，所得税收大多用来支付军事等费用。在明宣德年间，设关的地区以北运河沿线水路要冲最为重要，包括漷县关（1446年移至河西务）、临清关、济宁关、徐州关、淮安关、扬州关、上新河关。景泰及成化年间，朝廷又在江南运河、淮水、长江等沿线设置了北新关、浒墅关、正阳关、金沙洲关和九江关。后来，运河钞关历经裁革，到万历六年（1578），尚存杭州、扬州、淮安、浒墅、九江、临清和河西务七关，崇祯时期又在芜湖设立钞关。

设置钞关的主要目的是便于征收船税。不过，临清、杭州两关也兼收货税。一开始的时候，一般按照运送路程的远近以及船舶大小、长宽分等，作为收税的标准。宣德四年（1429）始规定，自南京到淮安、自淮安到徐州、自徐州到济宁、自济宁到临清、自临清到通州，以上各运段均需每一百料纳钞一百贯，从北京到南京之间的全程运输，则每一百料纳钞五百贯。后来，又因船料估算难以精确核准，遂改为按照梁头的广狭来定税，标准自五尺至三丈六尺不等。

成化十六年（1480），各钞关每年收钞达两千四百万贯，当银十二万两。嘉靖至万历初期，每年征收银两大体保持在二十多万两。万历中期，由于明神宗大肆搜刮掠夺，钞关的税收出现大规模上升，至万历二十五年（1597）上升为三十三万多两。天启元年（1621），增加到五十二万两。钞关刚开始设立的时候，以钞为征收本色。成化元年（1465）规定钱钞均为本色。弘治六年（1493），又规定钞关税折收银两例，但钞关之名未变。

临清的运河钞关是目前国内仅存的一处钞关遗址，对于研究当时的政治、经济、社会、文化等方面，均具有重要的价值。当地的政府也非常重视对临清钞关的维修与保护，目前已对该处遗址进行了大规模的考古挖掘，在修复完毕后将其建成钞关博物馆，以供人们参观。在现存两进院落的基础上，进行了一定程度的仿古重建。前面的院落为公署的办公区，后面的院落为仓储区。主要的仿古建筑分别为仪门、南穿厅、北穿厅、科房、船料房，面积达六千多平方米。尚有原钞关官员住宅若干，保存较好。建筑大都为硬山建筑，青色灰瓦屋面。

此外，临清运河钞关二期古民居修缮工程已完工，主要对前关街和后关街约 260 平方米的建筑进行修缮。修缮工程严格遵守“不改变文物原状”的文物保护维修原则，使临清运河钞关附属建筑物恢复了原有风貌。此次修缮工程旨在排除建筑险情，消除安全隐患，有效保持临清运河钞关附属建筑物的稳定性、安全性、整体性，真实、全面地保存并延续临清运河钞关附属建筑物的历史信息及价值。

七　南旺分水龙王庙

南旺分水龙王庙位于山东省南旺镇以北。元世祖忽必烈开凿京杭大运河时，南旺因特殊的地势，成为山东段运河上的“水脊”。明朝初期，为确保运河畅通，时任工部尚书的宋礼征询民间水利专家白英的意见，经过实地勘察后，在戴村筑坝建了一座分水设施。该水利工程能够使汶水西行，从南旺流入运河，形成七分向北流、三分向南流的局面。北流可进入漳河和卫河，南流可进入黄河和淮河。工程完工后，在分水处附近修建了一座龙王庙，因而称之为“分水龙王庙”。分水龙王庙建筑群体规模壮观，坐南面北，呈横向矩形的平面布局。

南旺分水枢纽是京杭大运河上科技含量最高的水利工程，成为运河南北分水的咽喉。南旺分水枢纽工程建成之后，京杭大运河顺畅通航长达五百多年之久，为中国做出了巨大贡献。因此，明清两代皇帝和民间百姓都对汶上老人白英给予了非常高的评价，而且把白英当成一位“永济神”来对待。

南旺“引汶济运”水利工程，以漕运为中心，疏河济运、挖泉集流、蓄水济运、泄涨保运、增闸节流，科学地解决了引汶、分流、蓄水等重大复杂的技术和实践问题，从而保证了大运河畅通无阻。如今，南旺分水龙王庙古建筑群的遗址的大部分建筑已经只剩地基裸露在地面上。大运河和小汶河的交汇处已被一人多高的杂草覆盖，若不是两岸的河堤，已经根本看不出这里曾经帆影林立的景象。只有庙群正中的那棵百年古槐，依然高大茂盛，蓬蓬然如伞盖，树荫遮挡住大半个院落。

2008年，济宁市文物部门联合对南旺分水枢纽及龙王庙古建筑群进行了系统的调查和发掘。通过发掘，基本理清了分水龙王庙古建筑群的建筑布局和现存状况。该建筑群坐南朝北，正对小汶河济运处，始建于明代，经明清两代多次修葺、添建，形成一座结构和功能完备的大型建筑群落。经清理和发掘，该建筑群总体由东、中、西三路建筑组合而成，均为砖木结构。建筑基址为对称布局，组成三进院落，并由甬道和过门连通，形成一个有机整体。在龙王庙遗址不远处，建成了一座面积约3400多平方米的大运河南旺枢纽博物馆。目前，当地已将保护运河遗产，弘扬运河文化纳入战略发展规划，以进一步加强运河沿线的文物保护。分水龙王庙等古建筑群作为抢救性文物，纳入了国家建设规划。

八 戴村坝

戴村坝位于山东省东平县城东10多公里的南城子村附近。根据相关史料记载，戴村坝最早建于明永乐年间。明成祖朱棣继位后迁都北京，急需将江南物资调往北京，以供京师生活消费所需，因而开始治理京杭大运河。

永乐九年（1411），工部尚书宋礼、刑部侍郎金纯等奉命疏浚运河。从济宁一带到临清的运河所经过的地区地形比较复杂，大多为丘陵，而且地势也比较高，史料记载："河道时患浅涩，不胜重载。"早在元代，朝廷曾在罡城（今宁阳县境内）筑坝，遏汶水南流洸河至济宁，再分水南北以济运道。不过，自济宁向北到南旺一段，运河之水需爬坡而上，终因水势不足而时常干涸。

时任工部尚书的宋礼一时间对此束手无策，后来采纳了汶上民间治水专家白英提出的"引汶绝济"的建议，破元代堽城坝，使汶水不入洸河，迫使其西行，并在汶水下游大清河东端戴村附近拦河筑坝，遏汶水入小汶河南流，"使趋南旺，以济运道"。天顺五年（1461），增筑培厚戴村坝，此后连年增土培护，百余年未有大动。万历元年（1573），侍郎万恭垒石为滩，未及二年被冲毁，再筑土坝。万历十七年（1589），总理河道都御史潘季驯在北端筑石坝，名曰"玲珑坝"。明清以来，统称为"戴村坝"。

大坝分三部分。从南向北依次为：主石坝、太皇堤和三合土坝。三部分既各自独立，又相辅相成，互为利用，互为保护，形成了"三位一体"的独特布局。从整体上看，既有对都江堰原理的借鉴，又有自身特色。最南端的主石坝呈南北向，长443米，自身又分三段，北侧一段叫玲珑坝，中间一

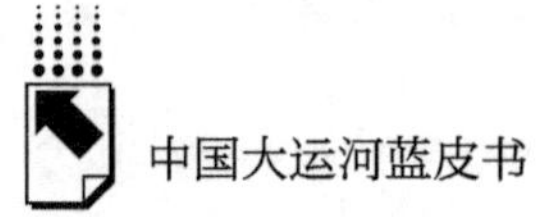

段叫乱石坝，南侧一段叫滚水坝。滚水坝在三坝中最低，它的作用是在汶水开始上涨、小汶河水位超过安全界线后向西漫水，以防小汶河决口。

戴村坝拥有比较高超的建筑艺术，凝聚着古代广大劳动人民的智慧与血汗。设计巧妙、造型美观，是我国水利史上的一大创举。虽经过数百年的风雨，任凭洪水千磨万击，今天仍然铁扣紧锁，岿然不动。大坝北端，原建有白英老人祠，曾为人们瞻仰的胜迹。白英治河的事迹，在民间广为流传。

如今，戴村坝已经建设成一个规模较大的景区，景区的核心是戴村坝博物馆，建筑面积约 2000 平方米，展品 300 余件，依托水工文化遗迹遗物，通过现代科技展示手段，向游客集中展演戴村坝的历史、价值、功能、作用以及历史背景、人物故事、建设过程、历史兴衰等内容，成为介绍京杭大运河的重要水工文化博物馆。在坝的南北两端，还保存了不少石碑，上面记载着建设和维修戴村坝的情况。目前，在保护的基础上，东平县结合大汶河、汇河两条河流交汇的地形地貌，改造部分沙石地，建设生态湿地。每年 7～8 月，汶水激增，戴村坝激流汹涌，“戴坝虎啸”胜景蔚为壮观，拉动了当地旅游业的快速提升。此外，东平县以戴村坝为龙头，推出了“运河文化水上游”旅游线路，实现了文化和旅游的深度融合。

九　通济渠郑州段

大运河通济渠段是我国北方地区最早的，沟通黄河、淮河两大水系的运河遗存，同时亦是贯通南北、连接海上丝绸之路的主要内陆水系。现位于河南省郑州市惠济区，包括通济渠索须河段和通济渠惠济桥段，为第六批（2006 年）全国重点文物保护单位和中国大运河世界文化遗产河段。从堤湾村丰硕桥向东折，至祥云寺村汇入贾鲁河，长约 16 公里的一段为索须河段。通济渠索须河段呈西—东走向，部分河面宽 40 余米，两岸设有堤防，河堤基宽 20 余米，顶宽近 7 米，河床宽 200～300 米，是郑州市西北部的主要泄洪排涝和景观河道。经考古调查和局部试掘，确认通济渠惠济桥段埋藏于地下的河床、河堤遗迹基本保存完整。现已探明的河道北起东孙庄村东侧黄河南岸大堤处，南至索须河段丰硕桥处，全长约 4 公里。除惠济桥处尚保留一段河道外，其余部分均埋于地下。据考古勘探结果，运河故道地下埋藏部分宽为 150～220 米，河道两侧保留有断断续续的河堤，经勘探可知河堤顶宽为 4～6 米，底宽 8～12 米。

郑州河段是大运河通济渠河道保存较为完整、历史风貌较为协调的重要河段，其前身为战国时期魏惠王开凿的鸿沟水系，后世沿用约 1500 年。该河段西起洛阳市，沿洛河自偃师与郑州市巩义交界处进入郑州境内，经巩义市、荥阳市、惠济区、金水区、中牟县 5 个县（市、区），东南与开封县境相接，郑州境内全长 150 余公里。大运河通济渠郑州段是中国大运河的重要组成部分，位于中国大运河运输线路的主线和关键工程位置，是历史悠久、沿革清晰并持续使用的代表性水工设施，是古代中国巧妙地将自然河流和人工引水相结合，共同作为运河水源的杰作，在历史上为大运河贯穿南北、联结东西的交通要道。在隋唐时期，大运河通济渠郑州段成为上承黄河，下启淮河、长江，为社会经济繁荣做出巨大贡献的关键河段。北宋时期，该河段巩固了国都开封的政治中心地位，催化出歌舞升平、文化繁荣的东京繁华盛景。在元明清时期，该河段发挥了巨大的交通功能，沿岸商业城镇迅速兴起，成为推动中原区域经济发展的一支重要力量。

近年来，大运河通济渠郑州段的保护与开发工作日益受到地方政府、学者与社会力量的重视。郑州市文物部门按照“保护为主、抢救第一、合理利用、加强管理”的方针以及《世界遗产公约》和世界遗产组织的相关要求，加紧落实各项保护措施，不断推进相关遗产点的保护修缮、景观环境的提升美化、历史文化意涵的凸显、城市功能和文化品牌的拓展完善，确保文化遗产的科学合理保护，运河历史文明的永续传承以及郑州社会经济与生态文明的和谐发展，使对该河段的保护与开发均迈上了一个新的台阶。

在 2016 年 11 月举行的河南省郑州市古荥大运河文化区保护与开发研讨会上，中国城市建设研究院风景园林专业院对大运河通济渠郑州段的开发与保护进行了初步的规划设计。按照设计方案，大运河通济渠郑州段所在地古荥镇将被规划成一座“运河上的城市”。河南省郑州市第十一次党代会则提出，将古荥大运河文化区作为提升郑州市华夏历史文明传承创新核心区的重要载体进行保护与开发工作。郑州市惠济区计划用两年的时间打造一座古镇，围绕古镇进行开发建设，并将其与世界文化遗产大运河郑州段完美结合，实现将一座大“景区”——古荥大运河文化区呈现给市民的目标。惠济区提出要以大运河为中轴带，辐射两岸发展文化旅游、康体休闲等生态产业，进而带动沿线村庄发展，规划建设特色小镇，把惠济区打造成郑州所辖各区中底蕴厚、景致美、生态佳、产业颇具特色的区域。同时，充分挖掘隋唐大运河通济渠郑州段的历史文化资源，加快运河文化观光旅游业的开发工作，以隋唐大运河郑州荥泽枢纽为支撑，将惠济区打造成大运河世界文化遗产观光旅游胜地。

十　通济渠商丘南关段

通济渠商丘南关遗址段河道位于河南省商丘古城南 2.5 公里，长约 1 公里，宽约 120 米，河深 16 米，呈东西走向，是目前通济渠沿线发现的规模较大的一处河道、驳岸遗址，为大运河世界文化遗产河段。商丘地区不但是大运河必经之地，还是通济渠非常重要的组成部分，在历史上起过相当重要的作用。因此，自古即有“襟带河济，屏蔽淮徐，自古争在中原，未有不以商丘为腰膂之地”的说法。隋唐大运河商丘段长约 200 公里，在隋唐至南宋初期繁盛一时，李白在《梁园吟》一诗中写道：“舞影歌声散绿池，空余汴水东流海。”杜甫在《遣怀》一诗中曰：“昔我游宋中，唯梁孝王都。名今陈留亚，剧则贝魏俱。邑中九万家，高栋照通衢。舟车半天下，主客多欢娱。”白居易《隋堤柳》诗云：“西自黄河东至淮，绿阴一千三百里。大业末年春暮月，柳色如烟絮如雪。”这些优美的诗篇形象地描绘了隋唐时期大运河的繁华盛景。宋室南迁后，隋唐大运河商丘段逐渐衰落。至明朝中期，该段运河因河道淤塞被彻底废弃，后又因黄河多次泛滥而被掩埋于地下，距地表有 4.5 米深，路面宽约 50 米，2007 年进行文物勘探时被发现。

从 2011 年 7 月开始，河南省文物考古研究所联合河南省商丘市文物局，对大运河商丘南关段进行了细致的考古发掘。商丘南关码头遗址跨大运河南北两岸，经过专家实地测量，南岸面积约为 16.8 万平方米，北岸遗址面积约为 21.5 万平方米，遗址沿河岸东西长约 150 米，宽约 52 米，分为夯土结构和砖石结构两种，码头的表层由山料疆石、白灰等混合物夯筑而成。在北岸码头遗址，考古人员发现了一条排水沟，该沟由砖石砌筑而成。在西端发现了北宋“熙宁元宝”钱币和大量宋代瓷片，还有青砖和房基等遗存物，专家由此判定商丘南关码头遗址上层的年代应该是在北宋时期。在发掘过程中，专家发现遗址上遗存着一块半圆形突堤，深入河道中间，这是古代为方便行人上下船、卸货而建的，突堤上有大量车辙印和脚印。遗址出土了大量瓷片，包括白瓷、青瓷、黑瓷等，此外还出土了砖块、瓦片、铁器、动物骨骼残块等遗物。这里发掘出土的瓷器、瓷片，多为北宋时期的，几乎涵盖了北宋时期的定窑、耀州窑、磁州窑、吉州窑等多个窑口。此外，还有部分唐代瓷器、瓷片。这表明在唐宋时期该河段两岸建筑相当密集，曾是一个规模很大的物资往来之地，当时的场景很可能比张择端《清明上河图》所描绘的景象更繁华。为更好地保护此运河遗址，商丘市文物管理局在遗址旁建起了围墙，构建了临时保护大棚，设有宣传材料，对遗址进行展示介绍，并派有专人对遗址进行看护。

通济渠商丘南关段成功入选大运河世界文化遗产河段，对于推动当地经济的发展，特别是旅游行业的进一步发展无疑将会起到非常积极的作用。商丘运河遗址工作的重点为保护范围内的考古发掘工作与旅游开发工作。河南省文物局专门规划了通济渠商丘南关段遗址本体保护展示工程设计方案。商丘市政府于 2017 年 6 月开工建设商丘市大运河世界遗产公园项目，项目建成后，将和商丘古城、商文化、火文化、大沙河古宋河生态长廊等景区连成一片，进一步丰富商丘旅游内容，提升城市品位，从而将大运河遗产保护与旅游开发巧妙结合起来。

十一　淮北柳孜运河遗址

柳孜运河遗址位于安徽省淮北市濉溪县百善镇柳孜村。柳孜原为隋唐大运河通济渠沿岸的一个镇，由于运河的开通而繁荣。唐宋时期，通济渠称为汴河，过濉溪县境40余公里。经隋、唐、宋三代五百余年，南宋绍熙五年（1194）由于黄河泛滥，洪水夺淮入海，通济渠从此淤塞。柳孜镇始建于东汉，唐宋时期通济渠开通后逐渐成为淮北地区的政治、经济、军事和文化重镇。南宋通济渠淤塞之后，柳孜镇也衰落下来。

抗日战争期间，人们在柳孜镇隅子街口地下5米深的地方，发现一条石台阶由南向北深入地下。石阶均用2米长、60厘米宽、30厘米厚的青石块砌成。当时有人判断这是位于隋唐大运河南岸的一座大型石码头，但由于兵荒马乱，考证和发掘工作无法开展。

自中华人民共和国成立至1984年，由于兴修水利、修筑宿永公路及群众烧窑取土等原因，在濉溪县境内多次挖开隋唐大运河断面。河槽口宽40米，底宽15米。堤为夯土结构，坡度较小，河床内为淤泥沙土，自地表向下挖掘7米，仍未见原始土层。

百善镇以西的宿永公路段拓宽工程于1999年开工。施工方在柳孜村一带进行施工时，挖掘出土大量瓷器等文物。安徽省考古研究所、淮北市博物馆、濉溪县文管所共同组成考古发掘队，结合当地群众的介绍，对该路段进行了抢救性发掘。此次发掘共开探方8个，历时近200天，累计揭露面积930平方米。最终发掘出石构筑物遗址一处（起初认为是码头，后来证明为桥基）、唐代沉船8只、隋唐宋金时期瓷器1653件、灰坑一座，以及大量骨器、铁器、石器、动物骨骼、画像石等，共出土瓷片数十万件。这次考古发现，被评为当年全国十大考古发现之一。

此前关于通济渠的流经路线，考古界一直没有定论。柳孜隋唐大运河遗址的考古发掘，证明了大运河的流经路线，是中国运河考古的重大成果。

2011年，柳孜县政府委托安徽省文物保护中心、北京建筑工程学院城市研究所等部门，编制《柳孜运河遗址产点段环境整治方案》《柳孜运河遗址保护总体规划》等规划和总体实施方案 3 个，先后完成文物修复、大棚展示、环境整治和监测、安防技防、档案管理、陈列展览及配套设施建设等单项工作方案 10 个，柳孜运河遗址的保护管理和服务水平由此得到明显提升，基础设施及管理保障也有了明显改善。

2013 年，柳孜运河遗址正式入选国家文物局确定的首批申遗点段。同年又进行了第二次考古发掘。前后两次发掘近 3000 平方米，揭露出 34 米长的一段河道，发现两岸河堤、石筑虹桥桥墩、石器、骨器、铜器、铁器等文物 7000 多件。这两次发掘基本理清了柳孜段运河结构、河道演变以及文化遗存埋藏情况，为遗址保护工作提供了更为详细准确的信息。

2014 年中国大运河申遗成功后，淮北市以柳孜运河遗址为核心，编制了《中国隋唐大运河柳孜运河遗址景区旅游规划》。景区规划面积为 6.8 平方公里，对柳孜运河遗址公园进行了重点建设，着手实施核心区绿化景观工程和薰衣草庄园等项目，此外还对柳孜运河古镇和旅游基础设施进行了开发。

十二　清口枢纽

清口枢纽，位于江苏省淮安市境内，是一个水利工程遗产区。在其 49 平方公里的范围内，分布着 53 处各种类型的文化遗产。历史上是黄河、淮河、大运河三条河流的交汇之处，也是大运河上最具科技含量的枢纽工程之一。明清两代，中央政府投入了巨大的财力、物力和人力，对其进行不断的维护治理，在极其复杂的水系格局下不断兴筑，保证了大运河工程的运输功能和漕运的持续畅通。

淮安清口，古称泗口、清泗口，由泗水入淮之口而得名。南宋初年，黄河夺泗入淮，清口因而成为黄、淮、运三河交汇之地。明代以前，清口一带已有一些水利工程，如高家堰、南运口等，但并没有形成体系。至明代潘季驯治河时，清口一带水利设施增多，并由此奠定了清口水利枢纽的基本格局。明景泰、成化年间，由于清口被黄河泥沙不断淤积抬高，运河无法从淮河得到供水，并在汛期常常被黄河倒灌，或淮河水涨后沉沙淤塞运道。针对这些问题，潘季驯提出了“束水攻沙”“蓄清刷黄”之策，即不断加高加固洪泽湖大堤，使洪泽湖水位高过黄河，导引湖水从清口流出，刷深黄河河道。为此，他重修洪泽湖大堤，将之延长至六十余里，高一丈二三尺。此后又向西南延伸至越城、周桥以外。并耗时四年，于大堤中段砌石工墙防浪。由此，淮河向东的出路被堵闭。同时，潘季驯在北部的王简、张福两个出口处筑堤，切断了淮水北泄的通路。至此，具有防洪、挡沙和引水功能的清口枢纽初步形成。到清代，治理清口的主要目的是为了避免黄河对运河的干扰。康熙年间，河臣靳辅继承了潘季驯“束水攻沙”“蓄清刷黄”的治河思想，再次加高培厚洪泽湖大堤，并将之延长至一百余里。同时创筑土坦坡，以增强大堤抗风浪的能力。还在洪泽湖大堤上修建减水坝六座，平时不开放，主要用于蓄水刷黄和济运；汛期洪泽湖水涨，则开启减坝东泄，以减轻洪水对洪泽湖大堤以及里下河地区的压力。为引淮出湖，增强淮水对黄河泥沙的冲刷，靳辅还在洪泽湖出口处开挖引河五道。至此，清口水利枢纽基本形成。

淮安清口运河遗产是人类开发利用土地、河流等自然资源工程的遗存，自宋初至清咸丰五年（1855）黄河北徙的近九百年间，清口历经淮河之险、黄河之淤，开发时间之长久，利用环境之复杂，工程建造之精巧，世所罕见。淮安清口运河遗产体现了人类农业文明时期东方水利水运工程技术的最高水平，其工程整体性、完整性尤为突出，河道、闸坝、堤防、疏浚、维护管理、水文观测等工程共同组成运口大型水利枢纽，堪称人类水运水利技术整体的杰出范例。在中国大运河申报世界文化遗产的过程中，以清口枢纽为代表的遗产片区，有着极为特殊的意义。淮安清口枢纽作为中国大运河上最具科技含量的枢纽工程之一，被中国文化遗产研究院原院长张延皓誉为“中国水工历史博物馆”。2014 年 6 月 22 日，在卡塔尔首都多哈召开的第 38 届世界遗产委员会会议上，中国大运河正式列入《世界遗产名录》。清口枢纽作为运河沿岸一处重要的遗产区，被列入世界文化遗产名录。

为了配合大运河申报世界遗产，进一步了解清口地下水工遗存情况，2008～2013年，淮安市博物馆在清口水利枢纽核心地带进行了五年的考古工作，基本上摸清了地下埋藏情况，并对天妃坝、顺黄坝等保存情况较好、价值较高的文物点进行了重点发掘，为清口水利枢纽的保护展示工作提供了最基础的信息，也为进一步佐证清口水利枢纽的科学价值提供了实物支撑。2009年，淮安市在江苏省率先公布《中国大运河（淮安段）保护规划》，并先后完成了清口水利枢纽多处遗产点的考古发掘和保护展示工作。2012年5月，中国文化遗产研究院大运河淮安段遗产本体调查方法研究课题组出版了《大运河清口枢纽工程遗产调查与研究》，该书从解剖大运河清口工程枢纽入手，探索契合运河遗产特性的综合调查方法，思考和缕析运河遗产内涵与特点，为运河全线开展遗产调查、保护和管理规划的编制提供客观科学依据。2012年9月，根据大运河申遗的要求，淮安市政府编制完成《大运河淮安段清口枢纽保护总体规划》。2016年12月，中国文化遗产研究院、南京博物院、淮安市博物馆共同编著《京杭大运河清口水利枢纽考古报告》。该报告是京杭大运河清口段水利枢纽考古报告的成果，包括对历史上京杭大运河清口段疏浚管理的梳理以及相关考古发掘的成果，包括对古河道、古堤坝、古码头、渡口、闸、涵洞及其他附属水工及遗迹调查，并对运河沿线古建筑、古城址、古遗址调查成果进行了记录。附录中还将京杭大运河清口水利枢纽文献及研究成果进行了汇编，以供读者使用。

十三　龙王庙行宫

龙王庙行宫，原名“敕建安澜龙王庙”，是宿迁市境内唯一的一处国家级文物保护单位，位于江苏省宿迁市西北20公里处的皂河镇，因乾隆皇帝南巡时多次来到此庙，故民间又称其为“乾隆行宫”。皂河龙王庙建立的具体时间，有多种说法。较为普遍的说法认为始建于清顺治年间，改建于康熙二十三年（1684）。民国《宿迁县志》记载安澜龙王庙在县西北皂河镇，康熙年间建，雍正五年（1727）奉敕重修。皂河龙王庙的重修与雍正年间的“河清祥瑞”有关。众所周知，黄河因泥沙含量高，水为黄色，水色变清极为罕见，故清代官方多将黄河水清视为盛世吉兆。雍正四年（1726）至雍正五年（1727），官员奏报，陕西、河南、江南、山东四省境内两千里的黄河清澈见底。“河清”事件发生后，雍正皇帝除遣官祭祀江南清河、河南武陟河神庙外，还敕令时任河道总督齐苏勒重修江南宿迁县皂河河神庙。由于皂河旧有庙基，重修较之新建开支较少，皂河庙修成时，虽然规模与河南武陟河神庙相同，而耗银仅三千九百九十九两。漕运、河工关系国计民生，皂河龙王庙处黄、运二河之间，又是雍正敕建，乾隆继位之初就极为关注，曾亲自撰写碑文发往皂河龙王庙。不仅如此，乾隆六次南巡，五次取道皂河，诣庙拈香祭祀，且每次都赋诗一首。道光十九年（1839），颁赐皂河龙王庙御书匾额曰“福靖灵波”，对联云：“普佑功昭黄运靖，广敷瑞应雨风调”。值得注意的是，皂河龙王庙虽名为龙王庙，但祭祀的主神为金龙四大王谢绪，而非民间传说中的龙王。

皂河龙工庙占地面积达 36 亩，前后共三进院落，整体建筑模式参照北京故宫，规模宏大，布局严整，左右对称，轴线分明，气势磅礴，雄伟壮观。整个建筑群分为六大部分，最南端是古戏楼，为皇帝驾临时观一年一度的正月初九庙会所用。广场两边是相对称的“河清”与“海晏”牌楼，是乾隆帝巡幸时进出的地方。广场北侧是禅殿，门前有一对雌雄石狮，雄狮重 2. 8 吨，雌狮重 2. 76 吨。御碑亭在第一进院中，碑亭正中耸立着一块 5 米高的御碑，碑文主要记述了康熙、雍正皇帝建庙的缘由和修建的经过。碑亭两边分别是钟楼与鼓楼，建筑形制、布局、规格基本相同。御碑亭的北面是怡殿，位于中轴第一道院和第二道院的相交处，占地面积 66 平方米，面阔四间，进深三间，怡殿正门悬挂“法雨慈云”大匾一块，殿内供奉杨、柳、杜、孟四大金刚坐像，分别持宝剑、雨伞、琵琶、蟒蛇，象征“风调雨顺”，塑像造型逼真，神态各异，威武刚烈。第二进院落是整座建筑的中心，其主体建筑为龙王殿。龙王殿两侧对应的是东、西配殿。东殿供奉

"五湖神"，西殿供奉"四海一井神"。十尊神像皆手捧笏板，列次伺拜龙王。大殿正中供奉河神金龙四大王，为贴金坐像，神态端庄威严，令人肃然起敬。左右分列八大水神（俗称八大战将）。第三进院落，是龙王庙行宫的最后一进院落，二、三院落的相交处横向轴线上分别建有灵官殿和东西庑殿。灵官殿又叫分宫厅，东壁放置灵官爷塑像，手持七节长鞭。西壁置放韦驮菩萨塑像，手持降魔杵，正门上方悬挂"福清灵波"镏金横匾一块。中轴线北端是禹王殿，重檐硬山，大殿分上、下两层，占地面积360平方米，殿高20多米，是龙王庙行宫内最高的殿宇。底楼额枋上悬挂"功崇利簿"镏金大字的朱红匾额一块，大殿的明间供奉禹王木雕贴金坐像，西间阁楼里供奉的是观音菩萨像。庙宇建筑形制保存较为完好，文化内涵丰富，是研究明清两代宗教信仰、建筑艺术、河漕治理不可多得的历史实物。

皂河龙王庙建成后，不仅成为清代祭祀河神的重要场所，对当地民众的社会生活也产生了深远影响。每年的农历正月初八、初九、初十这三天，为皂河安澜龙王庙庙会之日，届时众多善男信女，纷纷前来烧香拜神，祈福求祥。附近山东、河南、安徽数省的行商坐贾、民间艺人也纷至沓来，云集皂河。一时间逛庙的、敬神的、看景的、购物的，热闹非凡。其中最为光彩夺目的是皂河镇内三大香会的绕街巡游，朝山祭祀，花船、花车、舞龙、舞狮，令人目不暇接，人山人海，盛况空前，被列为苏北地区36处香火盛会之首。庙会风俗几百年来从未中断，一直延续至今。

龙王庙行宫这一珍贵的古建筑群，在"文化大革命"中一度遭到破坏，造成不可估量的损失。20世纪80年代初，屡经风雨侵蚀和人为破坏的龙王庙行宫，仍然以其丰厚的历史文化底蕴和高超的建筑技巧，引起了各级政府和社会各界的重视。经文物部门专家多次鉴定，认为"敕建安澜龙王庙"是全国众多乾隆行宫中规格最高、规模最大、唯一保存较为完好且最具价值的清代北方宫式古建筑群，对于研究古代建筑艺术和清代社会文化具有十分重要的意义。1982年，龙王庙行宫被公布为省级文物保护单位。此后十年间，本着"保护为主、抢救第一"的方针，各级政府和有关部门耗资100万元，对龙王殿、御碑亭、钟鼓楼等建筑进行了大规模修缮。2001 年 7 月，龙王庙行宫被国务院公布为全国重点文物保护单位。各级政府和文物管理部门又重新制定了系统、细致的抢救方案和维修措施，投资近 400 万元，分两期对其进行维修和保护。2007 年，龙王庙行宫被评为国家 3A 级旅游景区。此后两年间，当地政府又投资 7000 余万元，整治外围环境，重新进行内部布展，新建乾隆下江南大观园，使龙王庙行宫主体建筑得到更好保护，丰富了游览内容，深化了历史文化内涵，提升了整体景观质量。

2014 年 6 月，随着大运河申遗成功，龙王庙行宫成为宿迁地区大运河上唯一的世界文化遗产。2015 年，宿迁皂河镇龙王庙行宫成功成为国家 4A 级景区。“十三五”期间，宿迁市湖滨新区旅游经济发展局高度重视国家级文保单位龙王庙行宫的文物保护工作，一方面，加强龙王庙行宫日常保护工作，另一方面，做好文物保护项目方案编制、立项、报批和资金申报工作，从而大力推进龙王庙行宫文物保护项目的进行，促进了文物保护事业的开展。为做好龙王庙行宫文物保护工作，旅游经济发展局安排委托具有相关资质的单位先后完成了龙王庙行宫环境整治工程、龙王庙行宫彩画保护工程、龙王庙行宫抢救性修复工程的方案编制工作，同时报国家文物局审批。目前，龙王庙行宫抢救性修复工程立项已通过国家文物局审批，方案正在审批中；龙王庙行宫环境整治工程方案已通过国家文物局审批，方案待省文物局核准后实施；龙王庙行宫彩画保护工程已通过国家、省文物局审批核准。三个工程项目预计总投入金额为 2000 万元。

十四　盂城驿

盂城驿位于高邮市南门大街馆驿巷，始建于明洪武八年（1375），是全国规模最大、保存最完好的古代驿站。盂城，高邮的别称，取意于秦观描写家乡“吾乡如覆盂”的诗句。明洪武八年（1375），知州黄克明在高邮城南门外建盂城驿。永乐元年（1403），知州王俊重修。嘉靖三十六年（1557），倭寇犯境，盂城驿毁于战火。隆庆二年（1568），知州赵来亨按旧制重建。

此后，知州张德盛、冯馨、朱荣桂等人先后重建或增修。辛亥革命后，盂城驿撤销。中华人民共和国成立后，盂城驿用作居民住宅。1993 年，高邮市人民政府主持修缮，修复了驿站的主体建筑，与南门古街共同组成古朴的明清民居建筑群。1996 年，盂城驿被公布为全国重点文物保护单位。2014 年 6 月，被列入世界文化遗产名录。

盂城驿原址占地约 16000 平方米，厅房 100 余间，包括驿站、驿舍、秦邮公馆、驿丞宅、武官厅、马神庙、马棚、库房、监房、驿卒宿舍等建筑。当时盂城驿为水马驿站，不仅可以通过陆路由驿马传送文书，也可以通过驿船从水路转递。因此，驿站内备有马夫、水夫、旱夫 200 多人，驿马 130 多匹，驿船 18 条，床铺 60 张，并供应膳食，给传递文书的人员及过境官员使用。驿站遗址坐北朝南，平面布局分为二路：西侧为主入口及主要轴线，分别设有照壁、门厅 3 间、正厅 5 间、后厅 5 间、送礼房 5 间及库房 3 间。东侧为辅助用房，正南设鼓楼 3 间，后有庭园及回廊，正中置规整水池一方，最后设礼宾轩一座。再向东的南面原为马房 12 间，马神庙 1 间，后面就是厨房与餐厅共 14 间，现在已把厨房与餐厅部分改为陈列室，12 间马棚也只留了一间作为象征。驿北为驿丞宅，驿西为秦邮公馆，东南有马饮塘。最东面的武官厅与北面的驿卒宿舍现已不存。

皇华厅和驻节堂是盂城驿的主体建筑。皇华厅又称正厅，为五开间明代建筑，为传室政令的场所、驿站管理中心。中三间屏门上方悬挂“皇华厅”匾额，下方为“明高邮州城图”，两侧悬挂“消息通灵会心不远，置邮传令盛德留行”的对联。正厅主要陈列驿、马、船统计表，值班表，分工职责表，《邮驿律》等，厅中为官员接待场所，东房为签房，是学办理公文之处，两房为驿站人员构成雕塑，形象栩栩如生。整个厅堂形象地再现了盂城驿当年的生活原貌，游客可充分领略邮驿文化的丰富内涵。驻节堂又称后厅，是驿丞、高邮州官接待各方使节、迎接四路宾客的地方，为明末遗构，其梁楹庭柱、门窗桶扇、桌椅几案，处处朴实无华、古色古香。中为接待官员的场所，左有驿丞舍、右为驿卒舍，还有传递文书的批单室。北院有库房、伙房。门外是一座小花园，并有廊道。往东是邮驿史展览室，通过邮驿制度的翔实史料，驿丞办公、休憩用具等珍贵文物等，向人们展示了我国数千年的邮驿文明史。鼓楼是盂城驿的制高点和形象标志物，高约15米，上悬“飞阁凌天”“极目湖天”匾额，还有“置邮传命”“国之血脉”的题字。楼高三层，沿木梯盘旋而上，顶层高悬一面红色白面大鼓。巍峨高耸的鼓楼既可值更报时，又能站岗眺望，有重大喜事时可在此报捷庆典。马神庙在驿站的后面，是祈求人马平安的祭祀场所。相传农历六月二十三日是马神的生日，驿丞定要前来焚香敬拜。庙前有马棚、马槽、石臼，有一尊膘肥体壮、与真马同大的枣红马石雕，还有明代留下的四座上马石墩。上马石墩是人们上马的垫脚石，上有浅浅的凹形脚印。这些经过千万次踩踏留下的印痕，正是邮驿发展的历史痕迹。

盂城驿开设于明洪武八年（1375），后不断增建，逐步形成了明清时期大运河沿线规模最大的古代驿站。盂城驿是明代沟通南、北二京的重要驿站，也是目前运河沿线保存较好、规模较大的古代驿站遗存，在国内实属少见，被称为中国邮驿的“活化石”，对研究我国古代邮政史、交通史和水利史具有重要的科学、艺术、历史和文物价值。从明洪武八年（1375）盂城驿开设，到1913年北洋政府宣布裁撤全国驿站，再到1949年后被用作居民住宅，直至1985年文物普查时才被发现。盂城驿的发现，立刻引起社会各界的重视，许多专家学者称之为“稀世遗珍”。1993～1995年，在邮电部、江苏省政府、各级相关部门和社会各界的大力支持下，高邮市政府修复了盂城驿，并在此基础上，设立了中国唯一的邮驿博物馆。中国明史学会、中国社会科学院历史研究所、邮电部文史中心联合于1995年8月17日在高邮召开了邮驿文化国际学术讨论会，邮电部还于同日发行《古代驿站·盂城驿》邮承。1995年6月，江苏省政府公布盂城驿为省级文物保护单位。1996年11月，盂城驿被国务院公布为全国重点文物保护单位。1996～2001年，盂城驿先后进行了两个阶段的修复工程。一期修复工程修复了驿站的主体建筑，并建立了中国唯一的“邮驿博物馆”。二期修复工程于2001年10月开始，重点修复了与盂城驿紧密相关联的“秦邮公馆”“棠荫小憩”。2003年，国家邮政局将盂城驿确立为“全国邮政职工爱国主义教育基地”，国家文物局确认邮驿博物馆为全国百家特色博物馆之一。

2013 年，大运河申遗进入了最后冲刺阶段，盂城驿的保护利用也上升为高邮城建十大重点工程之一。盂城驿扩容一期工程于 2013 年 4 月 18 日正式开工，总投资约 9500 万元。2013 年 10 月 19 日，举行一期工程竣工暨二期工程开工典礼。一期工程保留驿丞宅、赵家宅等三处历史遗存建筑，在盂城驿本体北侧新建一座开放式仿古花园；在盂城驿本体的东侧，按照盂城驿历史上既有的餐饮和住宿功能，兴建秦邮公馆，延续现有的街道规模和老城区肌理。扩容后的盂城驿景区，面积是原来的 3 倍，成为京杭大运河高邮段的特色景区。二期工程在一期工程的基础上，将馆驿巷向东延伸至蝶园南路，复建大运河畔的接官厅；挖掘和打造马饮塘滨河人文景观和自然生态景观。2014 年 6 月，盂城驿列入世界文化遗产名录。2014 年 12 月 19 日，盂城驿获批国家 3A 级旅游景区称号。2015 年，高邮市重点打造中国邮驿文化城重点文化旅游项目，总投资 60 亿元，其中一期工程计划投资 11 亿元，于 2015 年 8 月 18 日正式开工建设。邮驿文化城是以运河文化为核心主题，融邮驿文化、水文化、宗教文化为一体的综合性历史文化风景区。2015 年 12 月 24 日，高邮市盂城驿景区正式获批为国家 4A 级旅游景区。

B.22 中国大运河文化带建设研究报告

刘怀玉*

摘　要： 中国大运河是世界上开凿最早，至今仍在使用的活态遗产。所谓大运河文化带是以运河文化保护、传承、利用为指导，以运河水工遗存、附属设施和相关遗存为基础，以运河物质遗产和非物质遗产为主要对象，以运河文化产业和文化事业为主要载体的带状功能区域。大运河文化带建设的主要特点：发展战略的首创性；规模形制上的大尺度；展示利用的多元化。建设大运河文化带是大运河线性遗产廊道建设的内在需要。其有利条件：国家和地方政策驱动，大运河文化带建设步入快车道；中国大运河文化资源富集，而且品位高，许多城镇大运河文化带已经形成了一定的基础和规模。其制约因素："多龙"治理运河、规划难度大。建设大运河文化带必须克服路径依赖：更新观念，创新思路，大运河文化带建设的先导；加强领导，分类指导，大运河文化带建设的前提；科学规划，精心实施，大运河文化带建设的龙头。

关键词： 中国大运河　文化带　遗产廊道

中国大运河与万里长城一直被视为中华文明的伟大标志性工程。而中国

* 刘怀玉，扬州大学中国大运河研究院副院长，特约研究员，硕士生导师。主要研究方向为运河文化。

大运河作为世界上开凿最早、至今仍在延续使用的活态遗产，曾被列入《国际运河古迹名录》，被视为世界水利工程史上的里程碑。自进入21世纪以来，中国大运河迎来了两个重要节点，推动大运河遗产保护、传承和利用进入了一个新阶段。一是2014年6月22日，中国大运河被正式列入《世界遗产名录》，从此，中国大运河拥有世界文化遗产的身份，并丰富了世界文化遗产宝库，成为中国遗产"走出去"的标志性品牌。二是2017年6月4日，习近平总书记就大运河文化带做出了重要批示，标志着大运河文化带建设拉开了序幕，大运河文化带有望成为国家发展战略，引起了政界、学界和民间的广泛关注。如果说中国大运河被列为世界文化遗产，是世界级身份的最终确认，那么，大运河文化带则是以中国方案馈赠给世界最好的礼物。大运河文化带建设将是我国第一条以文化建设为主要指向的带状发展战略，这一发展战略实施的背景、性质、规模、路径和影响等不同于传统一般意义上的经济带发展战略，因此，深入研究大运河文化带建设具有重要的理论创新意义和实践价值。

一 大运河文化带建设的主要背景

中国大运河申报世界遗产文本里规定中国大运河包括京杭运河、隋唐运河和浙东运河，具有2500多年的历史，全长2700多公里（其中京杭运河1797公里），自北向南，流经北京、天津、河北、山东、江苏、浙江、河南、安徽等8个省、直辖市，连接海河、黄河、淮河、长江、钱塘江等五大水系，有力促进了南北经济文化交流和社会的发展，成为国家经济命脉和文化血脉。公元前5世纪，许多诸侯国出于各种需要，竞相开凿运河，其中影响最大的当属吴王夫差为了北霸中原开凿邗沟，《左传》记载鲁哀公九年（前486）"秋，吴城邗，沟通江淮。"邗沟是我国史书中最早确切记载的运河，也是中国大运河河道成型最早的一段。7世纪，中国大运河以洛阳为中心，完成了第一次全线贯通。13世纪，以京杭运河为主线，完成了第二次大沟通，直到今天仍发挥着重要的交通、水利、生态涵养和文化旅游等功能。中国大运河的历史、现实和未来都值得我们倍加珍惜这一稀缺的战略资源。

2006 年 3 月，58 位全国政协委员在深入调查研究的基础上，向全国政协十届四次会议提交了《应高度重视京杭大运河的保护和启动申遗工作》的提案，被有关部门采纳，标志着民间申遗开始转为国家行为。5 月，国务院将大运河列为全国重点文物保护单位。11 月，国家文物局公布了重新设定的《中国世界文化遗产预备名单》，将大运河列入其中，中国大运河申遗正式开始。2007 年 9 月，中国大运河联合申遗办公室在扬州正式揭牌，并开始运作。扬州被确定为中国大运河申遗牵头城市。2008 年 3 月，为了便于联合申遗，大运河沿线 33 个城市成立了比较紧密的“大运河申遗城市联盟”，在扬州就大运河保护与申遗达成了重要共识。2009 年 4 月，大运河保护和申遗省部际会商小组第一次会议通过了《大运河保护和申遗 2009 ~2010 年工作计划》以及会商小组工作制度等重要文件，跨省部联合申遗开始行动。2013 年 1 月，国家文物局正式向联合国递交《中国大运河申报世界遗产文本》。9 月，接受有关国际专家现场评估考察。2014 年 6 月，中国大运河被列入《世界遗产名录》，成为我国第 46 个世界遗产项目。8 年申遗终于解决了中国大运河列为世界文化遗产的身份问题，更为重要的是促进了运河沿线政府和人民保护运河、利用运河的理念更新和意识增强，大运河遗产保护、传承和利用的整体水平有了较大的提高，并产生了显著效益。同时，也还存在保护、传承和利用不足等许多现实问题需要解决。

中央高度重视大运河遗产保护利用工作。2017 年 2 月 24 日，习近平总书记在北京通州考察运河时强调：要古为今用，深入挖掘以大运河为核心的历史文化资源。保护大运河是运河沿线所有地区的共同责任。2017 年 6 月 4 日，习近平总书记就大运河文化带做出了重要批示：大运河是祖先留给我们的宝贵遗产，是流动的文化，我们要统筹保护好、传承好、利用好。国家文物局以及北京市、天津市等运河沿线省份和城市相继部署行动，大运河文化带建设方兴未艾。习近平总书记关于大运河文化带建设的重要指示和批示成为大运河文化带建设的重要遵循，大运河文化带有望上升为国家发展战略。中央意愿和地方纷纷跟进，大运河文化带建设初见端倪，标志着大运河文化带建设拉开了序幕。

大运河是一个复杂的系统工程，保护、传承和利用的任务十分艰巨。长期以来，国家有关部委以及运河沿线省市为此做了大量工作。近年来，党和国家都很重视运河遗产工作，运河沿线许多城市保护、传承和利用运河遗产的积极性都比较高，经过不断努力，取得了很大成绩，获得了良好的社会效益和经济效益，有的还创新了发展模式，形成了鲜明的地域特色，值得总结推广，但也有许多教训，如破坏运河遗产的现象时有发生；运河周边或古城大拆大建，出现大量假古董；遗产区商业气息太浓，遗产本体或周边环境风貌极不协调等。遗产本体法律保护、技术保护不足等问题，也需要切实加以解决。上述经验教训值得汲取，需要通过采取切实有效措施，进一步提高大运河遗产保护、传承和利用工作的水平，并使之与大运河文化带建设顺畅衔接。

二　大运河文化带的主要内涵

2017 年 3 月，全国政协将《建议将建设“大运河经济带”上升为国家战略》的提案列为 2017 年度重点提案。4 月，全国政协副主席王家瑞率团到江苏、山东等地督办调研。中央有关部门认为根据现阶段国内外形势的发展需要，突出文化运河的地位很重要，建议将“建设大运河经济带”改为“建设大运河文化带”。习近平总书记做出了重要批示，为大运河文化带建设指明了方向。“文化”“经济”两字之差体现了中央实事求是的精神，也昭示了文化和经济两个不同的建设目标和路径。

到目前为止，关于大运河文化带建设的主要内涵是什么？可谓仁者见仁，智者见智，至今没有一个比较权威的说法。这是因为大运河文化带是一个系统而又复杂的体系，牵涉许多方面，很难用三言两语说清楚。为了便于讨论问题，我们有必要对文化、大运河文化带进行界定。

关于文化。据《大英百科全书》统计，对文化含义的阐释，在西方历史上有160余种。在古代中国，文化是“文治教化”之意。根据《辞海》的解释，文化从广义上讲，指人类社会历史实践过程中所创造的物质财富和精神财富的总和。从狭义上讲，指社会的意识形态以及与之相适应的制度和组织机构。[1]我们通常讲的狭义文化概念是指党委宣传部门业务指导范围内的哲学社会科学、新闻出版、广播影视、文化艺术等各项事业。在古代西方，文化一词源于拉丁文“cultura”，本意指耕作，后引申出居住、练习、留心或注意等含义。欧盟委员会的比较权威的解释——绘画、戏剧艺术、书法、电影制作、建筑及城市规划、媒体、连环画、科学技术及其表现形式、语言文字、艺术和传统等。[2]运河文化属于一种跨水系、跨领域的区域性广义文化系统，是包括运河设计、开凿、管理、运用在内的，沿运河流域的政治、军事、经济、文化、科学等一切社会活动的总和，同样包含着理念（价值形态和政治、军事、文化、经济需求等）、制度（技术保证、管理、运作模式等）和物相（具体的河道、设施、运载工具以及各种物质存在形态等）三个不同层次。[3]这些都是从学术层面上进行界定的。

关于大运河文化带。江苏作为省级行政区在全国率先提出建设大运河文化带。2015年7月，经过前期调研，江苏省政府在淮安召开江苏大运河文化带建设座谈会，要求牢牢把握“保护为主、抢救第一、合理利用、加强管理”的文物工作方针，抓住运河申遗成功机遇，保护和传承运河文化，进一步提升大运河保护、管理和利用水平，以展现文明、优化生态、繁荣经济、造福人民为目标，以运河遗产资源为支撑，以运河沿线城市为节点，将大运河文化带打造成一道既相互衔接、又融为一体，纵贯江苏南北的亮丽文化长廊，为全国大运河保护与利用提供新模式、新样板。2017年9月，江苏省委在淮安召开大运河文化带江苏段建设座谈会，原江苏省委书记李强强调，要努力把江苏段建设成为高颜值的生态长廊、高品位的文化长廊、高效益的经济长廊，使之成为大运河文化带上的样板区和示范段。江苏主要从生态、文化和经济等方面综合考虑大运河文化带建设目标，有利于发挥江苏运河的综合效益。

2017 年 9 月，中国传媒大学在举办 2017 年国家文化产业创新试验区高端峰会期间，发布了《大运河文化带调研报告》，认为大运河文化带即是以大运河文化为内核，以保护、传承、利用为主线，以带状地理空间为载体，以区域交通束（航运、高速、高铁等）为基础，以沿线城镇为发展主体，集遗产与生态保护、展示与爱国教育、创意与休闲游憩、经济与社会发展等多种功能于一体的综合型带状功能区域。这一界定揭示了运河文化带带状地理空间特征及其与经济、社会的联系，但内容过于庞杂宽泛，不利于聚焦主要问题。

本人认为所谓大运河文化带即以运河文化保护、传承、利用为指导，以运河水工遗存、附属设施和相关遗存为基础，以运河物质遗产和非物质遗产为主要对象，以运河文化产业和文化事业为主要载体的带状功能区域。这里强调三个维度：一是遗产属性维度。根据中国大运河申报世界遗产文本，运河遗产属性主要包括运河水工遗存、附属设施和相关遗存等要素。而这些要素构成了大运河的物质基础和物质组织形态。二是质地维度。出于内容建设需要，不妨把运河物质遗产视为硬资源，把非物质遗产视为软资源。三是形态维度。主要包括运河文化产业和文化事业。运河文化产业包括运河文化旅游业、文化博览业、文化创意业、文化出版业等形态，运河文化事业主要指能为居民提供公益性质的各类服务设施或活动等。这三个维度基本囊括了运河文化带的主要部分。在建设要求上切实做好保护、传承、利用三篇文章，坚持生产性保护、活态化传承、创新性发展，切实保护运河文化遗存，彰显运河特色风貌，延续运河历史文脉。

三　大运河文化带建设的主要特点

（一）发展战略的首创性

近年来，我国按照不同的地域空间结构，积极实施区域协同发展战略，其中包括“一带一路”、长江经济带、京津冀协同发展等一系列重要倡议和

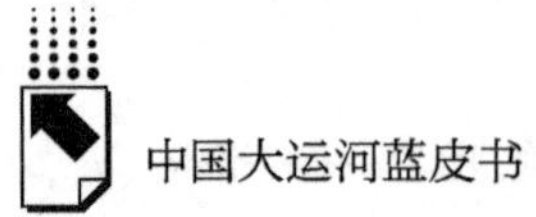

战略，形成不同层次、不同规模的区域经济集聚，有力促进了区域协同发展，大大改变了我国经济版图的结构。区域协同发展已经成为我国经济生活的重要特征和基本趋势，但在国家层面上尚缺少区域文化发展战略，经济、文化失衡的问题比较突出。而中国大运河不同于长江、黄河这些自然形成的河流，它是我国历史悠久、线路长、南北走向的水工遗存和文化长廊，既可以沟通南北、串联东西，和“一带一路”、长江经济带等，而且可以形成以文化见长流域性的特色发展战略，促进文化“高峰”建设，以便发展壮大国家文化软实力。经过近 40 年的经济社会高速发展，尤其是进入信息时代之后，我们的确已经迎来了一个文化需求高速增长、文化发展可以拉动经济社会发展的新阶段，大运河作为一张闪光的世界级文化名片，应该可以成为文化建设的绝佳切入点，经济与社会发展的有力支撑点。因为，经过两千余年的历史沧桑，大运河积累了丰富的信息。人们需要这条历史长河，以古鉴今；需要这条生态长河，以涵养大地；需要这条旅游长河，以观光启智；需要这条文化长河，以传承创新。[4] 国家即将推出的大运河文化带发展战略的首创性在于第一次从国家层面举起运河文化的大旗，以运河流域协同为基础，建设运河文化板块，既改变了以往单一的以经济、科技和生态等为主要价值取向的发展战略及其格局，又丰富了文化强国的内涵及其载体，其文化、经济、社会和生态效益以及连锁效应可期，其影响深远。

（二）规模形制上的大尺度

中国大运河遗产是一个庞大而复杂的“巨系统”，在中国遗产史乃至世界遗产史上都占有重要地位。在 2500 多年的历史长河中，无论中国大运河物质遗产，还是非物质遗产，其规模形制的大尺度是世界现有遗产中无与伦比的，这在客观上决定了大运河文化带的规模形制也是大尺度的。中国大运河包括京杭运河、隋唐运河和浙东运河，由通济渠段、卫河（永济渠）段、淮扬运河段等十大河段组成，全长 2700 多公里，其中遗产河道 27 段 1011 公里、31 个遗产区、58 个遗产点。中国大运河遗产区和缓冲区的总面积为

73566公顷，其中遗产区面积为20819公顷，缓冲区面积为52747公顷。中国大运河纵贯北京、天津、河北等8个省、直辖市的35个城市。流域遗产区面积约占我国陆地国土面积的3%，人口约占全国的15%，生产总值约占全国的20%。35个城市全年生产总值达4万亿元左右，是带动中国南北经济发展的重要引擎，是中华古老文化和地域文化的杰出代表，也是推动运河文化发展的绝对主角。中国大运河是世界上唯一由国家主导开凿和管理，通过“漕运”（粮食运输）维持国家政权的巨大工程体系。长期以来，中国大运河可谓全国重要的文化堆积区。江苏运河文物点和世界遗产点段的数量居全国第一，而申遗点段70%在苏北运河沿线。大运河文化带需要具有运河符号的战略性项目支撑。值得称道的是淮安致力于建设32公里长的里运河文化长廊。核心项目“中国淮安—世界运河文化旅游区”项目，以文为脉，以水为魂，蕴含淮安运河文化风情，包揽世界运河万象，集聚淮安人文历史体验、世界运河文化博览以及水上游乐、实景演艺、养生度假、商务会议等功能为一体的5A级“运河文化国际交流经典空间”。目前，里运河文化长廊已经初具规模。北京通州至天津武清段通航，在两大直辖市之间架设了水上通道，旅游市场可期。大运河丰富而又独特的文化资源成为大运河文化带建设的源头活水，而且使得大运河文化带的规模形制具有大尺度的显著特征。

（三）展示利用的多元化

中国大运河既有大量的静态遗址，如淮安清口水利枢纽、济宁南旺枢纽等，也有大量的活态遗产，如仍在使用的淮扬运河、江南运河、浙东运河等，还有由此衍生了负有盛名的地域文化，如吴越文化、淮扬文化和京津文化等，还融合了外来文化的特色，形成了绚丽多姿的水工设施、文物古迹、科技教育、文学艺术、风情习俗、饮食文化、名人轶事、神话传说等文化类别和非物质遗产，被誉为“古代文化长廊”“古代科技宝库”“历史名胜博物馆”等，它们全景式地展示在世人面前。大运河文化带建设成功与否，根本在于遵照《保护世界文化和自然遗产公约》，有

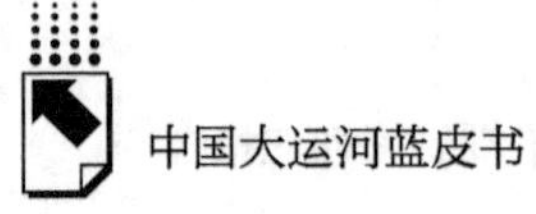

序释放运河遗产的文化、经济、生态、休闲和旅游等价值，其中展示利用成为主要形式。

（1）遗址+博物馆：济宁南旺枢纽。南旺枢纽包括戴村坝则属于这种类型。南旺枢纽国家考古遗址公园建设工程含十里闸、刑通斗门遗址、徐建口斗门遗址等部分，是大运河的关键工程，也是静态的国家大遗址。南旺枢纽博物馆则动态展示南旺枢纽的历史及其成就，选取约17～19世纪作为模型复原的历史时期，综合运用文物藏品、历史文献等实物和图片、模型、3D演示等多种方式，全方位展示立体化的南旺枢纽，给游客以深刻的科技解读和强烈的视角冲击，这种展示在国内水利类遗址公园中具有先进水平。

（2）土洋结合：无锡清名桥。无锡清名桥历史文化街区曾被全国政协大运河保护与申遗考察团誉为“古运河文化绝版之地”。无锡在运河沿线城市中最早通过立法保护古运河。由于受到良好保护，清名桥历史街区内至今依然保留着原生态风貌以及代代传承的生活习惯和风俗人情，古河古桥、古寺古塔、古街古坊、古窑古庙等原汁原味，各具特色，犹如“江南水弄堂”的水墨画。无锡按照“吴文化的窗口、古运河的精华、老无锡的缩影”的理念，在确保历史真实性、风貌完整性的基础上，实施合理改造和利用，做足“文化+旅游”“文化+创意”等文章，促进“商旅文化”产业间的融合和互动。利用现有遗存，建立创意工作区、文化展示区、艺术活动区和新型生活区以及工业旅游区，形成极为少见的古运河文化创意产业带。

（3）文化体验：扬州东关街。全国十大历史文化街区之一东关街，至今已有1200多年历史。东关街在古代一直是水陆交通要冲，天南海北的人来来往往，街面上商家林立，生意兴隆，成为著名的商业和手工业中心。东关街至今保留了完整的街巷体系和原住民生活，构成了这座城市的记忆，让人感受到浓浓的扬州味、文化味和市井味，这在全国110座历史文化名城中极少见。

展示利用的多元化增添了大运河文化带建设的独特魅力。

四　大运河文化带建设的重要意义

（一）大运河线性遗产廊道建设的内在需要

自19世纪中叶，历史文化遗产的保护逐渐成为全世界关注的焦点问题。遗产廊道是美国在保护本国历史文化时采用的一种范围较大的综合保护措施，比较适用于一种线性的遗产区域，为许多国家所借鉴应用。遗产廊道起初主要为了保护遗产，现在同样适用于利用遗产。沿河建设文化带是世界遗产保护与利用的重要规律。荷兰阿姆斯特丹建设世界遗产运河带，五大运河已发展成为链接100多座岛屿，由160多条运河1281座桥梁构成的75公里长的运河网。五大运河均呈同心圆一样，以中心火车站为圆心，一圈一圈地向外延展。

中国大运河尤其是济宁以南的运河都是连贯的线性和带状区域，适合于运用遗产廊道对运河文化资源进行整体利用，形成“珍珠链”效应。以淮扬运河扬州段为例，从河道变迁来看，扬州运河形成连续的线性脉络，春秋时最早的古邗沟、西汉时运盐河、东晋时仪扬河、隋文帝时山阳渎、隋炀帝时邗沟、唐代伊娄河、宋代白塔河、明代里运河和当今的大运河走向大致相当，无不延续着自然和历史的演变[5]。淮扬运河扬州段遗产区共有6段河道和10个遗产点，覆盖了运河遗产的主要类型，分布于运河沿线，需要根据线性活态遗产廊道建设的内在需要，实现运河文化点线面的全面对接，以进一步提升文化运河的品位和效益。而对于北方运河来说，大多以遗址的形态出现，同样需要以廊道的形式，将运河物质和非物质文化遗产组织起来，以释放功能，发挥效益。所以建设运河文化带，既契合运河线性遗产特征，也便于整合运河遗产建设要素，形成整体发展态势，以发挥运河遗产的先发优势和集成优势，发展壮大运河文化生产力。山东省编制了大运河历史文化长廊建设规划。杭州不断拓展运河空间，坚持还河于民。经常有成群结队的人站在拱宸桥上欣赏大运河正在航行的船队，或徜徉在桥西历史文化街区，成为一道靓丽的风景。常州提出打造全景式运河文化带。京杭大运河的北起点北京市通州区深入挖掘以大运河为核心的历史文化资源，计划实施北运河通航，建设大运河国家公园等。上述城市的做法正是大运河线性遗产廊道建设的成功实践，具有重要的示范意义。通过大运河文化带建设，突出运河廊道建设特质，既有利于运河遗产的保护，又有利于把运河资源优势集束转化为现实文化生产力，不断提升运河文化的内涵和品质，使之成为运河文化标志性品牌。

（二）运河城镇体系建设的重要载体

因漕运而生的千年运河曾催生了一大批运河城镇，运河和城镇自古构成了“命运共同体”。而当今运河文化带作为文化建设的重要载体，必将和运河古城镇及其地域文化建设紧密结合，为运河城镇建设带来了一次历史性的机遇，各具特色的城镇体系将会得到进一步的优化。例如淮扬运河淮安段从春秋时期的邗沟，到1949年后所开的最后一条运河——里运河淮安绕城段，共14条人工运河见证了大运河各个历史时期的变迁过程，山阳（淮安）、淮阴、清河、清江浦等城镇因运河而兴起，如交通要津清江浦南船北马在此交换，先后繁荣600多年。大运河文化带、江淮生态经济区（江苏省发展战略）和国家即将推出的淮河生态经济带将助推淮安成为江苏北部腹地中心城市。扬州宝应因河而盛、界首因驿成镇、邵伯因埭成镇、湾头因港成镇、瓜洲因渡口成镇，留下了独特的运河格局和印痕。运河河道的变迁直接影响了沿河城镇形态的变迁，并创造出运河沿线聚落独特的生活方式，如扬州邵伯沿河发展的鱼骨状街巷格局及其与运河码头的对应关系，界首的湖泊苇荡景观及沿湖渔业村落与运河边农业村镇间的依存关系互为映衬，这种文化与生活方式至今仍在运河沿线的城镇聚落中清晰可见，成为一种活的传统和运河文化带建设宝贵的资源。扬州更是典型的因河而生，因河而盛的典型。5.09平方公里老城区历史文化积淀深厚，汉广陵城，隋江都宫城及东城，唐扬州城的子城和罗城，宋扬州城的宝佑城、大城和夹城，元、明、清扬州城，层层叠压，成为活的古城博物馆。老城区内至今尚存明清时期约50万平方米的老建筑，数量之多、面积之广堪称全国地级市之最。近年来，通过引进邵伯湖水进入古运河，使得市区古运河清水长流，并实现主城区活水全覆盖，进一步彰显了河（运河）湖（邵伯湖、高邮湖）城（古城）一体化的地域特色，大大丰富了扬州运河文化带的内涵和形态。而大运河文化带助推扬州成为世界旅游文化名城。苏州城始建于公元前 514 年，建城 2500 多年，历经沧桑，城址至今未变。苏州古城的总体框架、以运河为主的骨干水系、城墙位置、路桥名胜基本相符，为世界所罕见。《平江图》苏州城区水陆并行、河街相邻，被称为“双棋盘”格局。以山塘河和平江历史文化街区为代表，苏州整个历史城镇体系完整，生动地诠释了运河与城市的依存关系。大运河文化带正是诸多运河古城镇建设的重要载体，通过探索运河文化带的建设目标、发展战略、现实路径，优化“路线图”“时间表”，有利于彰显运河古城镇“范式”及其品牌特色，成为中国最具特色的运河城镇群。

（三）区域文化经济发展的重要纽带

我国地形西高东低，河流大多东流，南北交流受限。长期以来，大运河可谓我国东中部经济文化发展的“脊梁骨”，在我国经济文化生产力布局中具有极其重要的地位。而承载着丰富文化资源和产品的大运河文化带必然强化这一传导和辐射功能，显著改善地缘文化经济。目前，江苏带状发展战略基本沿江、沿海、沿线（铁路）次第展开，即长江经济带、沿海开发、东陇海线经济带构成“匚”字形，从南、东、北三个方向发力，改变和优化了江苏经济地理版图，推进苏南、苏中、苏北协调发展，但由于西翼苏北运河“缺席”，整个发展战略未能形成有效闭合的“口”字形，造成了严重“短路”“短板”，既削弱了带状发展战略整体效能，也丧失了构筑全覆盖大纵深的发展优势，而苏北运河沿线的宿迁和淮安等地，既不沿江靠海，也不靠东陇海线，属于江苏经济“洼地”，迫切需要战略引擎作为支撑，尽快实现“洼地”崛起，而大运河文化带上升为国家发展战略后，必将促进运河全线特别是淮海经济区的苏北、鲁西、皖北、豫东等经济相对落后地区的发展，特别是通过整合运河文化资源，形成快速隆起的高品位高效益的文化带，以实现后发先至的效果。大运河文化带西北接丝绸之路经济带，东南接21世纪海上丝绸之路，“一带一路”和大运河文化带的叠加启动建设，将成为区域纵深发展的重要桥梁。不仅如此，大运河文化带与“一带一路”的重合，例如扬州、宁波等地既是大运河文化带、又是海上丝绸之路“双节点城市”，大运河文化带既和“一带一路”有效对接，而且是“一带一路”的广阔腹地，带动运河文化产品走出去，提升中华文化的影响力。其实大运河区域协同不仅仅是文化经济的协同，更是文化认同和人民共同富裕的协同。大运河区域协同发展，已从联合申遗阶段迈入了保护、传承与利用整体协同，再跃升到文化经济空间整体利用的内涵大发展、外延大扩张阶段。因此，从运河文化经济学的角度看，建设大运河文化带对于促进大运河区域融合发展、跨界联动，具有重要的理论和实践意义。

五　大运河文化带建设的有利条件和制约因素

（一）有利条件

从发展大势上看，国家和地方政策驱动，大运河文化带建设步入快车道。2010年5月国务院批准长三角区域规划首次明确了“沿运河发展带”。2016年3月，国家颁发的《国民经济和社会发展第十三个五年规划纲要》强调：提高城市开放度和包容性，加强文化和自然遗产保护，延续历史文脉，建设人文城市。2017年2月和6月，习近平总书记曾先后两次对大运河历史文化保护传承、大运河文化带建设做出了重要批示，为大运河文化建设指明了方向，拉开了大运河文化带建设的序幕。这些政策红利激发了沿运河地区内生力。国家文物局以及北京等运河沿线省市迅速行动，积极部署落实，大运河文化带建设风生水起。国家和地方政策驱动，为大运河文化带建设提供了重要制度安排和强大精神动力。

从运河文化资源优势上看，中国大运河资源富集，品位高，具有广泛的应用价值，其中许多资源是稀有的战略资源，而且许多地区的大运河文化带已经形成了一定的基础和规模。中国大运河遗产是为了漕运而由历代中央政府修筑的一个大型工程项目，凝结了大量的历史文化信息。大运河巨型文化遗产的特点是线路漫长，体量庞大，内容广泛，串联点多，跨越区域多，影响范围广。其穿越时间跨度之大，涉及地域之广，发挥作用之大，为历史所罕见。现存的大运河遗产从春秋至清代的历史风貌基本上是完整的。大运河主线河道（含遗址）的留存比例约为85%[6]。中国大运河具有明显的活态遗产特征，通过继往开来，基本完整地保持了运河水脉和文脉的完整。江南运河是运河中形成比较早、自然条件比较好、连续运用时间比较长的河段，在用河道基本保持了历史上原有的线位，发挥了重要的航运、水利功能。淮扬运河基本保持着原有的邗沟线路走向，自吴王夫差通过邗沟运兵运粮，现成为二级航道，始终发挥重要的航运功能，成为著名的黄金水道。淮扬运河是国家南水北调东线工程的主要输水线路，还是沿线人民的重要水源地。扬州古运河、古邗沟故道为重要城市内河，植被总体情况良好。邵伯明清运河故道为行洪通道，也是邵伯古镇的一条景观河。高邮明清运河故道现为运河遗址，经过整治，已成为郊野风光带。刘堡减水闸和邵伯古堤经过保护工程的实施，已成为遗产展示的典范。分布在扬州城区和高邮城区的遗产点，主要以园林、建筑为主，大多数已经成为名胜古迹和旅游景点。扬州蜀冈－瘦西湖风景区被授予“国家文化旅游示范区”。无锡清名桥成为多业态开放式大景区，游客乘船游览每年6万多人次。淮安的里运河文化长廊已经形成了一定的规模。“中国淮安—世界运河文化旅游区”项目计划3～5年建成，可实现年接待游客600万～800万人次，增加就业5万人左右，实现“中国运河看淮安”的愿景。丰富而又高品位的运河资源和大运河文化带雏形为中国大运河文化带建设奠定了坚实的物质和技术基础。

从发展机遇上看，大运河文化带建设的启动，使人力资本等市场要素速速向运河沿线转移，运河文化建设进入了前所未有的快车道。2014年6月，中国大运河成为世界遗产，在全球范围内扩大了中国大运河的知名度和美誉度。随着大运河文化带建设的深入实施，人力、项目、资金、技术和市场等要素加速向运河沿线流动，大运河基础条件将得到进一步改善，文化市场将进一步扩大，为扩大运河文化生产规模注入了新动能，为沿线居民共享运河文化成果提供了新支撑。自运河申遗以来，形成的中外运河城市交流与合作的多个平台，集聚了众多优质资源，为大运河文化带建设提供了广阔的发展前景和利用空间。

（二）制约因素

（1）思想比较保守。许多地方大运河遗产保护不足，利用也不足。在建设运河文化带问题上思想比较保守，缺少新思路、新举措，有“等、靠、要”的思想。

（2）“多龙”治理运河。长期以来，大运河管理存在条块分割、“九龙治水”的格局，分头管理成本较大。例如江苏大运河作为河道归水利部门管理，苏北地区管理运河航运的是省交通厅苏北运河航道管理处。许多城市运河管理分属不同单位或部门管理，管理协调难度大。

（3）规划难度大。由于大运河线路长、遗产点多，而且南方运河和北方运河差异很大，规划难度很大。例如长404公里的苏北运河是一条集航运、输水、灌溉、排涝、旅游、环保等功能于一体的混合型河道，是典型的活态线型遗产。一是黄金水道。2016年苏北运河年货运量3.1亿吨，系中国内河水运经济指标第一。二是遗产廊道。江苏运河世界遗产点段共35个，居全国第一，而遗产点段70%在苏北运河。三是输水廊道。到2017年5月18日，江苏累计向省外调水超过20亿立方米。四是生态廊道。苏北运河连接长江、淮河、洪泽湖、邵伯湖等重要河流湖泊，构成巨大的生态走廊。苏北运河超负荷使用，运河功能不匹配甚至冲突，保护和利用的矛盾比较突出，在这一特殊的区域如何规划建设大运河文化带，显然不能简单“一刀切”，简单套用一般运河文化带规划方式。

六　大运河文化带建设的主要路径

（一）更新观念，创新思路，大运河文化带建设的先导

中国大运河成功申遗，为大运河遗产保护和利用带来了历史性机遇，所

幸的是在后申遗时代并未出现多地大规模的开发潮。大运河遗产利用成绩巨大，但也有明显的不均衡性，出现“四个并存”现象。

（1）南方利用多和北方利用少的现象并存。南方运河遗产点多，大多集聚于城镇，便于点、线、面的空间利用。由于地处东南沿海，经济实力雄厚、科技文化发达，对利用运河遗产形成强有力的支撑。而北方运河则利用少。

（2）有水利用多和无水利用少的现象并存。山东济宁以南运河长年通航。丰富的水源为运河遗产合理利用提供了基本条件。北方运河大多无水或少水，有的地方水质差，周边环境差，不利于合理利用。

（3）城区利用多和远郊利用少的现象并存。城区人群集聚、通达性好、经济基础比较好，便于利用运河遗产。远郊运河线路长、遗产点比较分散，通达性比较差、居民素质有待提高，受制于经费等原因，许多远郊运河遗产利用较少。

（4）部分地区过度利用和利用不足的现象并存。南方部分地区过度利用，而北方则普遍利用不足。

“四个并存”现象客观上反映了经济、地理、历史、文化的差异，但主观上也有思想是否解放、理念是否先进的问题。例如国家级贫困县河南滑县高度重视大运河遗产保护利用，专门设立 20 个人员编制全额拨款正科级建制大运河遗产保护管理处。致力于打造北方运河旅游重镇。道口古镇历史街区得到保护性修复。2015 年“古镇民俗展馆”“同和裕银号展馆”与“运河历史文化展馆”向公众开放。利用老粮仓建成滑县非物质文化遗产和运河文化集中展示场馆。河南滑县多次在有关重要会议上介绍经验。当前，创新观念，拓宽思路，要着重解决两个问题。

（1）要把思想统一到大运河文化带建设上来。较长时期以来，有关大运河发展定位，在学界和民间始终有许多不同的声音，例如大运河经济带、文化经济带、文化产业带、遗产带、旅游带等。从不同的角度进行调研论证，在客观上推动了人们对大运河文化带的认识，但从决策部署和学者的探讨上看，和中央的决策部署尚有较大的距离。所以需要把思想统一到中央的决策上来，在大运河文化带框架内深入认识什么是大运河文化带，怎样建设大运河文化带的问题。当然许多技术层面上的问题探讨还需要一个过程。

（2）正确处理保护、传承与利用的关系问题，坚持以保护为主、积极传承、合理利用。我国多处世界遗产先后被联合国教科文组织“黄牌警告”。运河申遗期间，有八个城市的运河遗产因保护不力，或利用过度，最终未能进入世界遗产目录。我们必须吸取教训，践行对联合国的承诺，对历史和子孙后代负责，加强宣传教育，采取得力措施，切实保护运河，给予世界文化遗产应有的尊严。建议把文化遗产保护作为基本国策，借鉴意大利等国家的经验。意大利是世界文化遗产最多的国家，也是保护文化遗产最成功的国家，罗马城是世界古城中保存最完好的古城之一。要以大运河文化带建设为契机，不断增强机遇意识、创新意识和精品意识。当然，也要防止许多可资利用的运河遗产“深藏闺阁”，“不食人间烟火”，影响了运河遗产功能和价值的发挥。要让文化遗产融入百姓现代生活，以国际通行的规则管理运河，有序释放运河遗产的文化、经济、旅游和生态价值。

（二）加强领导，分类指导，大运河文化带建设的前提

大运河是跨国家部门和地方行政区划的巨大工程，在它的长期运行中，很少因地方行政区划而受到限制。明清时期，朝廷曾在淮安设立了漕运总督和河道总督，统一负责运河漕运和运河治理。在运河重镇设立专门的中央管理机构，便于掌握实情、就近指挥。大运河文化带建设的任务重，难度也大。而条块分割、“九龙治水”的格局，缺乏统一高效的管理协调机制，成为制约大运河文化带建设一个很重要的现实问题。建设大运河文化带，既不能各自为政，影响整体效益，也不能统得太死，束缚地方手脚。因此有必要加强领导，分类指导，确保文化带建设有序开展。首先，建议将大运河由地方管理为主在国家层面逐步过渡到大运河统一管理体制。建议参照对长江、黄河、淮河等河流管理模式，设立一体化的中国大运河专职管理机构。建议江苏省参照洪泽湖、苏北灌溉总渠等管理模式，设立大运河管理处，隶属于

省发改委，而不是隶属省水利厅。其次，鉴于大运河文化带建设的特殊意义，建议分管宣传和发改委工作的党委和行政领导共同牵头，由宣传部和发改委负责实施，宣传部负责业务指导，发改委负责具体实施。由国土、水利、交通、规划、建设、文化（文物）、环保、旅游等部门负责人组成大运河文化带建设领导小组。加快工作部署，建议把 2018 年作为大运河文化带建设重点推进年，积极推进一批与运河文化带建设相关的重点项目，发挥示范和辐射作用。

因地制宜，分类指导。中国大运河南北差异很大。例如南方运河可通行 2000 吨级的船队和集装箱，首尾相连，浩浩荡荡，而北方许多运河故道已经干涸，或已被埋入地下。例如会通河夏邑段运河遗址，曾被埋在地下，距离地表不到一米。南北运河遗产无论在具体形制上，还是表现方式上，都有很大的差异，而这种差异正是由南北不同的地理、历史、经济基础和文化背景等造成的。对大运河文化带建设实行差别化指导，分类利用，就是对历史和现实的尊重，在当前显得非常重要和必要。例如有的遗产区和缓冲区面积比较大，遗产保护和利用的矛盾比较突出，需要加强指导，明确政策界限和办事流程。因种种原因，许多遗址类的遗产点段长期呈裸露风化状态。如何加强保护，合理利用，需要具体指导和加大投入。

（三）科学规划，精心实施，大运河文化带建设的龙头

规划的科学是最大的科学，规划的失误是最大的失误。有关规划的经验和教训太多了。大运河文化带建设既要和《世界遗产公约》等重要文件相衔接，又要考虑 8 个省、直辖市和 35 个城市，涉及 2700 多公里长的运河现状。2014 年 6 月 22 日，中国大运河被列入世界文化遗产。增强忧患意识，切实兑现承诺，以高度的责任感、使命感，努力做好大运河遗产保护管理工作。第 38 届世界遗产委员会会议通过决议，要求中国政府尽快完善缓冲区管理和监测预警建设，改善运河水质，进行遗产展示利用，开展遗产保护专题研究，提升运河遗产保护管理能力。很显然，联合国的要求和我国政府的承诺都是以保护为主。因此，必须通过规划和立法，防止借建设大运河文化

带之名，行破坏大运河遗产之实。要借鉴当年运河申遗的模式，确立“全线一盘棋”的理念，在规划的科学性、权威性和可操作性上下功夫，以科学规划引领大运河文化带建设，务求实效。

一要顶层设计。前些年，因为运河申遗需要，从国家文物局到有关省市先后制定了大运河遗产保护规划以及有关法律法规，在客观上有力推动了大运河遗产保护。现在许多地方对于什么是运河文化带？运河文化带怎么建设？心中无数，在等上级的具体指示和规划。因此，中央有关部门必须深入细致地做好调查研究工作，摸清家底，深入论证、科学规划，形成经典精致的规划体系，并力争形成“多规合一”，确保“多规”确定的建设空间、建设边界等重要空间参数一致，建立控制体系，以实现优化空间布局、有效配置和利用运河文化资源的目标。通过以上率下，以下促上，争取规划效益的最大化。要明确建设目标。到“十三五”末，在若干代表性河段或城市建成大运河文化带示范区；运河全线成为世界上具有较大影响的运河文化带。

通过分设功能区彰显地域特色。不同河段的大运河承载了不同的功能。分设功能区有利于运河文化资源的集聚，充分发挥和彰显运河文化功能，形成最佳效益。建设大运河文化带的过程实际上是彰显运河地域文化特色的过程。运河地域文化越有特色，运河文化带的影响和效益就越大。例如玉河故道为元、明、清河堤遗存，也是北京中心城区内唯一古河道遗址。通过整治性保护，重现“水穿街巷”历史景观，这在首都北京非常难得。北京市对玉河庵建筑群进行了保护修复。恢复了古河道和三座古桥，保护了原有的胡同肌理、古寺庙及许多有价值的院落；采用有机更新方式，保护了原有规划格局，并修复了建筑风貌。在建筑尺度、功能设计方面满足了现代人生活的需要；河道两旁景观设计站在城市的角度，为市民新增了一个休憩和户外活动场所。玉河遗址“闹中取静”成为改善城市功能的精品。杭州运河穿城而过，每天有许多人站在拱宸桥上欣赏舟楫往来。杭州坚持还河于民，让运河回归生活，打造成为杭州的“塞纳河”。票价仅 3 元的水上巴士串联了沿岸的历史街区、文化遗产、文化产业及商业综合体，沿岸的绿荫小道成为市民休闲锻炼的好去处。沿岸街区内依托工业遗产开设了中国刀剪剑、伞、扇博物馆，凸显了张小泉剪刀、西湖绸伞等本土特色产品的价值。杭州借助世界旅游目的地的优势，积极打造世界级旅游产品。如果说北京的玉河故道是“小家碧玉”，那么杭州运河拱宸桥段则是“大家闺秀”，演绎了不同城市的特质和形象。

彰显地域特色。一要河、湖、城一体。扬州、淮安、宿迁先后提出纳湖入城。邵伯湖、高邮湖、白马湖、洪泽湖、骆马湖等无论历史上或现在，都和运河有着千丝万缕的联系。离开城镇或湖泊等孤立建设运河文化带，必然形影孤单，难成气候。杭州、苏州、扬州宜发展为运河文化休闲型，结合历史文化街区建设，引进运河慢生活元素，实现人的生活与运河元素嫁接。

二要大力发展运河文化产业。运河文化产业强，运河文化带的颜值才能高。在和运河遗产本体保持一定的空间距离前提下，发展运河文化产业，不仅耗能低、污染少，可以还可以传承运河文化基因，反哺运河，大力发展文化产业是解决运河保护和开发矛盾的最佳选择。运用组合分层的方式，对运河文化产业结构进行优化，形成纵向（水利）和横向（建筑、交通等）相结合的运河文化产业链，构筑主导产业（文化旅游业、文化艺术业等）、核心产业（影视演艺业、动漫创意业等）和关联产业相配套的运河文化产业集群[7]。

三要做强做活地标。例如淮安清口枢纽和济宁南旺枢纽考古遗址密集，其历史文化科技价值很高。建议淮安清口枢纽建设大型博物馆，连同洪泽湖大堤以及淮河水上立交、淮安抽水机站等一系列现代化的水工遗存，组成中国水利博物馆，古今穿越，凸显淮安“四水穿城”“淮上江南”的特色。

参考文献

刘小敏、李振连：《WTO 与中国文化》，广东经济出版社，2000。

王永波：《运河文化的规律及其启示》，《东南文化》2002 年第 3 期。

曹兵武：《推动大运河文化带建设》，2017年8月7日《学习时报》。

刘怀玉、李新：《后申遗时代淮扬运河遗产可持续利用研究》，《江苏商论》2017年第5期。

姜师立、张益：《基于普遍价值的大运河文化遗产保护和利用》，《中国名城》2014年第5期。

刘怀玉：《“加减乘除”：综合开发后申遗时代的大运河》2015年6月12日，《中国社会科学报》。

B.23

大运河（浙江段）遗产保护利用报告

黄　斌*

摘　要：　大运河（浙江段）在“中国大运河”体系中占有重要地位。目前仍是运河最大运输动脉的江南运河，名城杭州为其起点；宋元以来通过港城宁波沟通海内外的主要通道浙东运河，至今仍能通江达海。历史上，运河在物质运输、文化交流、中外交往等方面，均发挥了巨大作用；沿线城市杭州、宁波、绍兴、嘉兴、湖州和大量村镇、聚落，随着运河的开凿，兴衰而发展、变迁，留下诸多丰富且重要的文化遗产。在已列入世界遗产名录的“中国大运河”内涵体系中，遗产河道长度、点段对象数量，占比均处前列。随着浙江地区经济社会的快速发展，运河遗产保护与利用的矛盾日益凸显；加之世界遗产项目管理的高标准与严要求，运河遗产的保护利用面临严峻挑战。浙江省及其运河沿线地区相关政府和部门，高度重视运河遗产保护利用，按照国内外先进的保护理念，在运河遗产资源调研、世界遗产遴选申报、持续加大保护利用等方面，全面兼顾，通力合作，加强组织建设，加大法制保障，落实保护规划，积极修缮整治，全面展示宣传，共享活化成果，努力保护运河文化遗产，积极建设运河文化带，有力推动运河沿线生态景观修复、文化遗产保护和传统文化复兴，促使大运

* 黄斌，浙江省文物考古研究所副所长，研究员。

河文化生生不息，泽被千秋。

关键词： 中国大运河 世界文化遗产 浙江省

一 遗产概况

（一）大运河（浙江段）概况

浙江境内的大运河河段，包括江南运河（浙江段）及浙东运河两部分。

浙江大运河航运历史悠久，航道变迁复杂。总的趋势是随着城市和水运发展，新河不断脱离城市，老河道演变为运河支线。因所处地势低缓，在担负漕运的同时，也承担灌溉和防洪等水利功能。因此，大运河浙江段有着极为庞杂的水道系统。

江南运河（浙江段）由东、中、西线三部分河段组成，北接江苏，南通杭州。东线从江苏平望入浙，经王江泾、嘉兴、石门、崇福、塘栖至杭州；中线从江苏平望、经江苏鸭子坝入浙，经乌镇、练市、含山塘、新市、塘栖至杭州；西线从江苏震泽入浙，途经南浔、湖州、菱湖、德清至杭州。

其中，东线运河开凿历史最为悠久。春秋时期，嘉兴境内开百尺渎，北接苏州，南通钱塘江，成为江南运河的前身。秦汉时期分别开凿陵水道和苏嘉运河，江南运河走向甫定。隋开大运河，江南运河（浙江段东线）承前代基础疏浚而成，讫元末未变。元末张士诚开新河，江南运河改道，不经上塘河，改由崇福，经塘栖至杭州。中线（澜溪塘）为五代吴越所开，是明清时最繁忙的运河线路之一（也是当今江南运河浙江段主线）。

浙东运河是京杭大运河的延伸，西起杭州滨江西兴码头，东向经萧山、绍兴、余姚、宁波等至镇海甬江口，干线全长约 238 公里，以曹娥江为界，分作东西两段。西段萧曹起于今杭州市滨江区西兴古镇，止于绍兴市上虞区曹娥，其西段称西兴运河、萧绍运河、官河，东段原为山阴古水道。东段曹甬运河，起于曹娥江东岸，止于镇海口。其西段分南北两条支线：北虞余运河、南四十里河；中段利用姚江（甬江上游）；东段起于余姚丈亭，也分两支，南为姚江，北为慈江、剎子港、西塘河至宁波甬江口（或为经中大河至镇海）。

浙东运河分段开凿而成，最早在春秋后期由越王勾践开凿（山阴古水道）。晋代，贺循大力开拓、疏浚。唐宋时期，全线贯通。南宋时期，浙东运河成为运输生命线，元明清时期一直得到延续利用。

在大运河保护申遗体系中，大运河（浙江段）各市级规划涉及的河道总长约860公里，省级规划涉及的河道约683公里，纳入《总规》的河道约413.6公里，最终列入世界遗产河段的合计327公里。

（二）大运河（浙江段）价值特征

浙江是运河文化遗产累积丰富、特征明显的重要地区之一。杭州是京杭大运河南部端点。浙东运河又从杭州延伸至宁波，杭州由此成为运河重要节点。而浙东运河凭借宁波这一重要海港，通江达海，使得大运河连通海外。同时，京杭大运河浙江段联结复杂的水乡河网，浙东运河利用潮差交替复合使用河道，衍生大量重要水工设施以及因运输交往而产生星罗棋布的运输节点——聚落城镇，成为大运河沿线亮点集中的重要段落，在中国大运河体系中占有重要地位。

大运河浙江段河道及其水利水运工程设施在选址、洪水宣泄、节制水量、平衡水位等工程技术方面均体现出独特的价值。大运河浙江段较早使用水库和航道水坝为运河补水。为浙东运河补水的绍兴鉴湖始建于东汉永和五年（140），是长江以南最早的大型塘堰工程之一。同时，充分利用天然湖泊和自然水网作为水源水柜调节运河水量，与自然水系沟通，避免了对区域生态环境的分割，保证了区域生态的完整性。巧妙利用地形条件，减少了人工工程量，具有很高的工程经济性。

古代人文理念与自然环境的和谐交融在河道的整治利用上也有明显的体现。浙东运河宁波段在利用姚江、慈江等自然河道基础上，开挖虞甬运河、四十里河、十八里河、中大河、刹子港、西塘河等支线，候潮交替使用，避免了潮汐影响，提高了运输效率。运河的每一条自然江河都配有一条或多条人工塘河，或平行，或交叉，或贯通，以此避开自然江道弯曲多变的危险，减少外江潮汐对航运的影响。姚江南侧的西塘河、甬江与姚江西北侧的颜公渠和慈江（中段）等都因此而开拓疏浚。这种自然江河与人工塘河融会贯通、并行结合、复线运行、因势取舍的做法，成为中国大运河中双系统并存的唯一河段，是研究运河河道变迁、运河管理制度的重要实物例证。

水工设施集群化是大运河浙江段的重大特色。如钱塘江与运河运口水利航运设施群，包括西兴永兴闸及码头等，是运河历史变迁，运输、交通、防洪、灌溉等价值的直接体现。曹娥江两岸堰坝闸水工设施群、上虞长坝闸群与余姚下坝闸群等，是姚江与曹娥江之间十分重要的枢纽和两岸水利航运至关重要的保障。浙江段大运河沿线的水利工程设施体现了高超的工程技术与完善的保障措施。沿线不同类型的水利水运工程遗产集中反映了中国从古代到近现代水利、潮汐、航运技术在各个时期的重要变化，对科学史研究具有重要价值。例如，较早使用“拖船坝”“单门闸”来解决不同水位的大运河之间的航运功能。

大运河浙江段较早使用纤道桥保证船只的航行。浙东运河的西兴运河段、山阴故水道段以及全线古桥梁附近留存有大量青石纤道。大量工程技术含量很高的拱形石桥（舷桥）见证了造桥及通航技术的进步。大运河浙江段古桥不但品类齐全、数量众多，而且在桥型、建桥工艺、技术水平都达到当时的高峰。

大运河浙江段很早使用“海塘”技术阻挡海潮，并使用“溢洪坝”“泄水闸”确保运河水位维持在人们需要的高度。后梁开平四年（910），钱镠在杭州创捍海塘，并在沿海河口修建闸门、堰埭，挡潮和调蓄内河水量，保证运河城镇和农田的安全。明嘉靖十六年（1537）绍兴三江闸建成后，增强了挡潮作用和对内河以及运河水量的调蓄作用。

大运河浙江段还有大量因管理而设置的古代运河设施和管理机构，如用于仓储的富义仓、用于管理的水利通判厅和庆安会馆、用于监测水位的水则碑等。

浙东运河不仅是古代中外物质交流的通道，也是文明交流的重要通道。宋代以来，来自朝鲜、日本等到中国交流的僧人大多由这条水路进入中原。

二 遗产构成

大运河遗产内涵在保护规划体系中称遗产构成，涵盖五类：运河水利水运工程设施，运河城镇和运河村落，运河其他相关历史遗存，生态与景观环境，运河相关非物质文化遗产。这种保护体系体现了全面保护的理念，通过各级专项保护规划，构筑起市级、省级、国家级、世界文化遗产四级塔状保护结构。

列入申报世界遗产“中国大运河”的遗产点段共有 27 段河道与 58 个遗产点，共计遗产河道 1011 公里，85 个遗产要素。其中，浙江段列入“中国大运河”遗产点段共有 9 段河道与 13 个遗产点，计遗产河道 327 公里，18 个遗产要素。遗产区面积 2658 公顷，缓冲区面积 10321 公顷，总面积为 12979 公顷。

（一）运河水工遗产

列入世界遗产范畴的水工遗产包括河道及相关水利工程设施。

1. 遗产河段

京杭大运河流经长江以南的河段，地跨苏南、浙北，习称江南运河。因地处平原水网地带及末端运输的需要，江南运河浙江段具有明显的网格状特征与多线形走向，历史上形成的东、中、西三线，均有纳入世界遗产的河段，其中正线河段涉及江南运河中段（无锡黄埠墩至嘉兴南湖）、南段（嘉兴南湖至杭州龙山闸），地处嘉兴市、杭州市境内，名为“江南运河嘉兴－杭州段”（编号 JN－04），连同上塘河 49 公里、崇长港 7.5 公里在内，总长约 171 公里；支线河段则为湖州市南浔区境内的頔塘，名为“江南运河南浔段”（编号 JN－05），长仅 1.68 公里。

列入世界遗产的浙东运河河道并不连贯，而是截取了西段（起自杭州市滨江区西兴镇，止于宁波余姚市虞余运河东端与姚江交接口，长约120公里）和东段（起自余姚市丈亭三江口，止于宁波市区西门，长约34公里）两部分。在世界遗产内涵中，将这两部分作四段编号：（1）“浙东运河杭州萧山－绍兴段”（编号ZD－01）；（2）“浙东运河上虞－余姚段”（编号ZD－02）；（3）“浙东运河宁波段”（编号ZD－03）；（4）“宁波三江口”（编号ZD－04）为姚江（江北、海曙两区界河）、奉化江（海曙、鄞州两区界河）汇流甬江（江北、鄞州两区界河）节点，为三江交汇水面，无实质意义上的河段。

2. 水工遗产

江南运河（浙江段）列入世界遗产范畴的水利工程设施除河道外，另有长安闸（坝）、杭州凤山水城门遗址、长虹桥、拱宸桥和广济桥五处。

长安闸（坝），位于海宁市长安镇，含长安堰旧址，上、中、下三闸、闸河以及新老两坝示禁勒索碑。闸始建于唐贞观年间（627～649），北宋时由堰改为坝、闸，熙宁元年（1068），改为长安三闸，崇宁二年（1103）建成三闸两澳，起引潮行运、蓄积潮水、循环用水等多重目的，在运河上首创澳闸制。清中期废三闸，改为盘车过坝，民国年间改为坝，1949年后陆续改成闸桥。长安闸是连接运河和上塘河水系的重要水利枢纽工程及管理机构，也是江南运河上最重要的水利水运设施之一。

杭州凤山水城门遗址，位于杭州古城南端，始建于元，重建于明清。水城门东西向横跨中河。中河开凿于唐代，时称沙河，宋称盐桥河，清称中河，南北纵贯杭州城区中部，北通京杭运河，南经龙山河与钱塘江联通。水城门是这条水道上的一道门禁，是运河水系中不可或缺的组成部分。凤山水城门是杭城仅存的古城门，是杭州城郭变迁的物证和历史地理坐标。

长虹桥，位于嘉兴市秀洲区王江泾镇，因横跨于大运河主航道上，有长虹卧波之势，故名。长虹桥是大运河由苏入浙第一桥，也是浙北平原软土基上修建的最大石拱桥。桥始建于明万历年间，清康熙五年（1666）、嘉庆十七年（1812）、光绪六年（1880）重修。桥三孔，实腹石拱造，拱券纵联分节并列砌筑。全长 72.8 米，主孔净跨 16.2 米、拱矢高 10.7 米。该桥形制雄伟、造型优美，是江南水乡文化特征的重要实例和运河发展的历史见证。

拱宸桥，位于杭州市拱墅区桥弄街，东西横跨京杭大运河主航道，是杭州现存最高大的古代石拱桥，桥始建于明崇祯四年（1631），清康熙五十六年（1717）、光绪十一年（1885）重建。现存三孔驼峰薄拱薄墩联孔石拱桥，全长 98 米，桥身高约 16 米，中孔及两侧边孔净跨分别为 15.8 米和 11.9 米。该桥是京杭古运河终点标志。

广济桥，又名通济桥，俗称长桥，位于杭州市余杭区塘栖古镇中心，南北向跨京杭大运河干流。桥始建于明弘治二年（1489），今桥为清康熙年间重修。桥分七孔，全长 83 米、高 13 米，拱券纵联并列分节砌筑，中孔拱跨 15.8 米，南北各 3 孔，跨度依次递减。广济桥地当要冲，沟通古镇南北，促进了古镇的经济发展与文化繁荣。该桥是京杭大运河上唯一保存完好的 7 孔石拱桥。

浙东运河沿线，水利工程设施较多保存。主要集中在钱塘江运口、曹娥江运口和虞余运河等处。其中，纳入世界遗产的水工遗产为四处：西兴过塘行码头、八字桥、古纤道，以及宁波庆安会馆。

西兴过塘行码头，分布在杭州市滨江区西兴老街官河（运河）沿岸，因浙东运河与钱塘江存在水位差，大量南北交易货物在此中转，产生专门服务于中转商贸的过塘行。西兴过塘行在鼎盛时多达 72 家，分工细致，客、货均过。过塘行促进了西兴码头的商贸发展，使西兴成为浙东水运货物的重要集散地。西兴过塘行码头是连接钱塘江两岸京杭运河与浙东运河的水陆交通咽喉，自古是钱塘江南北四大古渡之一，始于春秋战国，兴于两晋，盛于唐宋，繁荣于明清，号称六朝牛埭、浙东第一码头，见证了西兴古镇在浙东运河历史发展中的枢纽作用。

八字桥，位于绍兴古城中心八字桥直街东端，通过市河连通北侧百余米外浙东运河，建于南宋嘉泰年间（1201～1204）。该桥为石柱墩石梁桥，三向四面落坡均成八字，故称八字桥。它筑于三条河的汇合处，主桥东西向横跨稽山河，总长32.82米，桥孔净跨4.91米、宽3.2米、高3.84米。金刚墙条石叠砌，主桥孔两侧各立石柱九根与金刚墙连接。桥面用七根石梁铺就，梁面微拱，两侧设覆莲望柱与勾栏。石桥设落坡踏跺四道，东端分南、北落坡与沿河石板小路相连，西端分西、南落坡连八字桥直街和沿河石板小路。八字桥根据特殊地形、结合周边环境，合理设计了跨越三河、沟通四路、状如八字的桥梁，巧妙解决了复杂的水陆交通问题，在中国桥梁建筑史上占有重要地位。

古纤道，纤道又名官塘，也称纤塘、运道塘、纤道桥，是古代行舟背纤的通道和暂避风浪的屏障。古代船运漕粮，要有人背纤，官方遂沿河修筑河塘，故称官塘。纤道最早创于唐宪宗元和十年（815），西起萧山西兴，经绍兴东到上虞，全长百余里，明清及民国期间屡有修葺。明朝弘治间，改土塘纤道为青石板砌筑，使河岸、纤道浑然一体。纤道分依岸临水和两面临水两种类型，采用条石叠砌、石板竖砌两种方式。河中纤道多以拱桥和梁桥相连，远望纤道犹如水上飘带伸向天际，古称“白玉长堤路”。浙东运河古纤道是我国古代水利史、桥梁史上的重要类型，见证了浙东运河上千年的航运方式。现保存较好的包括杭州萧山段、绍兴钱清镇板桥至柯桥街道上谢桥段、绍兴渔后桥段及皋埠段、上虞段。

庆安会馆，位于宁波市中心甬江、姚江、奉化江汇合的三江口东岸，含庆安会馆与安澜会馆，曾是宁波漕粮海运的主要管理和服务设施，航运信仰的主要聚集地之一。宁波是我国“海上丝绸之路”的重要港口城市，唐宋以来，经济繁荣，商贾云集，各地商人依托宁波港优越的地理环境，开设商号、打造船只、经营货物，逐渐形成南北号两大商业船帮。清道光三年（1823），南号舶商建会馆，取名“安澜”，意“信赖神佑，安定波澜”，称南号会馆。道光三十年（1850），北号舶商在安澜会馆北侧建北号会馆，取名“庆安”，寓“海不扬庆兮安澜”之意，其建筑规模、体量、工艺均超安澜会馆。在官府资助下，庆安会馆曾于咸丰四年（1854）购进中国第一艘机动船“宝顺轮”。会馆同时又是祀神的庙宇，供奉航海保护神妈祖。现庆安会馆是我国“八大天后宫”之一和浙江省内现存规模最大的天后宫。会馆建筑格局严谨、规模宏大、构造独特、工艺精湛，是宁波古代海上贸易交通的历史见证。

（二）运河附属遗产

大运河两岸独立分布，能够见证大运河历史发展进程，与运河经济和文化发展历史直接相关的各类不可移动文物以及某些在地理关系上见证大运河沿线重大历史事件、重要历史人物活动、重要社会文化发展的历史遗产，被确定为运河其他相关历史遗存，含物质遗产和聚落遗产两类。

1. 物质遗产

江南运河浙江段沿线有丰富的运河物质遗产，主要有古遗址如富义仓、杭州塘栖镇乾隆行宫遗址，古建筑如杭州闸口白塔、湖州含山塔，石刻如杭州塘栖乾隆御碑、嘉兴许村奉宪严禁盐枭扳害碑、嘉兴西水驿碑、湖州旧馆頔塘碑亭，近现代重要史迹及代表性建筑如杭州通益公纱厂旧址及高家花园、南浔丝业会馆及丝商建筑、嘉兴文生修道院和天主教堂、嘉兴汪胡桢旧居等。列入世界遗产的仅有杭州富义仓。

富义仓，位于杭州市拱墅区湖墅街道霞湾巷，运河与东侧支流胜利河交汇处。宋代起，杭州运河沿岸多设大型粮仓如丰储仓等，明清时增建仁和仓、富义仓等，现仅存富义仓。富义仓建于清光绪六至十年（1880～1884），初建时占地十亩，主要有仓储式长房四排八十间，及砻场、碓房、司事者居室等，运粮舟楫停靠处筑有一亭。现存三排仓房，格局基本完整，卸货码头仍存。近年主体建筑已修缮，西侧辟建遗址公园。富义仓是杭城湖墅地区历史上米市、仓储和码头装卸业等经济业态的实体见证，是杭州运河文化系统的有机组成部分。

浙东运河沿线，省级保护规划涵盖的物质遗产对象较为丰富。古遗址有绍兴东湖石宕遗址，古建筑有宁波彭山塔，石刻有宁波航运水利碑刻，近现代重要史迹及代表性建筑有宁波和丰纱厂旧址等。但无纳入世界遗产项目。

2. 聚落遗产

聚落（城镇村）是运河沿线重要的遗产节点，因运河产生发展，也因运河兴衰轮替。大运河浙江段沿线的城镇数量众多，特色鲜明，其形式有城市、古镇和村落、街区等，组成层次分明的运河聚落系统。聚落（城镇村）、遗产（点）与景观（城河景带、风景湖泊、江海奇景）等串珠成链，形成丰富完善的历史文化景观系统。

江南运河浙江段沿线列入省级规划的运河城镇有杭州、湖州、嘉兴三城，及杭州塘栖、仓前，嘉兴长安、崇福、乌镇，湖州新市、练市、南浔等镇。其中，列入世界遗产的有以上相关城镇中的两处代表性街区：杭州拱宸桥西历史文化街区、南浔镇历史文化街区。

拱宸桥西历史文化街区，位于京杭大运河（杭州段）主航道西岸，拱宸桥西侧。面积约 40 公顷，保存基本完整。现存建（构）筑物主要建于晚清至民国时期，房屋为两层木构。街市的形成有叠压更新的痕迹，街区内有桥弄街、桥西直街、通源里、敬胜里、吉祥寺弄、如意里、同和里等传统街巷，是运河沿岸航运、个体工商业、近现代产业工人的聚居区。拱宸桥西历史文化街区依托拱宸桥作为水陆交通要道的地域优势和通益公纱厂等近代工业发展需要而形成，体现河、桥节点作用，反映了运河文化发展变迁与聚落格局影响演变。

南浔镇历史文化街区，南浔位于湖州市南浔区頔塘东端，始建于南宋淳祐年间（1241～1252），古名浔溪、南林。明清时期，南浔镇市镇发展格局成形：自西向东的运河（頔塘）与自南向北的市河相交，构成十字港形态。依托頔塘，名甲天下的南浔辑里丝畅销国内外，至近代南浔丝商成长为国内最大的丝商群体，南浔也因此成为江南雄镇。南浔古镇是因运河（頔塘）而建，因运河而兴的典型例证。运河及周边地区发达的蚕桑与农耕经济，依托运河的水利和运输功能，使南浔由一个小渔村发展成为经济重镇和文化名镇。现古镇格局保存完好，古街区保护范围占地面积 1.68 平方公里。镇区现存洪济桥、通津桥、商会旧址、丝业会馆、天主教堂、粮站总粮仓等大批运河相关遗产。

浙东运河沿线，纳入省级保护规划的运河城镇数量较多，古城有绍兴、宁波、余姚，古镇有杭州西兴镇、衙前镇，绍兴柯桥镇、东浦镇、丰惠镇、驿亭镇，宁波丈亭镇、慈城镇；运河村落有绍兴五夫老街、上沙百步街，宁波半浦村等。纳入世界遗产的仅有一处：八字桥历史文化街区。

八字桥历史文化街区，位于今绍兴市越城区中兴路劳动路口以东，环城东路都泗门以西，面积约 32 公顷，是绍兴古城街河布局的典型代表。街区内有稽山河和都泗河两条河道呈丁字形交汇，有八字桥、广宁桥、东双桥、纺车桥、龙华桥等古桥，居民临河而居，沿街穿行，形成特有的江南水乡景观。八字桥街区街河相依，石板铺路，家家枕水，户户枕河。街区内还有天主教堂、龙华寺及众多民居台门。

（三）运河相关遗产

1. 非物质文化遗产项目

反映运河历史文化变化及运河沿线保存和流传至今的，与运河相生相伴的非物质文化遗产，在大运河遗产体系中被确定为运河相关非物质文化遗产。江南运河浙江段纳入保护的运河相关非物质文化遗产共计八项：杭州的运河元宵灯会、元宵钱王祭，嘉兴的三塔踏白船、网船会、端午习俗，嘉兴和湖州的含山轧蚕花，湖州的船拳、湖笔制作技艺。浙东运河纳入省级规划的有：绍兴的背纤号子、石桥建造技艺、黄酒酿制技艺、鉴湖三月赛龙舟，宁波的妈祖信仰。两条河段沿线相关遗产均未纳入世界非物质文化遗产项目。

2. 生态景观

运河生态与景观环境是大运河遗产的背景环境，部分内容也是大运河遗产的重要组成部分，分为城乡建设环境和郊野自然环境。

大运河城乡建设环境指运河沿线城镇中一定范围内的与运河相关的城镇人工景观环境及与其相关的原生乡村景观。大运河浙江段较为典型的城乡建设环境为江南水乡古城、古镇、古村落，其中部分已作为大运河遗产纳入保护框架。如西兴古镇、萧山城区的官河景观绿带，绍兴古城的环城绿带暨文化公园等。

运河郊野自然环境包括运河河道两侧一定范围内的农田、林地、湿地、湖泊、河流等自然景观。江南运河浙江段的典型郊野自然环境为运河沿线广泛分布的农田水网、河、塘、湖、荡、生态湿地，其中具有代表性的农业水利工程与生态景观有嘉兴市境内的桐乡俞家湾桑基鱼塘、秀洲区的王江泾塘浦圩田和湖州市境内太湖溇港及塘浦圩田。浙东运河沿线则有湘湖、牟山湖等水源性景观湖泊以及慈江两岸原生态自然景观等。

江南运河浙江段及浙东运河沿线，均无生态景观项目列入世界遗产项目。

三　遗产保护

自2006年起正式开展大运河专题调查，至2014年申遗成功，浙江省列入“中国大运河”的18处遗产点段由省文物局组织当地政府实施保护整治工程，已达到世界遗产保护要求。2010年以来，大运河浙江段沿线各地，普遍重视对大运河遗产的保护，按照相关的保护规划，开展了不同程度的保护工作。

（一）组织机构

1. 省级层面

在大运河保护申遗阶段，浙江省人民政府按照国务院要求，组建了大运河保护申遗工作领导小组（2009～2014年），由分管副省长担任领导小组组长，成员由发改、文化、文物、交通、旅游、环保、建设、水利、财政等部门组成，办公室设在省文物局。

2014年6月22日大运河申遗成功以来，保护管理工作由省级文物主管部门浙江省文物局负责，具体业务由浙江省世界文化遗产监测中心实施。浙江省世界文化遗产监测中心由省编制委员会办公室批准成立（2014年10月14日），挂靠于省文物考古研究所，增挂牌子，不增编制，仅设世界文化遗产监测研究室。

2. 地方层面

大运河浙江段沿线各市在大运河保护申遗阶段，均按要求，参照省级建立保护申遗工作领导小组，并将办公室设于文物主管部门。申遗成功至今，各地相应的保护管理机构设立、运行情况不一。

杭州市原由直属市政府的杭州运河集团管理运河相关保护与开发，下设运河综合保护中心。2016 年，杭州市西湖风景区管理委员会、杭州市园林文物局与京杭大运河（杭州段）综合保护委员会，三者合署办公，运河保护事项由国企运河集团划转文物行政管理部门。京杭大运河（杭州段）综合保护委员会下设杭州市京杭运河（杭州段）综合保护中心，为独立法人单位，编制 30 人，除对江南运河杭州段实施保护管理外，杭州市辖钱塘江南岸滨江、萧山两区境内浙东运河也纳入保护管理范畴。

嘉兴市、湖州市现由两市文化广电新闻出版局（文物局）负责运河保护管理事项。嘉兴市文物保护管理所（大运河嘉兴段遗产监测中心）负责具体保护管理业务，编制 9 人。湖州市具体保护管理业务由湖州市文物保护管理所负责。列入世界遗产的运河頔塘段及南浔历史街区均由所在地南浔古镇管理委员会负责管理，南浔区文物保护管理所（编制 5 人）具体操作。

浙东运河绍兴段运河遗产，由绍兴市文物管理局负责管理，市局文物处直接管理越城区运河遗产（2017 年 11 月起移交越城区管理），并指导下辖的柯桥、上虞两区文化广电新闻出版局及文物保护管理所，管理柯桥、上虞两区境内的运河遗产。宁波市在 2015 年，将运河保护申遗工作领导小组改组为“大运河（宁波段）遗产保护管理委员会”，办公室设在宁波市文物保护管理所，负责宁波市境内浙东运河文化遗产的保护管理工作。

（二）法规制度

1. 省级层面

大运河申遗成功以后，浙江省虽以国家、省现有文物保护法规制度及世界遗产公约、指南、管理办法等为指导，逐步加强遗产保护管理工作，但并未专门制定大运河保护管理条例等。随着各市相关条例制定和实施的推进，

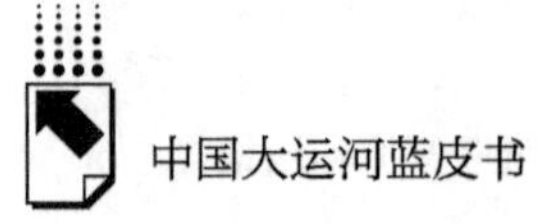

及大运河文化带（浙江段）建设的需要，拟加大在法规制度层面对大运河文化遗产的保护管理工作，正推动订立省、市级专门条例。

2. 地方层面

杭州市在运河申遗成功之后，积极推动制定大运河保护条例。2017年5月，《杭州市大运河保护管理条例》颁行，为江南运河杭州段及浙东运河杭州段保护管理提供了更为充足的法律依据。自2016年起，浙江省属各市均可根据授权自行制定地方法规，嘉兴市正积极制定大运河保护条例管理办法，至2017上半年，草案已成。宁波市也已制定《宁波市大运河世界文化遗产保护管理条例》（尚未颁行）。湖州、绍兴两市也正在酝酿相关运河保护管理办法。

（三）保护规划

在大运河遗产资源调研阶段（2006～2010），浙江省即已同步开始相关保护规划工作。按照国家文物局《大运河保护规划编制要求》，2009年起，相继实施运河遗产的市级、省级保护规划制定。2010年起，配合制定国家层面的总体保护规划。由此，《大运河保护规划》（市段、省段）和《大运河遗产保护与管理总体规划》（国家层面）构筑起大运河遗产保护体系。

国家及省市等保护规划分别规定了各自的遗产清单和相应的保护范围和建设控制地带。列入世界文化遗产的，划定了对应的遗产区和缓冲区。原则上，市级规定的遗产清单和保护区划大于且包含省级规定，省级规定的遗产清单和保护区划则大于且包含全国规划，全国规划规定的遗产清单和保护区划则大于且包含世界文化遗产的遗产清单和相应的遗产区和缓冲区。申遗准备阶段，配合保护整治、利用等，申遗成功之后，为深化保护利用，浙江省运河沿线各市也进行了大量实施工作。

1. 省级层面

2010年起，在各市段运河遗产保护规划基础上，深化制定了《大运河（浙江省段）遗产保护规划》，根据《大运河遗产保护规划编制办法》确定大运河遗产保护内容，核定浙江段遗产保护内容97项，其中江南运河（浙江段）省级以上层面大运河遗产保护内容53项，浙东运河段46项。为国家级大运河总体保护规划制定及申遗文本制定奠定了良好基础。

2. 地方层面

2009年，大运河浙江段沿线杭州、嘉兴、湖州、绍兴、宁波五市人民政府分别委托中国城市规划研究院（联合浙江省文物考古研究所），制定了《大运河文化遗产保护规划》（杭州段、嘉兴段、湖州段、绍兴段、宁波段）。规划经省人民政府批复公布后，在保护申遗过程中，结合制定环境整治规划和点段整治方案等，均得到较好实施。

2016起，杭州市专门修订了保护规划（2017年9月已通过市政府审核，即将公布实施）。及至2017年，宁波市大运河保护管理利用相关规划则不断得到补充、细化与完善。

（四）遗产点保护现状

1. 省级层面

省级文物主管部门省文物局及世界遗产监测管理部门浙江省世界文化遗产监测中心（浙江省文物考古研究所）指导、督促各市遗产地对运河遗产进行保护管理：在规划制定阶段，指导、参与市级、省级保护规划制定，在保护申遗过程中，督促规划实施，审查、指导具体遗产点段的规划细化与方案落实。

2. 地方层面

大运河浙江段沿线杭州、嘉兴、湖州、绍兴、宁波各市在对遗产河道及遗产点的保护方面，做了大量工作。

在用水利水运工程遗产方面，在用河道基本保持原有线位，真实记录运河发展的演变历史。沿线在用船闸、古桥梁、码头、闸、坝等设施保存较好，经过不断的修缮和改造，持续发挥水利水运功能。为适应航运发展要求，大运河浙江段在用水利水运工程一直进行着相应的调整，1949年后根据水利航运发展规划，进行不断的改造升级：（1）部分原来穿城、绕城的航线向城外迁移，如嘉兴、绍兴；（2）在用河道及其驳岸进行了拓宽、改造，航道等级普遍提升，运量大幅度增长，如湖州頔塘；（3）为适应现代船舶带来的波浪冲击，原有土质驳岸大部分改为石砌或者混凝土整体驳岸。沿线在用船闸、闸、坝等水利水运设施，采用新技术、新材料进行了更新和升级改造。

废弃水利水运工程方面，废弃河段、故道在航运功能逐渐减弱或消失后，其郊野河段的农业灌溉、行洪等水利作用或城镇河段的生活景观作用成为主要功能。废弃河道较好地保持了历史上原有的线位、空间尺度和风貌。沿线废弃的水利水运工程如升船机、纤道、古代运河设施和管理机构遗存、支线河道上遗留的少量明清闸坝，见证着杭嘉湖、宁绍平原传统水利航运设施的演变与方式的发展，如海宁长安闸遗址、宁波压赛堰遗址、曹娥闸坝群遗址等，均采用原始工艺进行维修，延续着工程的真实性和完整性。水利水运工程遗址方面，已列为文物保护单位的均得到妥善保护，保存状况良好，格局清楚。

运河聚落遗产方面，大运河浙江段沿线的运河城镇、运河村落基本保留该地因大运河而生、因大运河而兴的轨迹，反映出该地的兴衰与大运河的关系；基本真实地保留原有功能、风貌、肌理，保留了具有真实历史信息的大量文物古迹、历史建筑、传统风貌建筑和历史环境要素。现已经列入各级历史文化名城、名镇、名村和历史文化街区的运河城镇、运河村落及相关历史文化街区都编制了保护规划，出台了相关政策、规范等手段措施，保证其真实性、完整性的延续。

近年建设步伐明显加快，大规模的基础设施建设、美丽乡村、特色小镇建设，采取统一标准、统一模式，未按文化遗产保护要求进行保护，缺乏专业管理，完整性受到损失与危害；大运河申遗成功后，各地政府与相关部门加快实施新一轮旅游开发，有的已严重损害到遗产环境的完整性，如宁波南塘河历史街区；有的正在实施大规模拆迁，如曹娥镇等，如不加以控制，将危及文化遗产的完整性。

大运河浙江段运河其他相关历史遗存如各处古遗址、古建筑、石刻、近现代重要史迹及代表性建筑，如与运河相关的古代祭祀文化遗存、相关管理设施等，大部分格局清楚。部分列入文保单位的，经维修，符合文化遗产保护要求，延续着遗产的传统做法；部分未列入文物保护的，也经社会力量自发保护，保持着民间信仰的传统与风貌。

（五）存在问题分析

1. 管理机构不全

省级和各遗产地都已确定各自的遗产保护管理机构，但省级及嘉兴市仅有文物部门参与保护工作，协调性相对较差。气象、水文等数据需要相关部门配合提供，因统计周期和方法不尽相同，难以直接利用，甚至有些部门表示数据保密不予提供或者要求购买。

省级（挂牌）和各遗产地都已确定各自的保护监测机构，杭州设置了专职管理监测机构（运河综合保护中心），嘉兴、南浔、宁波、绍兴指定当地文保所兼管（无独立管理监测机构）。除杭州监测管理人员相对充足外，各地专业人员缺乏，遗产监测工作因由文保工作人员兼任，监测工作难以落实。除杭州外，部分遗产地还存在监测人员不足，数据采集困难等情况。

2. 法规制度制定滞后

推进大运河保护和利用的最有效的措施是大运河遗产保护立法。现除杭州在国内较早通过立法保护大运河遗产外，其余四市均尚未（正式）立法。法律是文物保护最有力的保障，过去遗产区、缓冲区的规划难以落实，都仅以文物保护法作为依据，如有专门的运河遗产保护条例，工作开展会更顺利。

3. 保护规划执行不力

运河浙江段沿线各地政府均重视对遗产环境和景观的保护。国家文物局指导各遗产组成部分按照《中国大运河环境景观保护与协调管理纲要》，对大运河遗产景观保护的空间格局和高度轮廓进行保护，严格控制可能涉及大运河的各类建设活动，确保大运河突出普遍价值、真实性、完整性得到妥善保护。

大运河浙江段遗产景观视锥缺少相关文件明确的确认，需在下一步的规划修编中完善。部分郊野段的景观控制堪忧，尤其是靠近中心城市的区段，由于城市扩张，原先郊野型的历史景观逐步丧失。江南运河南段城郊工业区环境比较恶劣，需要优化沿岸工业用地及现代航运设施布局。一些申遗成功前批准的建设项目，原先确定沿河建筑的风格、体量、高度等，也存在破坏大运河遗产环境和景观的风险。一些涉及大运河遗产区和缓冲区的建设项目，由于缺少事前沟通，在项目实施开始后被动面对遗产被破坏或者工程受影响两难的局面。

列入大运河保护规划的遗产，由于点多量大，仅靠正常的文物保护经费，难以及时全面保护维修。尤为突出的是，大运河穿越浙江经济建设最为集中的杭嘉湖宁绍平原，各类建设活动不时造成对运河遗产的严重冲击，如海宁长安镇西街地块改造，宁波望春老街因地铁建设，湖州衣裳街历史街区不合理改造，上虞曹娥老街纳入旅游开发计划，均被大规模拆迁、重建等。部分运河城镇在美丽乡村建设、特色小镇建设等各类建设活动中被改造，如杭州余杭区仓前历史街区、宁波南塘河历史街区等不当开发，文化遗产的真实性、完整性受损。部分列入政府或公司开发项目，如嘉兴濮院古镇的旅游开发，迁出居民进行维修改建，未履行相关审查程序，保护方式值得商榷。

4. 保护措施不足

主要在于基础工作不够扎实。表现在四个方面。

（1）保护区划不连贯。由于行政区划原因，“江南运河嘉兴－杭州段”与“江南运河南浔段”并不连续，“江南运河嘉兴－杭州段”“浙东运河杭州萧山－绍兴段”虽然都连接钱塘江，但各自端点也不连续。划定保护区划时，所用地形图不够新、准。

（2）遗产监测系统不健全。按照国家文物局《中国大运河遗产监测和档案系统建设工作指导意见》《大运河遗产监测工作制度》等文件要求，各遗产地都需要将现行监测指标体系优化和细化，制定符合本遗产地保护、管理和监测需求的监测指标体系。目前，监测系统不完善，只起监控作用，不能采集数据。现行的遗产监测机构和系统平台均有升级需求。杭州和湖州的监测平台系统，按照扬州大运河监测总平台的统一安排，已制订升级试点计划。嘉兴暂时沿用原有监测平台。由于国家和遗产地的监测系统架构还在调整中，为避免重复投资，省级监测平台在2016～2017年度注重基础数据库建设，待条件成熟时，完成监测系统建设。

（3）大运河研究有待深化。早期大运河（浙江段）的河段研究还需深化，如江南运河嘉兴－杭州段隋代以前的河道，春秋时期的百尺渎、秦代的陵水道等均缺少定论。

（4）保护资金投入不足。大运河正式列入《世界遗产名录》之后，总体上采取政府资金引导，各部门相关资金整合，社会资金引入参与等方式，筹措资金用于大运河的保护管理，包括大运河水利设施修缮、河道整治、文物修缮、专项规划修编、环境整治、考古发掘、大运河监测系统建设与运维以及日常保护管理。另有部分资金用于旅游保护规划编制，协调旅游和保护，旅游开发等，这些经费主要来源于社会资金。2015年以来，省级投入地理信息GIS系统及大运河省级监测平台建设的经费累积已达330万元（2017年度，追加100万元）。2016年度各市投入保护管理经费分别在400万元至5000万元。

（六）工作建议

1. 强化管理

根据国家文物局的统筹安排与相关要求，大运河浙江段各遗产地结合自身特点，应进一步完善保护管理机制，推进机构建设，完善监测管理机构；加强法制建设，制定专项保护管理办法；落实协商管理机制，完善多部门保护管理长效机制；编制专项保护管理规划及本体维修、环境整治与展示利用等设计方案，实施妥善保护管理；完善世界遗产标志，明确遗产区及缓冲区保护范围。

2. 加强落实

具体保护建议有三项。

（1）切实推动立法工作，为运河遗产保护管理提供持续的制度保障。

(2) 真正落实保护规划，加强大运河浙江段沿线的建设项目控制，保持遗产及其生存环境的真实、完整与延续。

(3) 努力提升技术应用，加快遗产监测预警平台建设管理，将现代科技手段、方法与器材等，广泛应用于遗产数据收集、整理、分析、发布及监测、巡查等管理过程。

四　遗产利用

（一）利用现状总体分析

1. 遗产河道

江南运河浙江段东线（中线）部分遗产航道仍在持续并强化使用，河道疏浚、驳岸整治护理等项工作促进了航道利用。作为宋元时期遗产河道代表的上塘河已废弃，用作泄洪及景观河道。頔塘河道南浔镇区段已被其北侧新开辟的长（兴）湖（湖州）申（上海）航道替代，流经古镇的頔塘成为故道，结合古镇保护利用成为江南水乡古镇特色景观河道。

作为遗产河道的浙东运河，全线分段通航（等级为5～6级），绍兴曹娥江以西河段，目前航运利用较少，多用作区域内、小运量、短距离运输。东段结合甬江河道的河段，则基本延续正常运输功能。列入世界遗产的（上）虞余（姚）运河、慈江（西段）、刹子港、西塘河等已废弃不用，多用作泄洪及景观河道。历史上作为虞余运河南线的以及四十里河等，已结合新杭甬运河作拓宽改造。

2. 水工设施

大运河浙江段沿线水工设施虽多，但多弃用。如著名的杭州三塘五坝、西兴永兴闸、绍兴通明坝、宁波压赛堰等。大量设施或作孤立遗存点展示，部分则结合河岸绿道、街区公园进行了整合利用。

列入世界遗产范畴的海宁长安闸在2010～2011年经考古发掘、勘探，发现长安中闸、下闸的宋代遗构，长安新堰（即老坝）元代构筑的坝体也重见天日，上闸位置为经过历代改造并正在使用的上闸桥闸。三闸两澳中的“两澳”已不存在（街区建筑覆盖）。长安闸历史上曾有过的唐代长安坝、元代老坝、新坝、上闸、中闸、下闸六座水坝或水闸，各闸、坝均已确认其位置，周边还保留有新老两坝示禁勒索碑、船闸管理用房、虹桥等相关设施以及大片完好的民居建筑，围绕长安闸形成了一个遗存众多、构成丰富的历史地段。长安坝附近已建成街边公园，考古工作还发现了原筑在分水墩上的王相公堂建筑遗迹。沿河历史街区虽然有的房屋经过改造，但依然保存着清末民初时的面貌。

（二）展示利用

1. 省级层面

省级层面仅提出各类展示的指导意见等，未建立专门的大运河（浙江段）遗产展示设施或场馆。

2. 地方层面

大运河浙江段沿线，展示利用工作持续不断，效果较好。各市均已至少建成一处运河文化展示馆。杭州主城区段运河两岸绿道已全面建成，成为名副其实的运河文化公园。嘉兴城区段的景观绿带、绍兴环城运河公园等也已全面建成。岨塘南浔段、绍兴八字桥段等地处街市中心，结合文物保护、旅游开发等，成为典型的水乡景观展示样板。

在运河的郊野段，江南运河杭州、嘉兴段已全面建成沿岸绿化带，杭州郊野段如上塘河沿线，也结合景区建设，建成“千桃园”等内涵丰富的运河主题绿带公园。浙东运河杭州滨江段西兴古镇结合官河、过塘行等，建成环境优美的旅游节点。萧山段则结合城市建设，加大了官河沿线整治提升，2017 年内将全面完成。绍兴、宁波段则结合文化景观，建成各类运河文化主题公园，如运河园、古桥园等。沿线古镇街区，结合美丽乡村及“两美浙江”建设，多已开展或完成景观整治提升。

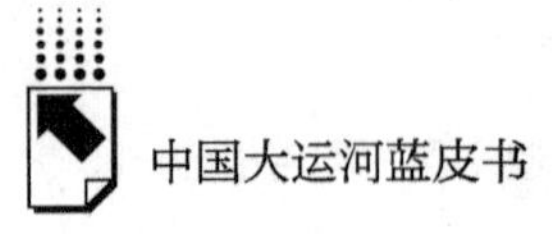

（三）活化利用

1. 省级层面

按照国家文物局《中国大运河缓冲区管理细则》《中国大运河环境景观保护与协调管理纲要》等技术性文件的要求，浙江省持续加大对国际组织关注的大运河周边环境景观的保护力度，落实分级分类管理和协调策略。2015 年起，专门组织编制大量技术文件，指导运河沿线各地活化利用运河遗产。

2. 地方层面

活化利用方面，杭州市全面整治富义仓，建成文创中心及遗址公园。利用桥西历史文化街区，全面建成杭州工艺美术博物馆、刀剪剑博物馆、扇博物馆、伞博物馆等，形成展示集群，结合拱宸桥东侧中国运河博物馆，全面展示杭州运河文化及民俗工艺，成为运河岸边文化遗产利用、活动的热点。对大河船厂等，改建成运河旅游集散中心（2017 年 10 月正式启用），对原有小河直街，深度改造提升，建成居民活态生活、聚居样板。嘉兴市全面整修文生修道院，在运河岸边建成文化休闲中心。南浔古镇更是将运河文化紧密结合，全方位展示古镇因运河生、因运河兴的厚重历史，强化了江南十大名镇之首的美誉。浙东运河沿线杭州西兴古镇、柯桥古镇、安昌古镇、绍兴八字桥街区等，结合运河遗产保护利用，加大活化利用力度，或古镇复兴，或热点更热。宁波庆安会馆是运河遗产河段最东南端点，结合三江口美景，庆安会馆在原有天后宫、海商会馆等的基础上，建成运河历史文化展示馆、浙东海事博物馆等，利用其运河与海洋的交点地位，正积极筹建海上丝绸之路博物馆等。

（四）综合利用

1. 河道及设施的沿用

江南运河至今仍是国家重要的水上运输大动脉，因此，列为世界遗产的嘉兴－杭州河段仍在发挥巨大的运输功能。浙东运河则因 2013 年起正式启用新杭甬运河，逐渐减弱（部分河段弃用）运输功能。沿线相关设施均严格遵照各级大运河保护规划，得到严格保护或延续使用。

2. 文物保护与利用

大运河沿线五市是浙江经济文化重地，得益于较好的保护利用意识，大运河相关文物遗产在各级保护规划的指导下，得到较好保护利用。2017 年 6 月，浙江省全面启动大运河文化带（浙江段）建设，开展全面调研与梳理，安排了周详的计划，拟加强保护，加快实施。

3. 文化传承与利用

大运河浙江段沿线各市不仅保护运河相关文化遗产，同时也将运河文化的传承发展利用工作深度展开。运河遗产不再孤立地存在、展示，而是结合沿线城镇（街区）与乡村的建设发展，努力挖掘、阐释运河文化，综合营造文化遗产保护长廊。

4. 旅游开放利用

工作重点是运河沿线古村镇、古街区、遗产点，著名的乌镇紧邻大运河，经过多年开发，已成为运河旅游热点。大运河浙江段沿线各市均是中国旅游优秀城市，在运河的保护规划过程中，已全面参与。运河申遗成功后，尤其是运河文化带建设启动后，相关融合深化，进程不断加快。

5. 景观生态美化利用

大运河浙江段流经富饶的浙北平原地带，在大力倡导生态文明建设的大形势下，运河沿线的景观得到美化，生态得以提升。

（五）存在问题分析

1. 利用思路模糊

大运河是特殊的世界遗产，是流动的风景，更是活态的景观，有持续发挥运输功能的河段，也有替换甚至弃用的河段，保存情况与利用前景的差别导致利用思路的模糊。

2. 总体利用不足

目前，大运河浙江段沿线遗产及景观得到初步规划控制与保护利用，但缺少全面的、总体的利用思路的引导，且因运输功能的发挥与河道整治提升的矛盾，弃用河道周边的开发建设与保护规划之间的矛盾以及全社会对文化遗产保护利用的认识不足等，总体利用明显不足。

3. 存在不当利用

因保护认识不足，因开发建设矛盾，浙江段运河沿线同样存在不当利用问题，如针对遗产点段、对象及环境，保护不足，改造不当，品位受损，冲击到大运河遗产的持续保护利用。

（六）工作建议

1. 深化文化遗产认识

作为中华民族的伟大工程，大运河是“世界认可的国家文化符号”。在“中国大运河”文化遗产中，大运河浙江段遗产点段所占的河道长度、点段数量、遗产区面积、价值地位等比重较大（较高），具有重要地位。浙江的大运河文化遗产保护理应受到各级政府与部门的持续重视，以大运河遗产带建设为契机，持续深入宣传世界遗产保护理念，形成“保护文化遗产，政府是第一责任人”以及“文物保护，人人有责”的良好氛围，落实政府主导责任，夯实社会保护基础，让文化遗产惠及民生，提高社会文明程度。

2. 明确保护利用思路

大运河文化厚重而深远，已列入世界遗产的点段是运河遗产代表，但运河是连续的，使用是延续的，因此，保护是必须的，利用是长期的，这就需要全面落实“遗产保护优先”原则，转变发展模式，以遗产保护、生态建设促进经济发展。本着“更大范围、更深层次、更加科学有效”的思路，加快对大运河沿线文化遗产的抢救，实施综合保护与利用工程，串珠成链，形成大运河遗产文化保护带，使得中华民族优秀文化遗产永久传承。

3. 提供保护利用范例

文化遗产是不可再生的珍贵资源。随着经济建设的持续快速发展，大运河沿线的文化遗产与历史风貌不断发生着变化，即使大运河申遗成功、各级保护规划批复实施，沿线不可移动文物尤其是列入大运河省、市级保护规划的遗产点仍不时遭受建设活动的冲击甚至破坏。过度开发和不合理利用明显增多，严重危及大运河重要文化遗产的真实性、完整性。运河沿线各地现实环境与发展条件也各有差别，因此，吸取已有项目实施的经验教训，提供良好范例，有助于避免不当操作，推动保护与合理利用。

4. 加大保护利用力度

大运河浙江段连接南北、沟通东西，通过宁波港，古代的“海上丝绸之路”，现代的“一带一路”倡议，均在变内河航运为“港通世界”的过程中得以实现。沿线的杭嘉湖宁绍地区，粮食、丝绸、瓷器、黄酒等丰富物产也将浙江地域文化源源不断地输往京城与海外，建立起一条历史、政治、经济、文化的长河。在新时期，按照国际、国内先进的保护理念，保护运河文化遗产、建设运河文化遗产带，将有力推动运河沿线各市景观修复、文化遗产保护和传统文化复兴，使大运河文化生生不息，延绵不绝。

运河城镇篇

Canal Cities and Towns

B.24

聊城运河发展报告

蒋召国*

摘　要： 聊城市位于山东省西部，以“江北水城，运河古都”而著称，是中国著名优秀旅游城市。作为运河名城之一，大运河不仅给聊城带来了数百年的经济繁荣，而且积淀下了丰富的运河文化。而今运河已成为聊城的一条经济之河、文化之河、精神之河。大运河聊城段为全国重点文物保护单位，沿岸保留着十余处水利工程设施及其他重要文化遗存，其中临清、阳谷两段运河和六个遗产点列入《世界遗产名录》。聊城运河段也拥有璀璨夺目的非物质文化遗产，它们是中华民族的骄傲，也是全人类的共同财富。近年来，为使聊城悠久灿烂的文化得以继承并发扬光大，聊城市不断加大历史文化

* 蒋召国，聊城市委办公室工作人员。

名城的保护和建设力度。同时，对大运河聊城段旅游发展及水生态体系进行了科学规划，确定了聊城市古运河总体定位、旅游品牌及设计愿景。大运河聊城段有着辉煌的历史，为聊城人民创造了丰富的物质和精神财富。但今天，大运河面临着自然环境污染严重，文化遗存毁损流失惊人，社会经济功能锐减等问题。对此，我们应努力协调运河资源保护与开发的关系，打造一批精品运河项目；大力推进各项基础设施建设；大力推进乡村游与运河游的融合；加强生态建设和环境保护；创新体制机制。

关键词： 中国大运河　文化遗产　旅游开发　聊城市

聊城市位于山东省西部，以中国“江北水城，运河古都”而著称，是国家历史文化名城、中国优秀旅游城市、国家卫生城市、国家环保模范城市、国家园林城市、全国双拥模范城市。聊城运河文化底蕴丰厚，运河遗产众多，是京杭运河沿线重要的城市。

一　概况

聊城是中国古代文明的发祥地之一，有6000多年的历史，地处黄河冲积平原，拥有着辉煌灿烂的文化。

（一）地理环境

聊城市位于冀鲁豫三省交界处，西部靠漳卫河与河北省邯郸市、邢台市隔水相望，南部和东南部隔金堤河、黄河与河南省及山东省的济宁市、泰安市、济南市为邻，北部和东北部与德州市接壤。下辖8个县（市、区）、1个经济开发区、1个高新技术产业开发区、1个旅游度假区，分别是：东昌

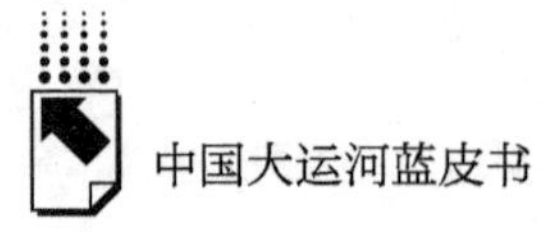

府区、临清市、冠县、莘县、阳谷县、东阿县、茌平县、高唐县和聊城经济开发区、聊城高新技术产业开发区、江北水城旅游度假区。总面积 8715 平方公里，人口 632 万。

聊城市地处东经 115°16′～116°32′和北纬 35°47′～37°02′之间，全境东西 114 公里，南北 138 公里，境内地形为黄河冲积平原，地势西南高、东北低，地面坡降 1/6500～1/7500，海拔高度为 22.6～49.0 米。由于受黄河历次决口改道和自然侵蚀的影响，形成了微度起伏，岗、坡、洼相间的平原微地貌。境内地貌主要分为河滩高地、决口扇形地、浅平洼地、缓平坡地、背河槽状洼地、沙质河槽地等六种类型。

聊城市处于温带季风气候区，具有显著的季节变化和季风气候的特征，属半干旱大陆性气候。年平均气温为 13.5℃平均降水量 540.4 毫米，平均风速为 2.3 米/秒。四季的基本气候特点是：春旱多风，夏热多雨，晚秋易旱，冬季干寒。

（二）历史沿革

远古时期，聊城就是东夷人活动的地方。早在四五千年前，这里就产生了以大汶口——龙山文化为代表的辉煌新石器时代文化类型，成为中华民族的发祥地之一。

《禹贡》中聊城为兖州之城，春秋时期属齐、卫、赵、魏；秦属东郡；汉分属兖州部东郡、冀州部魏郡、青州部平原郡、司州部平原郡及济北国；晋分属济北国、东平国、平原国及司州阳平郡；北魏分属司州阳平郡及济州济北郡、南清河郡、平原郡；隋分属魏州、贝州、济州、兖州、博州；唐时分属河北道、河南道。

宋分属河北东路、京东西路。宋淳化三年（992），黄河再次决口，巢陵城毁，州、县治所迁至孝武渡西，即今老城址。宋熙宁三年（1070）筑为土城。宋熙宁九年（1076），在建设土城的基础上开始建设护城堤用来防御水患，聊城水面进一步扩大，应该说这次建城已经勾勒出了江北水城的雏形。

元属山东省，为东昌路总管府治所、聊城县治所，由此聊城称东昌。元代至元二十六年（1289）会通河从聊城东部通过，实现了徒骇河、会通河和护城河的相互贯通。从此，穿城而过的大运河为聊城的发展带来了勃勃生机，成为沿运河九大商埠之一，被誉为“漕挽之咽喉，天都之肘腋”“江北一都会”。元代是聊城江北水城格局的初步形成时期。

明清时期，聊城段运河的走势基本没有变化，但漕运更加发达，聊城地位愈加重要，城市建设得到不断加强。为了保证漕运，明清时期对运河进行了多次整治，不断加宽。明清两代，聊城作为运河沿岸的繁华城市，规模已相当可观。城区既有光岳楼、绿云楼、玉皇阁、鲁仲连台等众多的崇楼高阁，又有护国隆兴寺、敬业禅林、文庙、万寿观等宏伟的殿宇名刹。大规模的修城、筑堤、盖房、建园等城市建设都需要挖河、取土，使得护城河周边形成一个个的铃铛小湖，大小深浅不一，后来逐渐连成一体，使得聊城护城河的水面面积不断扩大，江北水城城市格局正式形成。

民国属山东省，初为济西道，后改东临道，又改山东省第六区行政督察专员公署，均治聊城（今东昌府区）；抗日战争时期，建抗日民主政权，先后分属冀鲁豫和冀南行署。

1949 年 9 月聊城行政督察专员公署成立，属平原省，1951 年 12 月平原省撤销，聊城归山东省；1967 年 3 月，聊城专员公署更名为聊城地区革命委员会。1978 年 7 月，聊城地区革命委员会更名为聊城地区行政公署。1997 年 8 月，国务院批准聊城撤地设市，驻地在今东昌府区。

（三）价值特色

聊城的古城区位于现聊城市区的西南部，因建造背景和特色不同，分为古城区和运河地带两部分。

现存古城区始建于宋淳化三年（992），坐落于广阔的平川之上，为了防止洪涝之灾，将古城池地势抬高，在其周围开挖护城河，后护展为环城湖。古城平面规划布局严整规则，呈方形，城内道路分为街和巷两级，干道呈十字形，街、巷方正规则，垂直相交，形成棋盘方格式道路网。在十字街交接处，建有光岳楼。光岳楼是古城中最高大雄伟的建筑。城四周建有高大坚固的城墙，周围环以护城河，东南西北各有一城门，城门外尚建有瓮城，城墙四角还有角楼（原城墙、城门、瓮城、角均已拆除），除西门外无街、巷，东、南、北三门外皆有街巷（东关街、北关街），且东门、南门外庐舍毗连，人烟稠密，市肆喧闹，格外繁华，后由于明清时期运河的原因更是发展迅速。

古城四周，是由原护城河拓展而成的环城湖，环城湖以东运河一带为运河城区。运河城区是明清时期随着运河漕运的兴盛发展起来的商业地区。这一带的街巷多布列在运河两岸，随坡就势依河而建，大小街衢皆与运河相通，形成放射状骨架。运河城区的街巷如今仍沿用原来的名称，如南顺街、北顺街、馆驿街、米市街、越河街等。沿河民居多为前店后居，板门小院，商埠风貌犹存。峻崇挺拔的铁塔，富丽堂皇的山陕会馆，条石铺砌的大小码头以及一株株苍劲挺拔的百年古槐，仍会使人们体味到这一带昔日的繁荣。运河城区和老城区是风格各异的两部分，同时又是密切相关的一个整体，横贯东西的五里东关大街将二者联结在一起。

位于旧城区的环城湖，现为东昌湖，分为 8 个湖区，20 多块水面，总面积 5 平方公里。东昌湖位于旧城区之内，环抱着古城。古城四面环水，像一艘巨大的方舟漂浮于千顷碧波之上。运河、徒骇河穿城而过，形成了“城中有水，水中有城，城水一体，交相辉映”独具特色的江北水城。

在市区范围内保留有众多文物古迹，如山陕会馆、光岳楼、铁塔、大小码头等，具有很高的历史、艺术、文化价值。

（四）运河关联与定位

聊城是大运河沿岸著名的城市，因运河而兴盛，运河不仅带来了数百年的经济繁荣，而且积淀下了丰富的运河文化，成为历史文化名城。

聊城是受运河文化影响比较早的地区。隋代开凿的京杭大运河北段的永济渠就流经现在的聊城西部，对于隋之后唐、宋、金时期经济社会的发展起到积极的作用。元代对古运河进行了比较大的改造，开凿了纵贯聊城腹地的会通河，它自阳谷县张秋镇入境，经过聊城、临清入漳卫河，在聊城境内全长 97.5 公里。元之后，明、清两代又对会通河进行了多次的疏浚和改造，使其成为贯通南北，连接东西的交通和经济大动脉，为聊城带来了数百年的经济和文化的繁荣。

明清时期，聊城运河经济达到空前繁荣，商业发达，形成了张秋、阿城、七级、聊城、临清等商业城镇。当时流行“南有苏杭、北有临张”之说。临张就是临清和阳谷的张秋镇，临清有“小天津”的美誉。张秋镇全盛时期有七十二条街，八十二条胡同，聊城则被誉为“挽漕之襟喉，天都之肘腋”。今天，山陕会馆、钞关、盐运分司等文物建筑依然彰显着昔日的辉煌。运河的畅通，还带来了纺织、造船、烧砖、食品加工等手工业的大发展。

运河是聊城的一条文化之河。大运河的开通，不仅带来了经济繁荣，也促进了多元文化的渗透、碰撞，形成了绚丽多彩的运河文化。明代中期以后崇文重教的传统进一步彰显。聊城及其周围各州县私塾遍布，书院林立，教化普施，民风淳厚，培育了一代又一代的循吏良士。大运河吸纳古今中外文化精华，融汇南北中国各地风情民俗、饮食服饰、宗教信仰等，形成了独特的运河民俗文化。今天在聊城运河沿线有海会寺、鳌头矶、舍利塔、清真寺、基督教堂、天主教堂等宗教建筑，体现了运河文化的包容和开放。运河带来了五方杂处的百姓，形成了运河区域特殊的饮食习惯和文化积淀。临清回民宴“八大碗”、临清济美酱园、聊城铁公鸡等都是典型的运河文化民俗。山东快书、伞棒舞、八角鼓、临清驾鼓、谷山调、山东琴书以及木版年画、雕刻葫芦、剪纸等传统技艺仍然枝繁叶茂，古韵流长，彰显着运河文化的风采。

运河是聊城一条精神之河。随着运河的通畅，不同文化风俗在聊城融合碰撞，新兴的商业文化在聊城占据重要的地位，促进了聊城传统思想观念的转变，由传统的重农轻商、循规蹈矩、重义轻利转向农商并重、义利兼顾、开放交流的价值观念。运河在开凿、管理过程中，形成了借水行舟、天人合一等观念，形成了聊城人民自强不息、务实创新、包容开放、奋发进取的人文精神。

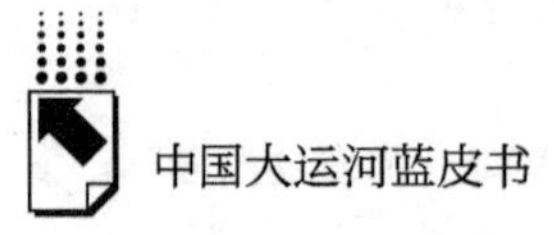

随着清末漕粮停运，聊城运河航运功能逐渐消失，但是在城市防洪、城市景观、文化旅游等方面仍然发挥着重要的作用。

二 城镇现状

聊城市是山东省地级市，是大运河沿岸的著名城市，也是中国著名优秀旅游城市。

近年来，聊城的综合实力大幅提升。2016 年，全市生产总值达到 2859.2 亿元，增长 7.3%；城乡居民人均可支配收入分别达到 23277 元和 11387 元，增长 7.9% 和 8.3%。经济社会发展步伐不断加快，主要指标增幅进入山东省第一方阵，特别是固定资产投资增幅一直名列前茅，发展后劲持续增强。产业结构调整成效日益显现。成功创建为国家现代农业示范区，粮食总产 62 亿公斤，达到“吨粮市”标准，瓜菜菌总产 1702 万吨；规模以上工业企业达到 2814 家，主营业务收入过千亿元的有 1 家，过百亿元的有 10 家，培育起一批全国知名的骨干企业；服务业方占国民生产总值比重年均增长 1.5 个百分点，服务业增加值年均增长 10.6%。列入京津冀协同发展区、中原经济区、中原城市群、省会城市群经济圈、山东西部经济隆起带等国家和省重点区域发展战略，区域地位显著提升；京九高铁、郑济高铁、聊泰铁路、德单高速、聊城机场等一批重大交通项目即将开工建设，有望成为区域性综合交通枢纽。

城乡建设跨越发展。近几年，实施了古城保护与改造、徒骇河滨河大道、城市外环道路等一批城建重点项目，城市发展框架进一步拉开。全市 10 个镇被列为全国重点镇，12 个镇被列为山东省百镇建设示范行动示范镇。农村环境整治实现全覆盖，林木绿化率达到 37.5%。创建成为国家环境保护模范城市、国家园林城市；被确定为国家节能减排财政政策综合示范城市；被国土资源部授予“中国温泉之城”。

人民生活持续改善。“十二五”期间，全市财政用于民生的支出达到 1028.9 亿元，占总支出的 80.3%，高于全省 3.9 个百分点。新建、改扩建中心城区中小学20处、农村校舍160万平方米，新建135所乡镇中心幼儿园，市实验幼儿园开工建设，新建聊城高级财经职业学校和聊城高级工程职业学校。市民文化活动中心、市豫剧院、市体育场建成使用，新建改建综合性文化服务中心1000个。

三 运河遗产

京杭大运河聊城段是古代会通河的一部分，位于聊城市下辖的阳谷县、东昌府区、临清市境内，全长97.5公里，其本身为全国重点文物保护单位，现沿岸保留着十余处水利工程设施及其他重要文化遗存，其中临清、阳谷两段运河和6个遗产点（荆门上下闸、阿城上下闸、临清运河钞关、鳌头矶）列入世界遗产名录。

（一）物质文化遗产

聊城运河的重要水利交通设施及其他重要文化遗存，是研究运河开凿、营建、调度、营运的重要遗存，也是运河水利发展和漕运历史的重要实物见证，具有很高的文物价值。

现将聊城运河物质文化遗产列表统计如下：

一、全国重点文物保护单位			
序号	文物名称	时代	地　址
1	山陕会馆	清	聊城地区东关闸口南运河西岸
2	光岳楼	明	聊城古城中心
3	临清运河钞关（含以下文物点）（世界文化遗产点）	清明	
	钞关		临清市后关街
	鳌头矶（世界文化遗产点）		临清市吉市口街运河河道分岔处
	清真北寺		临清市古运河东岸
	舍利塔		临清市古运河东岸

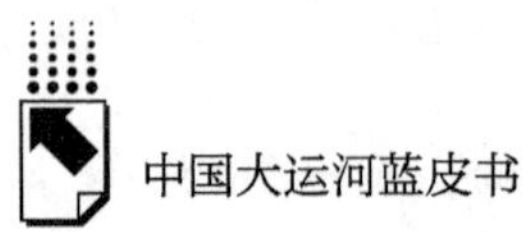

续表

序号	文物名称	时代	地　址
4	京杭大运河聊城段(含以下文物点)	元至清	
	张秋上闸(世界文化遗产点)		阳谷县张秋镇上闸村
	张秋下闸(世界文化遗产点)		阳谷县张秋镇下闸村
	七级北大桥		阳谷县七级镇北
	周店船闸		东昌府区凤凰办事处周店村
	大码头		聊城市区东关运河北岸
	小码头		聊城市区东关运河北岸
	辛闸		东昌府区北城办事处辛闸村
	梁乡闸		东昌府区梁水镇梁闸村
	土闸		东昌府区斗虎屯镇土闸村
	戴闸		临清市戴湾乡戴闸村
	临清二闸		临清市青年街道办事处会通街东
	问津桥(临清闸)		临清市区运河北支入卫处
	月径桥		临清市区运河北支中段
	会通桥		临清市区运河北支东段
	河隈张庄砖窑遗址		临清市戴湾乡河隈张庄村东
5	隆兴寺铁塔	宋	聊城市区铁塔商场西南角

二、省级文物保护单位

序号	文物名称	时代	地　址
1	傅氏祠堂	清	聊城市东关街路北
2	海源阁	清	聊城市万寿观街路北
3	临清清真东寺	明	临清先锋路街道办事处桃园街
4	临清民居(包括冀家大院、汪家大院、孙家大院、真家大院、朱家大院)	明清	临清市城区运河两岸
5	阿城故城(含古阿井)	东周	阳谷县阿城镇王庄村
6	海会寺(含盐运司)	清	阳谷县阿城镇

三、市级文物保护单位

序号	文物名称	时代	地　址
1	聊城古城墙遗址	明	聊城古城区
2	聊城礼拜寺	清	聊城市礼拜寺街路西
3	聊城小礼拜寺	清	聊城市东关街路北
4	聊城基督教堂(含牧师楼及其他建筑基址)	清	聊城市山陕会馆北 100 米处
5	阳谷张秋清真寺	明	阳谷县张秋镇南街
6	陈家旧宅	清	阳谷县张秋镇北街

续表

序号	文物名称	时代	地　址
7	城隍庙	清	阳谷县张秋镇北街
8	山西会馆	清	阳谷县张秋镇北街
9	五体十三碑	明清	阳谷县张秋镇
10	七级运河古街区	明清	阳谷县七级镇
11	张秋运河古镇	明清	阳谷县张秋镇
12	大宁寺大雄宝殿	清	临清市先锋路街道办事处大寺街
13	考棚黉门	清	临清市青年路街道办事处考棚街
14	县治遗址阁楼	明	临清市先锋桥街道办事处考棚街
15	会通河头闸	明	临清市于年街道办事处夹道街南
16	竹竿巷	明清	临清市竹竿巷
17	箍桶巷	明清	临清市箍桶巷

因聊城运河段物质文化遗产较多，现择要介绍一下运河的水利工程设施遗产的情况。

船闸　由于京杭运河聊城段所经过的地区南北落差较大，且无水源补给，为了“以节蓄泻”，确保运河畅通，元明清时相继在这一段河道上兴建了30余处船闸，因此也被称为“闸河”。目前保留下来的主要有周店船闸、张秋上闸、张秋下闸、阿城上闸、阿城下闸、辛闸、梁乡闸、土闸、戴闸、临清二闸等十座船闸，其中又以周店船闸保存最为完整。周店船闸位于东昌府区凤凰办事处周店村，原名周家店闸，始建于元大德四年（1300），包括南闸、北闸和月河涵洞三部分，是运河上保存最为完整的复式船闸，南北闸间距66.20米，均为条石砌筑，结构形式大体相同。闸上有民国张鸿烈题额，附近有记事碑三通。其他闸多数建于明代，建筑结构合理，施工精细。

码头　明清聊城一带的张秋、东昌府（今聊城）、临清等地商贾云集，经济繁荣，是运河沿岸的重要都会，因此在河道上建有许多码头，以供装卸货物，至今保存完整的主要是位于聊城市区的崇武驿大码头和小码头。崇武驿大码头位于聊城市区运河北岸，码头长17.5米，宽5.8米，呈“巨”字形，大码头为官用码头，明清时期这里帆樯林立，有“崇武连樯”之称，

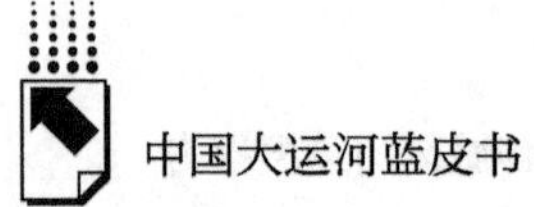

系聊城八景之一。小码头位于大码头东约300米运河北岸，宽8米，平面呈“凹”字形，原为富商私用码头，台阶最上层青石上仍有系船缆绳用的圆形穿孔。

桥梁 当年在京杭运河山东段——聊城段上建有许多桥梁，以供行人和车辆通行，惜年代久远，多已湮没，保存较为完整的主要有七级北大桥、会通桥、月径桥、问津桥四座桥梁。会通桥位于临清市会通河穿城而过的北支河上，原为会通闸，又称中闸，与临清闸、宏济桥减水闸并称三闸，是元代会通河调节卫运两河落差以节水势的闸具，始建于元贞二年（1296）。明永乐十五年（1417）会通河南支开通，废闸改桥，桥长8.2米，跨径3.2米。问津桥是原“临清闸”旧址，万历年间改闸为桥，桥呈西南、东北向，由临清城砖砌筑而成，高7.5米，宽3.3米，跨径5.6米，单孔直径2.6米，孔高1.3米。月径桥俗称鸽子桥，清顺治九年（1652）商人邵以枢捐建，长5.8米，跨径3.1米，位于临清繁华区，是商贸之要冲。七级北大桥位于阳谷县七级镇，桥面跨度11.3米，宽5.2米，桥面、雁翅、桥墩均用古石刻构筑而成。

聊城古船闸、码头、古桥等是运河上的重要水利和交通设施，是研究运河历史和文化的重要实物资料。

（二）非物质文化遗产

聊城运河段也拥有璀璨夺目的非物质文化遗产，这些遗产是中华民族的骄傲，也是全人类的共同财富。

现将聊城运河市级以上非物质文化遗产列表统计如下：

序号	门类	项目名称	申报地区或单位	备注
1	民间文学	鲁班传说	聊城市光岳楼管理处	
2		仁义胡同传说	聊城市傅斯年陈列馆	
3		秃尾巴老李的传说	东昌府区、阳谷	
4		堠堌冢的传说	东昌府区	
5		武松的故事	阳谷	

续表

序号	门类	项目名称	申报地区或单位	备注
6	民间美术	东昌木版年画	东昌府区	国家、省非物质文化遗产项目
7		东昌雕刻葫芦	东昌府区	国家、省非物质文化遗产项目
8		东昌泥塑	东昌府区	
9		马官屯泥人	东昌府区	
10		聊城剪纸艺术	东昌府区、冠县、茌平	
11		冠县郎庄面塑	冠县	国家、省非物质文化遗产项目
12		冠县宝德葫芦	冠县	
13		莘县河店西逆子泥塑	莘县	
14		张秋木版年画艺术	阳谷	国家、省非物质文化遗产项目
15		阳谷脸谱葫芦	阳谷	
16		茌平董庄中堂画	茌平	
17	民间音乐	东昌府道口铺唢呐吹奏	东昌府区	
18		临清驾鼓	临清	省非物质文化遗产项目
19		临清琴曲	临清	
20		临清田庄吹腔	临清	
21		鱼山呗佛教音乐	东阿	国家、省非物质文化遗产项目
22		阳谷哨	高唐	
23	民间舞蹈	运河秧歌	东昌府区	
24		道口铺龙头凤尾花竿舞	东昌府区	
25		道口铺竹马舞	东昌府区	
26		临清五反闹判舞	临清	
27		临清洼里秧歌	临清	
28		冠县柳林花鼓	冠县	国家、省非物质文化遗产项目
29		冠县三合庄高跷	冠县	
30		县柳林降狮舞	冠县	
31		冠县田庄花船	冠县	
32		莘县温庄火狮子舞	莘县	省非物质文化遗产项目
33		莘县张鲁回族秧歌	莘县	
34		阳谷顶灯台	阳谷	
35		茌平平调秧歌	茌平	
36		高唐扛哥	高唐	
37		哆嗦旗舞	高唐	
38		高唐落子舞	高唐	
39		高唐民舞（摸鱼舞、扑蝶舞、牵象舞）	高唐	

续表

序号	门类	项目名称	申报地区或单位	备注
40	传统戏曲	东昌弦子戏	东昌府区	
41		蛤蟆嗡	冠县	
42	曲艺	山东快书	临清	
43		临清时调	临清	
44		聊城八角鼓	东昌府区	省非物质遗产项目
45		谷山调	阳谷	
46		高唐丝调	高唐	
47		高唐木板大鼓	高唐	
48	民间杂技	聊城杂技	聊城市文化局	国家、省非物质文化遗产项目
49	手工技艺	聊城牛筋腰带制作技艺	东昌府区	
50		东昌运河毛笔制作工艺	东昌府区	
51		沙镇云灯制作工艺	东昌府区	
52		东昌古锦制作工艺	东昌府区	
53		道口铺龙灯制作工艺	东昌府区	
54		东昌陶器制作工艺	东昌府区	
55		临清贡砖制作技艺	临清	国家、省非物质文化遗产项目
56		临清千张袄制作工艺	临清	
57		临清哈达制作工艺	临清	
58		冠县史庄圈椅制作技艺	冠县	
59		茌平黑陶制作工艺	茌平	
60		聊城铁公鸡	东昌府区	
61	消费习俗	东昌府沙镇呱嗒	东昌府区	
62		临清济美酱菜	临清	
63		莘县燕店范家烧鸽	莘县	
64		莘县房氏康园肉饼	莘县	
65		莘县古城镇鸳鸯饼	莘县	
66		鲁西吊炉烧饼	聊城	
67		高唐老豆腐	高唐	
68		临清什锦凉面	临清	省非物质文化遗产项目
69	文化空间	聊城山陕会馆庙会	聊城市博物馆 聊城山陕会馆管理处	
70	传统中药	东阿阿胶中医药文化	东阿	国家、省非物质文化遗产项目

续表

序号	门类	项目名称	申报地区或单位	备注
71	传统体育与竞技	查拳	冠县	国家、省非物质文化遗产项目
72		东阿于氏金刚力功	东阿	

聊城运河非物质文化遗产较多，现从国家级非物质文化遗产中选择三个予以介绍。

1. 东昌木版年画

东昌木版年画与潍坊杨家埠并称为中国民间艺术宝库的艺术奇葩，代表着山东木版年画的东、西两大系统。

东昌木版年画始于唐代，民国时期，东昌府木版年画达到鼎盛时期。东昌府木版年画、门神画二者融为一体，既具有年画的艺术风格，又起到门神作用。构图简洁，人物突出，刻画夸张，整体感强；人物造型眼形窄长，鼻梁鼻翼瘦窄，形象丰满质朴；色彩鲜艳，对比强烈。其勾绘线条朴拙而生动，清秀而简练。取材范围广泛，包括反映劳动生产的耕织图、渔家乐、戏曲故事、民间传说以及福禄吉庆之类的吉利画等。表现内容主要有两大类：一是古代神话、民间传说和历史人物，如“天仙配”“武松打虎”“钟馗”等；二是选用呈祥、喜庆、欢快的吉庆内容，如“双喜临门”“麒麟送子”等。聊城年画全部用木版套印，红、黄、灰、青、黑为基本色，整个画面五彩缤纷，装饰性强。很多人物面部不着色，使其形象更加突出醒目。2008 年，东昌木版年画被列为国家级非物质文化遗产。

2. 聊城杂技

聊城是中国杂技的发源地之一。三国时期，杂技马戏在聊城的东阿一带已很盛行。经过魏晋南北朝，杂技艺术已经非常成熟，至唐代成为宫廷和民间共盛的艺术。聊城这一时期出现了很多身怀绝技的艺人。此后，聊城杂技经久不衰，杂技艺人走南闯北，遍布全国各地。民国初期，仅东阿县就有几十个杂技马戏班。此外，阳谷、茌平、莘县、临清等还有几十个杂技团。1949年后，在党和政府的扶持下，对民间杂技团进行了改造、重组，“前进”“胜利”“跃进”等杂技团先后组建。1955年，东阿县正式组建马戏团八个。1970年，成立了聊城地区杂技团。2006年国务院将聊城杂技公布为首批国家非物质文化遗产。

3. 临清贡砖制作技艺

明永乐年间，明成祖朱棣为了迁都，用了15年时间在北京大兴土木，营建皇家宫苑城池，临清砖官窑业即创设于此时。据《临清州志》记载，临清砖窑始于“明永乐初”，清代仍延续烧制，到清代末年才停烧，前后共延续了500余年。

砖窑设在临清的主要原因：一是临清的“区域性地理优势”。临清傍临运河，运输方便，砖成可就随漕运到京师。二是临清的土质特别。由于黄河的多次冲击，临清很多地方的土往下挖一米多深后，就会发现红、白、黄相间的“莲花土”。这种“莲花土”无杂质，沙黏适宜，烧成砖后，“击之有声，断之无孔，坚硬茁实，不碱不蚀”。现在一般砖的硬度是70号，中国文物研究所曾经对临清舍利宝塔上的临清古砖进行测试，硬度达到200号，比普通石头的硬度都大。

随着近年来我国许多文物古迹的陆续修缮和仿古建筑的建设，作为对传统工艺的传承，1996年，在临清城东西陶屯，作为窑户的后代，掌握着传统制砖工艺的景永祥恢复了古砖生产，其生产的古砖规格大小基本上按照以前北京贡砖的规格，已经用于蓬莱水城和成都杜甫草堂的维修，并已通过山东省工程建设监督中心的鉴定。2006年，临清贡砖制作工艺被列入山东省非物质文化遗产名录。2008年，被列为国家非物质文遗产项目。

四　运河遗产的保护传承

为了使聊城悠久灿烂的文化得以继承并发扬光大，使其发挥更大的作用，聊城市不断加大历史文化名城的保护和建设力度。

（一）做好历史文化名城规划

聊城市根据国家和省的有关法律法规，制定了《聊城历史文化名城保护规划》。根据聊城的历史和现状，该规划紧密结合历史文脉，对老城区做全面保护规划，对市区及郊区风景名胜和文物古迹作重点保护规划，妥善处理保护与建设的关系。注意保护老城的空间艺术处理手法，维护历史的连续性，做到古今和谐，古为今用。

在规划中，根据聊城市的特点，将“一城、一线、188 点”作为历史文化名城规划的重点。

一城：即古城区。古城区是聊城历史发展的见证，该区内古城为 1 平方公里原方城，四周环以广阔的湖面，整个古城区如漂浮于水中的棋盘，它是保护规划的核心。1958 年城市规划时就提出了“保护旧城、发展新城、新旧分开”的规划原则，古城区格局得到很好的保护，集中体现了古城历史风貌。历史上著名街巷，风貌依旧，原城墙、城门遗址边界清楚，同时还集中了光岳楼、海源阁等一批文物古迹或古遗址，加之其外围的大面积的湖面，使它与名城的发展形成了不可分割的关系，是保护规划的重中之重。

一线：即古运河文化线。古运河是聊城经济文化在历史上高度繁荣发达的见证，在漕运鼎盛时期，古运河为聊城的发展做出巨大贡献。围绕古运河形成的古运河文化线，线脉保存基本完好，历史上有名的传统街巷曲折、自然、大小水面穿插其中，一些传统的商业建筑面街临水，比肩林立。在聊城古运河文化线还集中了古船闸，桥梁，大、小运河码头，山陕会馆，教堂遗址，傅氏祠堂，大、小清真寺，铁塔等众多文物古迹和遗址，同时还保留古槐等众多古树名木。

188 点：即目前聊城城内，保存较为完好，有重要意义和研究价值的 188 处文物古迹。它们都是聊城历史发展的一部分，也是历史文化名城的重要组成部分。

（二）依法对历史文化名城进行保护

聊城市依据省政府批准的《聊城历史文化名城保护规划》，有步骤、有重点地加强对历史文化名城的保护建设。

在古城区，按照保持原古城城市格局和道路骨架，维护其传统空间风貌形态的要求，有计划地改造、拆迁一些形式破旧、色彩不协调、密度过高的民居，严格控制古城建筑层数和建筑高度，自城墙向里，一至二层为主，局部建设三层，严格控制古城区 12 米以下的建筑高度，建筑色彩以灰瓦、青砖墙为主，采用坡顶的传统建筑形式，确定古楼东、西、北街为传统商业街，楼南街为文化街，观前街、考院街、十县胡同、状元街、火神庙街、道署街、关帝庙街、二府街等为传统风貌街；恢复了著名藏书楼海源阁。完善了已经开辟的光岳楼广场环境，对广场外围的建筑质量和形式进行了严格控制；结合遗址现状和历史记载，逐步恢复一些历史名园真面目，形成了新景观。

古运河文化线保护建设规划措施主要有：控制古运河沿线污水排放，对古运河分期进行集中整治，建成古运河公园，为古运河增加现代生活气息；运河开发中保持古运河走向，严格按古运河原走向规划设计，不改变古运河道走向；古运河沿线的名木古树，均加以保护，严禁砍伐破坏；确定“米市街”“礼拜寺街”“双街”“东关街”“馆驿街”“顺河街”等为传统风貌街。

加强对重点文物古迹保护。对重点文物古迹，根据《文物保护法》和城市总体规划，划定了每一处文物古迹的绝对保护区、严格控制区和环境协调区。

五　运河旅游

作为运河沿线城市，聊城是运河申遗联盟的重点城市，是国家文物局、省文物局等重点关注地段。这次聊城有阳谷、临清的三段运河列入申遗名单，其中临清共 8 公里，包括两部分：南段为明运河（俗称“小运河”），从邱屯枢纽至临清头闸，此河段共 6.8 公里；北段为元运河，从邱屯枢纽至临清闸，此河段共 1.2 公里。运河钞关、鳌头矶两处遗产点被列入申遗名单。阳谷段约 19 公里，南起金堤闸至阿城下闸北 1 公里。该段河道内元代建设的水工设施荆门上、下闸，阿城上、下闸被列入重要申遗名单。申遗的成功，对聊城保护开发运河文化资源、打造运河旅游产业带来了难得的机遇。

近年来，聊城市委市政府及旅游主管部门高度重视运河保护与开发，2016 年，成立了由市政府主要领导任组长的聊城市旅游改革发展和运河开发领导小组，2017 年，又成立了聊城市运河保护开发委员会；组建了聊城市重大决策委员会运河旅游开发专家组，为运河旅游开发和全域水城建设提供了强大的智力支撑；成立了聊城市旅游发展投资集团有限公司，成为聊城大型旅游投融资发展平台，该集团负责京杭大运河聊城段保护与开发项目。

2016 年 6 月《京杭大运河聊城段旅游发展及水生态体系规划》通过专家评审。2017 年 3 月《京杭大运河（聊城段）旅游产业综合开发区域控制性详细规划》《京杭大运河聊城段李海务至梁水镇片区旅游策划》通过评审，这标志着运河保护开发项目将步入实施阶段。

2017 年 6 月，国家旅游局印发《关于印发 2017 全国优选旅游项目名录的通知》，推出了 680 个优选旅游项目，京杭古运河（聊城段）文化旅游产业开发建设项目成功入选。

《京杭大运河聊城段旅游发展及水生态体系规划》站在全国的角度对聊城运河段现阶段发展情况进行了分析，对省城镇体系规划、省会城市群经济圈发展规划、京杭大运河旅游总体规划等相关规划进行了解读。并通过对流域水资源和水利现状、京杭运河及周边用地现状以及区域旅游市场、区域旅游环境和旅游需求的研究分析，确定了聊城市古运河总体定位、旅游品牌及设计愿景。

总体定位。世界的运河：世界文化遗产旅游目的地、国际自行车赛基地；中国的运河：国家步道、国家级水利风景区；山东的运河：聊城运河经济带、乡村旅游综合体。旅游品牌：会通古运河，聊城故事多。设计愿景包括四大篇章：文化的河、流动的河、美丽的河、繁荣的河。

六　存在的问题和对策分析

（一）问题

京杭大运河聊城段有着辉煌的历史，为聊城人民创造了丰富的物质和精神财富。但今天，大运河面临着自然环境污染严重，文化遗存毁损流失惊人，社会经济功能锐减等问题。

1. 自然环境破坏严重

京杭大运河聊城段常年断流，不通航。除聊城市区段得到较好的保护外，多段运河古道被割裂、阻断，形成断头；个别地段有少量水，水质也较差，整体污染严重；水利设施管理失范，水利工程已经严重老化，大部分年久失修，已不能发挥其应有的作用。

2. 社会经济功能退化

航运功能发挥不足，京杭大运河曾经拥有发达的航运，现聊城段已停止航运，沿岸大多数居民已经基本没有使用运河河水的概念。

3. 文化遗产损失较大

运河部分地段的文物保护规划已制定，一些河段还展开了环境整治、抢救修缮文物等工作，但一些地方对运河沿线残留不多的古宅、古街、古巷以及深埋地下或为草木掩映的闸坝、堤岸、碑刻等，没有发掘整理或采取相应保护措施。在市场竞争下，非物质文化遗产的保护较为困难，受到忽视，伴着城市的大规模改造，运河沿岸的历史文脉也变得漫漶不清，老艺人在老去，技艺后继无人。

4. 旅游开发利用不足

除聊城城区段运河有一定程度的旅游开发利用，其他段仅处在规划阶段。古老的运河没有得到很好的保护开发利用，运河的文化内涵没有得到很好的挖掘。

（二）对策

针对以上问题，可以从六个方面解决。

（1）加强资源保护和开发。保护与开发运河名城和文物古迹，对于构造运河文化景观的框架，并逐步开发形成内涵丰富、特色鲜明的运河文化旅游带具有重要的文化支撑作用。聊城应以“延续历史文脉、保持古迹风貌、彰显运河文化”为理念，在运河古街、古城保护开发中，注重保护发掘运河文化遗产。一是要重视和加强运河文化名城与文物的依法保护工作。在保护工作中，既要依法保护好各级文物，又要着重保护反映古运河面貌特征或具有传统风貌的街区。二是要加强对沿运河地区传统特产的保护开发。聊城段运河的传统产品，饱含着许多历史文化因素，如临清砖素以“击之有声，断之无孔”而享誉中外；东昌木版年画、雕刻葫芦享誉运河沿岸；阳谷武大郎烧饼已形成了规模化产业。对这些运河传统特产要积极地进行保护、开发和利用，这对丰富运河文化内涵，对发展运河文化旅游，促进运河经济，都具有重要的意义。三是重视发掘和弘扬优秀的传统文化。运河文化凝结了沿运河地区宝贵的精神财富，临清是京剧之乡、山东快书诞生地、《金瓶梅》故事背景地，东昌府区是历史文化名城，拥有中华水上古城和山陕会馆、铁塔等国宝级文物，底蕴深厚；阳谷是水浒故里，拥有七级、张秋等运河古镇。对这些丰富多彩的传统文化应当采取措施加以保护和开发，促进沿运河地区精神文明建设的发展。

（2）打造一批精品运河项目。项目是旅游的载体，没有一批层次高、特色鲜明、吸引力强的运河旅游大项目，就不可能形成运河旅游的实际突破。要充分利用和挖掘聊城运河沿线的资源，打造一批具有地域特色的旅游品牌。加快建设中华水上古城、护国隆兴寺、中洲运河古城、七级运河古镇、周店古船闸等重点景区建设。要抓好项目规划和建设，力求有特色、有新意、有卖点，要把游客需求、延长逗留时间、增加消费热点放在突出位置。要重视对景区文化内涵的挖掘，发现和丰富景区的历史典故和人文轶事，让游客在消费物质形态旅游产品的同时，感受到精神上的文化享受。充

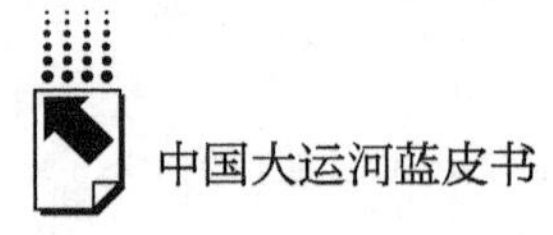

分利用现代科技手段，增加文化元素，增加景区景点的参与性和体验性旅游项目。

（3）大力推进各项基础设施建设。加快沿河公路建设，强化公路与城镇主干道的衔接，加快运河阻断水系的恢复重建以及沿岸农田灌溉设施的配套建设。推进旅游公路、旅游码头、绿色景观廊道、旅游集散中心、旅游标识标牌、自行车道、公共休闲娱乐场所、停车场等旅游基础设施建设。加强运河文化设施建设。通过运河文化博物馆、运河文化广场等，向人们展示运河在古今社会发展中的重要作用以及它对聊城城市发展的重要贡献，弘扬其悠久的历史文化。

（4）大力推进乡村游与运河游的融合。积极引导运河沿线村镇结合本地资源条件，开发娱乐性强、互动参与性大、表现形式新颖的休闲娱乐项目，让游客参与其中，增加运河旅游的趣味性，形成都市居民休闲农业旅游的后花园。鼓励农民及其他投资者以自己所有或者租赁的房屋、宅基地、承包地、林地、废旧场房等兴办农家乐、渔家乐；依托农家生活、乡村风情，引进现代旅游产品，将乡土文化与现代文明结合，从而满足游客需求。

（5）加强生态建设和环境保护。水是运河的血脉和灵魂，是保证运河旅游的关键。聊城运河目前存在着河水污染，部分河道不畅等问题，危及运河旅游的发展。要严格控制污染源，对造成环境严重污染或破坏整体景观的项目必须采取整改措施，必要时关、停、并、转。要大力整治河道，确保运河航道的畅通。认真做好运河两岸的绿化工作，美化两岸环境走可持续发展的开发道路。

（6）创新体制机制。有关部门在管理体制上，要设立统一的组织部门统管运河旅游景区和与运河旅游产业开发有关行业和部门，协调解决运河旅游产业发展中出现的问题。在经营机制上，积极引进省内外战略投资者，鼓励社会资本以合资、独资和特许经营等方式，推进聊城运河沿线基础设施建设和生态文化旅游、现代农业等产业发展。加强区域合作，建立健全运河沿线区域协商合作机制，探索建立生态协同治理、基础设施共建共享、区域互助支持等协调机制，形成横向联合、上下联动的发展格局。

B.25
江苏省扬州市邵伯镇发展报告

刘怀玉*

摘　要： 江苏省扬州市邵伯镇位于大运河与长江、淮河两大水系交汇之处。邵伯古称甘棠和邵伯埭，因东晋太元十年（385）官封太保太傅的著名政治家、军事家谢安于此筑埭而得名，唐宋以后日益兴盛，是京杭运河沿线闻名遐迩的繁华商埠。近年来，先后被授予中国历史文化名镇、全国重点镇等荣誉称号。邵伯镇被誉为“活着的运河古镇”。多年来，该镇致力于大运河生态环境的改善与保护，文化遗产的传承与弘扬，文化空间的拓展与营造，原生态生活的维护与提升，实现了有序开发利用和可持续发展，成为运河遗产保护利用的典范。邵伯镇的价值特色：运河水工的精华之地；运河水源的生态廊道；运河文化的精神家园；运河美食的天堂，曾被中国烹饪协会授予“大运河美食文化传承基地”称号。建议以建设运河风情小镇为核心诉求，实现河湖镇一体化发展。

关键词： 中国大运河　遗产保护　扬州市　邵伯镇

江苏省扬州市江都区邵伯镇位于大运河与长江、淮河两大水系交汇之处邵伯湖畔。邵伯古称甘棠和邵伯埭，因东晋太元十年（385）官封太保太傅

* 刘怀玉，扬州大学中国大运河研究院副院长，特约研究员，硕士生导师。主要研究方向为运河文化。

的著名政治家、军事家谢安于此筑埭而得名，唐宋以后日益兴盛，是京杭运河沿线闻名遐迩的繁华商埠。明清时期设邵伯巡检司。近年来，先后被授予中国历史文化名镇、全国重点镇、江苏省重点镇等荣誉称号。邵伯镇被誉为“活着的运河古镇”。

一 概况

（一）地理环境

邵伯镇位于北纬32°31′3″，东经119°26′11″之间，扬州市东北郊，西濒京杭大运河，南连江都区仙女镇，北接扬州市高邮市，东与江都区丁伙镇、真武镇为邻，西隔邵伯湖与扬州市邗江区相望。邵伯镇东临京沪高速，国道233、省道237以及在建的连淮扬镇高铁穿境而过。

邵伯镇气候温暖湿润，四季分明，光照充足。年平均无霜期244天，年平均气温14.9℃，最高气温38.6℃（1959年8月24日），最低气温零下17.3℃（1966年2月6日）。雨量充沛，年均降雨量976.3mm，雨量集中在6~9月，约占全年总降雨量的50%；最大年降雨量1688.5mm（1991年），最小年降雨量为431.6mm（1978年）。邵伯镇是淮河入江尾闾，又是南水北调东线工程输水通道，水资源极为丰富。

（二）历史沿革

邵伯镇傍水而居，因埭得名，其历史沿革大致可分为五个阶段。

1. 起源（春秋－东晋）

春秋时期，江淮间湖泊众多而不相连，水陆舟车不便。吴王夫差为争霸中原，开邗沟连接江淮水道，由南至北行至邵伯，与步丘东西武广湖（今邵伯湖）、陆阳湖（今渌洋湖）之间的沟渠会合，向北流入樊良湖（今高邮湖）。

东晋时期，太傅谢安出镇广陵步丘后，为免旱涝、兴航运，于步丘之北

20 里、古邗沟水流湍急之处筑埭，以蓄水灌田，便民利漕，使得此处成为邗沟行船必经之所，至此邵伯具备了由村落向集镇发展的基础。谢安筑埭既为当地免除洪涝灾害，又使邗沟沿岸人气兴盛，因此被时人比作周代召公，因此，此埭得名“召（邵）伯埭”，邵伯镇因此得名。

2. 兴起（隋 - 元）

自东晋建埭后，邵伯逐渐成为货物集散中心。隋代江淮地区成为漕粮的主要供应地，宋代邵伯设驿站，在运河漕运和水工发展推动下，形成了沿运河聚落的城镇，邵伯舟船络绎，客商如织，开始成为江淮名邑。宋天圣年间，邵伯埭边修筑了随时启闭，既可节流又利行舟的两室船闸。邵伯埭沿线人口集聚、商业繁华，北宋出现了邵伯置镇、设驿站的记载。

3. 繁盛（明 - 清）

公元 1194 年黄河夺淮后，直至明初，淮河渐淤，邵伯湖等运西湖泊不断扩大，甚至吞没了运河航道，因江南漕船行至江淮运河皆需经由运西湖泊北上运粮，开启运河“湖漕”历史。万历二十八年（1600），在邵伯东堤内侧另筑堤防一道，两堤之间为越河，即邵伯明清运河的开端。此后，清康熙、乾隆两朝采取“疏堵结合”的策略着力整治运河河道，兴筑堤坝分离江淮河湖，使邵伯仍为严密的漕运体系中的一环。漕运制度的成熟和商业贸易发展，促使邵伯出现门类丰富的手工业和服务业。频繁的南北交流促进宗教、会馆的多元迸发。明洪武元年（1368），邵伯巡检司设立。清雍正七年（1729），邵伯设扬粮厅。清末扬州名仕贾颂平在邵伯设盐栈总栈。乾隆南巡时为邵伯留下了“大码头”题字。

4. 转型发展（1912 - 1975年）

1912 年民国设邵伯市；1945 年中国共产党在邵伯建立政权，初置区政府，后建市政府。1957 年确定邵伯镇为县属镇。1958 年 9 月建邵伯人民公社，至 1973 年 4 月，历经三次分合调整，其中在 1959 年第一次调整中分出丁伙镇另建公社；1981 年 5 月，改公社革命委员会为公社管理委员会；1984 年 5 月，复名邵伯镇人民政府。京杭运河的治理和水利工程建设，江苏油田等国有企业的入驻与乡镇企业的崛起带来大量就业人口。随着城镇中心的转移和运河客运终止，邵伯历史镇区商业衰落，转型为居住功能。2005年5月行政区划调整，昭关、邵伯镇合并新建邵伯镇。目前邵伯是全国重点镇，全国新型城镇化试点镇。

（三）价值特色

千百年来，邵伯埭保障了运河航运的畅通，日益成为千里运河线上的重要港埠，被誉为运河“大码头”。多年来，该镇致力于大运河生态环境的改善与保护，文化遗产的传承与弘扬，文化空间的拓展与营造，原生态生活的维护与提升，邵伯实现了有序开发利用和可持续发展。

运河遗产保护的典范。邵伯距今已有1600多年。淮扬运河主线（邵伯段）以及明清运河故道、码头群、古堤等人文自然景观被列入大运河世界文化遗产名录，遗产点数量为运河沿线各镇之最。邵伯老街的斗野亭、镇水铁犀、运河巡检司、清代四部尚书董恂读书处、盐商大楼、甘棠树等历史遗存生动地诉说着运河千年故事。

运河水工的精华之地。邵伯缘水而建，因水而兴。自邗沟开凿到东晋谢安筑埭治水直至当代航运复兴，留下了邵伯埭、邵伯船闸、自流灌溉渠等丰富的水工遗存，其中，邵伯船闸已有1600多年历史，是我国船闸发展史的生动缩影，也是苏北运河航运史与水利发展史的最好见证。今天邵伯船闸依然是南北水上交通的中心枢纽，单日船舶通过量逾100万吨。

运河水源的生态廊道。邵伯位于南水北调东线和江淮生态大走廊核心区，四水交错、五湖环绕。206平方公里的邵伯湖，浩渺无际，景色优美，素有“三十六陂帆落尽，只留一片好湖光”之美誉。省级湿地保护区渌洋湖，林涛起伏，鸟雀啁啾，是植物的王国、鸟类的天堂。占地12万平方米的邵伯运河生态公园复活了明清运河故道风情、再现了运河盛世繁荣景象。

运河文化的精神家园。邵伯文化南北兼容，是江苏省民歌民乐之乡。《邵伯锣鼓小牌子》《邵伯秧号子》被列入国家级、省级非物质文化遗产，《杨柳青》《撒趟子撩在外》等民间小调在海内外广为传唱。“露筋娘娘”

成为千百年来运河船民心中的保护神；苏轼、黄庭坚等北宋七贤吟诗唱和于斗野亭；清代画家王素在此创作了百年佳作《运河揽胜图》；当代作家朱自清在《扬州的夏日》里深情怀念骑在铁犀上嬉戏的童年时光。

运河美食的天堂。邵伯美食得邵伯湖水之鲜，融南北风味之特，集淮扬菜系之全，被中国烹饪协会授予“大运河美食文化传承基地”称号。“邵伯湖旅游龙虾节”享誉全国，“邵伯清水龙虾”获“中国名菜”称号；“邵伯绿菱”粉嫩爽口，为运河三宝之一，系国家地理标志产品；邵伯香肠、牛肉、老鹅等特色小吃驰名四方。

（四）运河关联与定位

1. 邵伯水利工程发展历史

（1）从谢安筑埭至东晋末年以前。东晋太元十年（385），谢安于步丘以北 20 公里处筑埭挡水，利漕挡水（即邵伯）。至东晋末年，邗沟上已有秦梁、邵伯、三救、镜梁四埭。秦梁距邵伯 10 公里，邵伯至三救、三救至镜梁各 7.5 公里，形成了人工控水、分段节流的梯级航道。

（2）唐宋时期至 1885 年黄河改道。天圣七年（1029）“扬州邵伯闸成，赐发钟离瑾敕书奖谕”。永乐十四年（1416），修上下二闸。万历二十八年（1600），刘东星令郎中顾云凤开邵伯月河长 18 里，建南北金门石闸 2 座，以节制水流，利于航运。清乾隆二十三年（1758），将万历二十三年（1595）所建金湾减水闸北闸闸底降低 2 尺 4 寸，作为沟通运盐河与京杭运河的通航闸，后名邵伯六闸。

（3）1855 年黄河改道至今。新式船闸的出现，船闸技术的革新，发展是这一阶段的重要特点。从整治运河着手，在运河内建“新式船闸”，使运河能常年通航。民国 23 年（1934），在京杭运河苏北段一线兴建邵伯、淮阴、刘老涧三座在当时技术先进的新式船闸。1962 年邵伯船闸西侧邵伯一线船闸投入使用，1979 年，因扩到向北送水的过水断面，民国建邵伯船闸被拆除，1988 年在一线船闸以西，邵伯复线船闸运行。

2. 邵伯埭演变史

晋太原十年（385）太傅谢安在邵伯筑埭蓄水，既便于漕运，也利于灌溉，后来人们追思谢安的功绩，将这座埭起名“邵伯埭”。“邵伯埭”成为淮扬运河重要的控制水流工程。到宋雍熙（984）时，邗沟修筑了五座堰，邵伯是北起第二座。天圣七年（1029）钟离谨在邵伯埭旁置闸。明洪武元年（1368）修建邵伯镇上下闸。洪武七年（1374）建邵伯小坝（邵伯南下闸口西岸），用于拦水。永乐十四年（1416），修扬州府邵伯镇上下闸。到宣德四年（1429）运河水满，漕船经过邵伯时“皆自平流”。正统十一年（1446）由于运河堤已经修筑完成，邵伯闸坝不再使用。到万历二十八年（1600），总督河漕刘东星开邵伯月河，北接康济河。康熙十九年（1680），河道总督靳辅在高邮、江都运河东堤上建六座三合土减水坝。道光二十九年（1849）加筑邵伯运河西堤长十里，使运河西堤南延至湾头。1901 年漕运结束。1935 年建成邵伯新式船闸。1959 年新筑邵伯运河东堤时，彻底废除昭关坝。1962 年建成邵伯一线船闸，替代了 1935 年老闸，1979 年扩建运河时将老闸拆除。1987 年 12 月在一线船闸西侧邵伯湖建成邵伯复线船闸，2008 年开工建设邵伯三线船闸。

二　城镇现状

邵伯镇域面积为 122.91 平方公里，人口近 10 万，辖 2 个国营场圃，2 个居民社区，21 个行政村。邵伯的区域优势十分明显，是南北交通的要冲，苏中大动脉的咽喉，构建了水、陆、空、铁立体化交通网络格局。重点指标稳步攀升。截至 2016 年年底，全镇实现经济总量 413.8 亿元，再次被评定为全国重点镇，入选全国千强镇，列 105 位。

邵伯拥有大运河世界文化遗产点四处。乾隆皇帝六次南巡驻足于此。清朝四部尚书董恂所著《甘棠小志》作为我国乡镇名志现保存于国家博物馆和美国国会图书馆；历代文人墨客苏轼、秦观、颜真卿、文天祥、朱自清等曾在此徜徉，留下了许多脍炙人口的诗篇；邵伯是江苏省民歌民乐之乡。民歌《纱囊子缭在外》被联合国教科文组织定为亚洲民歌，《拔根芦柴花》被定为中国民歌，民乐“邵伯锣鼓小牌子”成为国家非物质文化遗产，民间传说《露筋娘娘》成为江苏省非物质文化遗产。

邵伯是江苏油田的诞生地。1975 年，来自全国各地的石油大军在邵伯拉开了江苏省石油会战的序幕，从此邵伯湖畔，运河两岸，井架如林，机声隆隆，逐步以邵伯为中心，建成了一个装备完善、技术先进、生活设施配套的现代化石油基地。

三　运河遗产

（一）遗产概况

1. 水工文化

列入世界遗产名录的“明清运河故道”、邵伯古堤、邵伯码头等以及民国船闸、中华人民共和国成立后陆续建成通航的邵伯三线船闸，无不体现了人类利用自然、改造自然的成果。

2. 码头文化

穿梭在大运河上的船只，不仅运送着各样货物，还运载着南来北往的文人墨客、名流高士，他们留下了上百首吟咏邵伯的诗篇辞章，如宋代的孙觉、苏轼、苏辙、黄庭坚、秦观、张耒、张舜民在斗野亭七贤唱和佳话，南宋民族英雄文天祥的《过邵伯镇》，明代著名文士欧大任的《邵伯堰》、李东阳的《夜过邵伯湖》，清顺治时期的吏部侍郎、翰林院学士彭孙、刑部尚书王士桢，清代著名戏曲《桃花扇》作者孔尚任、明代《西游记》作者吴承恩等，诗书皆长的乾隆皇帝也留下了多个吟咏邵伯的诗篇。清代邵伯有史可稽的进士就达 20 余人，如翰林院编修蒋继轼、四部尚书及总理各国事务的全权大臣董恂、山东道御史徐元亮、同举进士徐元方等。

3. 漕运文化

明清时期，邵伯既是漕运咽喉，又是苏北重要的粮食集散地，每年约有

300多万石漕粮过境。清乾隆年间，江南运往北京的白粮（供皇室御用的粳、糯米）均集中邵伯，打包北上；山东、河南、淮北的大豆和里下河地区的稻麦也在邵伯集散，当时邵伯镇上的划子不下百余艘，因货物搬运需要人力，时称“搬运脚班”，按街面作业地段，分“三坝五巷口”，各自经营，人数多达200余人。以船民为销售对象的油麻、铁钉、柳器店达百家以上。杂货、绸布、药材、钱庄、当铺、客栈、酒楼、浴室也应运而生，且各业俱荣。

4. 宗教文化

自晋代建梵行寺始，至1946年，全镇有67座寺、庙、庵、观等，如甘棠庙、来鹤寺、大悲阁、泰山行宫、罗令祠、多宝院、如来庵、百子堂、北济孤坛、清真寺等，其中来鹤寺殿宇辉煌、高大雄伟，寺舍4进100余间，后周显德五年（958）世宗征淮南，驻跸于此，宋代苏轼为千斤大钟撰钟铭，清代成亲五书大雄宝殿“月明古寺客初到，雷满空庭鹤未归”楹联；宝公寺为扬州古刹，寺楼藏有经、律、论6737卷，为寺之珍宝。邵伯的包容性使得佛教、道教、基督教、天主教、伊斯兰教都曾落地传播。

5. 民俗文化

邵伯有鲁班会（木工行业）、雷祖会（粮食业）、老君会（铁匠业）、药王会（药店）、关帝会（布业）、罗祖会（理发业）、大王会（船业）等，由各行各业按各自习俗组织祭拜活动；庙会习俗如东岳会（农历三月二十八）、城隍会（清明、七月半、十月初一）、都天会（农历五月十八）、观音会（农历六月十九）等。庙会之日，寺庙香烟缭绕，善男信女烧香拜神，络绎不绝。由此衍生出常用于庙会游街的“邵伯锣鼓小牌子”，已被列入国家级非物质文化遗产；《露筋娘娘的传说》被列入江苏省级非物质文化遗产。

6. 美食文化

邵伯美食古有邵伯焖鱼，今有邵伯龙虾，还有邵伯湖鲜、邵伯香肠、昭关熏鹅、邵伯老菱等也都享誉四方，尤其是邵伯龙虾，已经成为一块金字招牌。已成功举办了十七届“扬州邵伯湖旅游龙虾节”。

（二）运河工程

1. 大运河淮扬主线江都段

淮扬运河江都段源于邗沟。公元前 486 年，吴王夫差开凿北上征战军事运道，在今扬州西北蜀岗尾间修建邗城，从邗城下开凿邗沟，引江水经茱萸湾北上，在武广湖（今邵伯湖）和陆阳湖（今邵伯渌洋湖）之间，下注樊良湖（今高邮湖），折而东北入博芝、射阳二湖，至末口（今淮安）入淮河。东晋谢安于 385 年筑邵伯埭。隋炀帝继位后（605），重新疏通大运河的主航道，复穿邵伯境。从此，邵伯一直为运河重镇。现邵伯境内的淮扬运河主线约为 16 公里，不仅是运河的主航道，亦是南水北调东线的主通道。

2. 邵伯明清运河故道

位于邵伯镇西，北至邵伯节制闸，南至南塘，长约 2000 米，宽约 30 米。该河道目前航运功能已废弃，但河道整体走向、河岸护堤及码头仍然得以保留。现在邵伯故道为防洪排涝和城镇景观河道。邵伯明清大运河的前身是邗沟的一部分。1600 年，为避免湖面的风浪影响漕运，在邵伯湖东侧修建堤坝，使大运河的主航道与邵伯湖彻底分开，成为独立的航道。邵伯镇西的这段大运河是清道光三十年（1850）三沟闸至梁家港的堤坝修建之后逐渐形成的。

3. 邵伯古堤

位于邵伯镇甘棠社区以西的运河故道东岸的一段古运河河堤。古堤用于防止邵伯湖湖水外泄，保持运河水位。南宋绍熙五年（1194）淮东提举陈损之新筑江都县至淮阴大运河大堤 180 公里，名绍熙堤。宋元两朝，仅有堤防一道，在邵伯湖之东，时名东堤。明代漕船在湖中行驶，常遭风浪沉没，故兴筑河湖分隔工程。明万历年间，挑邵伯月河，在东堤内侧，另筑堤防一道，两堤之间为大运河航道，此后方有西堤之称。明代以后，运河成为淮河的入江通道，河床逐年淤垫升高，逐渐成为悬河，对运河以东地势低洼的里下河地区形成巨大威胁，此段大堤作为防洪屏障被不断加高加固。清康熙五十三年（1714），修建邵伯大运河东岸石工，长 396 丈。邵伯古堤的修筑，使邵伯段大运河脱离湖面，成为独立航道。同时，古堤也是抵御淮河洪水，保障邵伯镇安全的重要屏障。古堤现存部分南北长300米，截面为梯形。堤沿上部压一层条石，仍留有清代两块石刻，一为清光绪时期的“金堤永固”；一为清宣统时期的“甘棠保障”。2006年，邵伯古堤被国务院公布为第六批全国重点文物保护单位。

4. 邵伯码头

最早的邵伯码头已无可考，但是位于明清大运河故道堤上的这四座码头的建成年代，与大堤相同，亦为清康熙五十三年（1714）所建，自北向南分别称为竹巷口码头、大码头、朱家巷码头和庙巷口码头，其中大码头的名声最响，素有“邵伯大码头，镇江小码头”的说法。自从邗沟贯通江淮，邵伯成为南北往来必经之路，船舶往来日渐繁盛，因此在邵伯镇明清大运河故道两侧形成了大量码头。自北向南分别有蔡家巷码头、城隍庙码头、馆驿前码头、小坝巷码头等主运食盐及粮食；竹巷口码头、大码头、朱家巷码头主运八鲜货及商店物资；庙巷口码头、土码头、南米市码头及上下河轮船码头主运粮、蛋、桐油及旅客行李。邵伯码头是往来大运河南北的客商主要停靠之处，也是进行对外货物贸易的主要场所。1936年大运河改线，邵伯明清大运河故道失去航运功能，这四座码头也随之逐渐失去货运功能。2006年，邵伯码头被国务院公布为第六批全国重点文物保护单位。

（三）运河交通

1. 邵伯民国船闸（小船闸）

位于里运河邵伯中大王庙西侧，建于1934年。该闸上接里运河，下至六闸到邵伯湖，经湾头入大运河航道。建闸款项系利用英国的“庚子赔款”。邵伯民国船闸是苏北运河段第一批兴建的新式船闸之一（同时兴建的还有淮阴、刘老涧两座船闸）。蒋介石为该闸书写闸名。邵伯船闸由导淮委员会工程处设计，经招标选定上海陶馥记营造厂承包施工。该船闸从1936年建成通航，至1979年拆除报废，历时43年。

2. 邵伯三线船闸

（1）邵伯一线船闸。邵伯船闸是京杭运河徐扬段上的一个重要水上枢纽。一号船闸于 1962 年 3 月正式投入运行。采用齿轮齿条式顶平车启闭机启闭闸门，电器采用分散程序控制。每闸能容纳 500 吨级船舶 10 艘，目前主要担任危险品船、客轮、货轮的过闸任务。

（2）邵伯二线船闸。二号船闸于 1987 年 12 月 16 日竣工验收，1988 年年初正式投入使用。目前主要担任船队、货轮的过闸任务。

（3）邵伯三线船闸。三号船闸于 2011 年 12 月 28 日建成，2012 年 8 月 8 日正式通航。船队进出方式直进曲出，上游为多航线，多支流汇聚区域。三号船闸因需承受双向水头，上、下闸首工作闸门为钢质弧形三角门，输水系统采用集中短廊道形式，阀门为钢质平板提升门，闸、阀门启闭机均采用液压直推式启闭机。电气控制采用计算机集散控制。每闸能容纳 600 吨级船舶 12 艘，目前主要担任货轮、船队的过闸任务。

（四）运河文化

1. 物质文化遗产

（1）邵伯条石街（历史文化街区）。邵伯条石街北至奶奶庙桥，南至老盐邵运河，全长约 1.5 公里，现存的中大街、南大街、北大街，始建于明代，是邵伯平行于运河的水陆交通要冲，也是当时重要的手工业、商业中心。邵伯历史文化街区沿运河形成独特的鱼骨状街巷体系，并与运河边码头形成对应关系，并作为重要的码头集散地，成为当时重要的居住与工商业区。明清时期，随着运河漕运功能的日益发展，中大街、南大街两岸米仓林立，商业发达。目前，整体街巷空间尺度宜人，空间节奏变化丰富，较完整地保持了明清时期的街巷空间格局。中大街、南大街两侧传统风貌建筑较为集中，空间格局保存完好，该地段内有邵伯古堤、齐氏住宅、汪氏住宅、张氏住宅、济氏住宅等五处文物保护单位，同时中大街、南大街两侧还保留了较为集中和完整的传统住宅建筑以及大量的生活街巷。

（2）邵伯明清运河故道西堤。邵伯明清运河故道西堤是淮扬运河主线江都段“湖漕”格局的见证。自邵伯明清运河故道的航运功能丧失后，于1934年，在高水河路西北侧，兴建了邵伯老船闸，这是当时技术最先进的新式船闸。沿线还分布有大王庙等历史文化遗存。

2. 非物质文化遗产

（1）邵伯锣鼓小牌子。邵伯锣鼓小牌子是国家级非物质文化遗产，属于一种丝竹与锣鼓相间的民间器乐种类，一方面其曲调来源于民间的清曲小唱，另一方面在乐曲结构上又受到传统十番锣鼓的影响，从而形成了自己独特的音乐形态。

自19世纪下半叶以来，邵伯锣鼓小牌子一直是当地群众喜爱的艺术形式，并且也是民俗文化活动的重要组成部分。每逢农历三月二十八的“东岳庙会”、六月十九的“观音会”、七月十五的“盂兰会”以及春节、元宵节等活动，一般都会有锣鼓小牌子的演出。如迎神赛会台戏前的“开场”或节日场面中的“踩街”等，而此时的商会、粮行及手工业、手工艺行业中都会有演奏者参加到队伍中来，人数往往多达数百余人。

（2）邵伯秧号子。邵伯秧号子是省级非物质文化遗产，是苏中地区稻作文化中独具特色的一种民间俗曲，流传有千年以上的历史。通常用领唱加和唱，即“一唱众和”的形式。由嗓子和口才最好的栽秧能手，即领趟的妇女领唱“打头号子”，接着众人“吆号子”。“领唱”节奏舒展自如，音调响亮，悠扬动听，“众和”节奏规整、明快、跌宕起伏，洋溢着欢快的劳动气氛。

3. 生态环境

邵伯镇四水交汇、五湖环绕、生态优良，运河西侧的邵伯湖南通长江，北与高邮湖、宝应湖连成一片，古称“棠湖”，面积约206平方公里，素有“三十六坡帆落尽，只留一片好湖光”的美誉。芦苇深处，野鸟出没；夕阳西下，渔火闪烁，邵伯湖不仅增添了古镇邵伯的灵动，也孕育了无数鲜美的水产，外酥里嫩的传统名菜“油焖虎头鲨”、运河三宝之一的邵伯老菱，还有那享誉大江南北的邵伯龙虾，无不得益于清甜的邵伯湖。

运河东侧的渌洋湖是江苏省级湿地公园，江苏省四星级乡村旅游度假区，其核心区是扬州市唯一的自然保护区，也是江苏省万亩生态保护区。区域内河沟纵横，河水清澈；田园景色秀丽，水乡风情浓郁，素有“鱼米之乡”之称。林木茂盛，鸟类及其野生动物种类繁多，每年有70余种鸟类来此过冬越夏，空气清新怡人，气候湿润沁肺，是一个难得的天然大氧吧。

2017年，邵伯镇新建了运河生态公园，总占地面积24万平方米（360亩），其中陆地面积12万平方米（180亩），水面180亩。分为五个主题片区，分别为茶花园、荷塘月色、净瓶广场、桃花坞和铁牛湾，皆融入了邵伯的人文历史故事，是一个集生态旅游、运河观光、人文教育、市民休闲等为一体的运河风光带，也是一个引人入胜的清水走廊、绿色走廊和人文走廊。

（五）运河旅游

1. 旅游发展定位

多年来，邵伯致力于大运河生态环境的改善与保护，文化遗产的传承与弘扬，文化空间的拓展与营造，原生态生活的维护与提升，实现了有序开发利用和可持续发展。目前，邵伯正在建设集生态休闲、美食品味、红色记忆、文化体验、乡村旅游于一体的文化旅游集聚区，打造旅游特色小镇，努力为运河文化价值的彰显寻找突破点，为运河沿线加速发展寻找新的文化路径，为扬州国际文化旅游名城建设做出应有的贡献。

2. 旅游发展举措

以大运河文化产业带、江淮生态经济区、特色小镇、环邵伯湖旅游度假区打造为契机，大力融入扬州东部旅游圈，以邵伯运河风情小镇建设为引领，全面构建全域旅游的发展格局。2017年上半年已获批江苏省级首批培育类风情小镇、扬州市级首批特色小镇之一。

发展举措突出“点、线、面”的层层递进、叠加增效。

（1）强化“点”的支撑。深入挖掘运河沿线文化遗存，对相关遗存节点进行保护性开发、恢复重建，重点建设运河古镇、水月街市等景点，全力修复三街十二巷、大运河水工展示馆、陈捷先人文馆，逐步恢复章氏秤店、同康泰布庄等传统经典业态，精心修复万寿宫、云川阁、谢太傅祠、董恂读书处等历史遗存，植入水景夜游、水幕电影等时尚元素，水月街市推出花月湾、文创坊、印象院等三大特色文化片区，展现运河名镇的风韵，形成以文化旅游产业为主导的产业带建设格局。

（2）加速“线”的串联。沿运河轴线布局，全力推进江淮生态走廊相关工程建设，维护运河沿线良好的生态、秀美的风光。以沿河村落为支点，融入当地运河水乡特有元素，打造独具特色的生态田园乡村。重点提档升级渌洋湖湿地公园、渌洋湖稻香村、艾菱湖龙虾园、运东渔村，加快建成渌洋湖生物趣味馆、水动力科普乐园、邵伯菱种植体验区等田园景观。同步延伸水路、陆路游线，实现运河带上文化、旅游资源的线性串联，提升运河文化产业带发展质态。

（3）推动“面”的铺开。邵伯跳出“运河文化看运河”，将运河文化内化融合到其他产业形态中去，推动文化产业融合式发展。对接大运河旅游线（扬州城区京杭之心至高邮），办好邵伯湖旅游龙虾节，加大宣传力度，提升邵伯运河美食的影响力和带动力，培育壮大邵伯龙虾、邵伯菱、老鹅等种、养殖产业。加快打造沿邵伯湖影视、婚庆、休闲、度假基地，推进住宿、餐饮等富民产业发展，让群众共享产业发展成果。

（六）保护传承

目前已获得国家重点文物保护的项目，分别为邵伯明清运河故道及其周边大运河遗产保护和展示项目、淮扬运河（江都段）运河遗产保护工程、历史街区省保护单位“董恂读书处”保护工程；邵伯古堤及周边遗产保护展示项目、淮扬运河（邵伯古镇段）遗产保护与利用工程。

1. 传承措施

（1）编制规划。编制《邵伯镇 2015～2030 年总体规划》，并获得江苏省政府批准，委托北京华清公司对《大运河邵伯段遗产展示工程》进行规划设计。委托东南大学编制了《邵伯历史街区保护规划》，委托上海同济大学规划设计院编制了《邵伯运河风情小镇概念性规划》，拟对邵伯境内河、湖、街三个相互依存区域的资源进行系统利用，形成“一环、八线、十八点”的展示格局。

（2）成立专业部门，在邵伯镇成立了区政府下属部门扬州市江都区文化旅游产业园，专门从事大运河文化旅游产业开发。

（3）实施重点项目。紧紧抓住大运河成功申遗的历史机遇，积极打造运河风情小镇，规划面积3.2平方公里，打造运河古镇、文旅新镇两大核心板块，周边配套运河观光带、湖滨度假、特色田园乡村等项目，其中一期主要实施运河遗产和历史街区保护展示工程、水月街市新建工程、渌洋湖湿地生态修复工程、渌洋湖稻香村和艾菱湖龙虾园特色田园乡村打造工程。

（4）加强配套。围绕环境优美、设施完善、功能齐全的要求，已累计投入了5亿元实施邵伯明清运河故道保护与展示工程、淮扬运河主线江都段运河遗产环境整治工程、邵伯历史街区保护一期工程，新建运河生态公园、棠湖路、游客服务中心等配套项目。中大街、南大街、上河边、后街路及其他背街小巷进行逐一整治，实施历史街区三线落地工程全覆盖。对小镇核心区老盐邵河、南塘河、益民河、黑鱼塘、老运河等五条河道进行清理整治，提升小镇宜居、宜业、宜游的生态环境

（5）打造品牌。启动国家4A级景区的创建工作，在每年举办“邵伯湖旅游龙虾节”的基础上，联合世界运河历史文化城市合作组织（WCCO）、世界著名运河古镇共同发起成立了世界运河古镇合作机制，成立世界运河古镇合作机制邵伯驿站。鼓励民间机构举办韵动大运河古镇定向赛、非物质文化遗产传承展示等活动，塑造邵伯运河小镇品牌。

四　存在问题与对策

（一）问题

邵伯在运河文化遗产保护、传承与利用方面已做了许多卓有成效的工作，文化遗产已经得到较好的保护与规划，邵伯明清运河故道保护工程成为运河遗产保护的典范，邵伯船闸依然是南北水上交通的中心枢纽，单日船舶

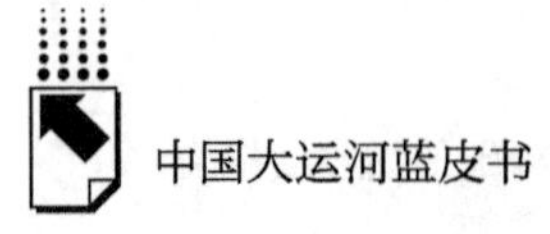

通过量逾100万吨。

存在的主要问题有三项。

第一，运河非物质文化遗产的传承与保护还不够充分，特别是传承工作任重而道远。

第二，运河旅游资源还需要进一步整合，特色小镇建设刚刚起步。

第三，旅游项目配套服务需要提升、旅游市场促销以及宣传推介还需要进一步加大力度，沿线各地旅游业发展互动还需要进一步加强，市场运作水平有待进一步提升，产品特色有待进一步突出。

（二）建议

建议重点做好四个方面的工作。

第一，以建设运河风情小镇为核心诉求。以举办中国扬州邵伯湖旅游龙虾节为契机，解读邵伯运河故事，进一步传承美食文化，推进生态旅游，精心打造运河风情小镇。古街、古巷、古民居；名亭、牌楼、圣庙，无不显现出邵伯镇丰富而又厚重的历史文化信息。要充分利用“古、水、绿、味、文、情”资源和优越的地理条件，以邵伯湖旅游龙虾节为载体，全面推介邵伯镇饮食和文化旅游。力争在2017年年底前创成国家4A级景区，2019年前创成江苏省级旅游度假区。2020年，初步建成集运河游览、古镇观光、时尚休闲、养生度假、文化展示等功能为一体的运河风情小镇。

第二，建设中国船闸博物馆。邵伯船闸的发展经历了东晋太元年间的谢安筑埭，到唐代的“斗门”、宋代的“二斗门闸”、清代的“人字门船闸”、中华民国的“新式船闸”，直到今天现代化三线船闸，有着1600多年悠久历史，可谓我国船闸发展历史的缩影。现有的邵伯船闸展览馆规模比较小，展陈内容不够丰富，手段也比较简单。建议对邵伯船闸展览馆进行改造升级，建设中国船闸博物馆。

第三，河湖镇一体化发展。邵伯湖在历史上曾是运河行道。邵伯湖是典型的因水而兴的运河古镇。建议对水与岸、水与人、河与镇同步规划，将滨水道路红线、城镇绿线、河道蓝线以及历史街区和历史建筑保护紫线同步规划，把历史遗存、文化旅游、文化产业和生态建设有机结合起来。建立水文化产业群，运用组合分层的方式，对运河文化产业结构进行优化，形成纵向（水利）和横向（建筑、交通等）相结合的运河文化产业链。

第四，建立高水平的交流平台。在世界运河古镇合作机制平台上，加强世界范围内的运河古镇交流，相互分享发展经验，助推文旅资源的推广，并在打造运河古镇文化旅游产业开发模式以及开展产业政策、标准化等方面进行合作研究和探索，不断扩大世界运河古镇合作机制的影响力，与海内外运河古镇携手打响运河古镇这个品牌。

B.26
无锡城市发展与运河文化遗产保护利用报告

李德楠*

摘　要：　无锡城市发展与大运河关系密切，运河的悠久历史奠定了无锡城市经济文化发展的基础，留下了内涵丰富的物质与非物质文化遗存，成为江南水乡地区运河文化遗产地的典型代表。过去几年，无锡在运河文化遗产保护与开发方面走在了前列，将运河文化融入城市品牌和形象的塑造中，努力打造运河沿线最适宜生活居住和旅游度假的城市。在后申遗时代，无锡正着手更加科学地做好运河文章，把运河文化遗产的保护、传承与利用结合起来，延续运河文脉，提升城市品质，改善城市生态。

关键词：　无锡市　运河文化　运河遗产　运河保护

无锡号称“太湖明珠”，位于长江以南的江南腹地，京杭大运河穿城而过，是中国经济最发达的城市之一。拥有国家生态市、国家历史文化名城、中国宜居城市、国家森林城市、中国最佳商务城市、全国十大最具经济活力城市、全国十大重点旅游城市等荣誉称号，是全国首个建成生态城市群的地级市。

---

* 李德楠，淮阴师范学院历史文化旅游学院副教授，运河文化研究中心成员，主要从事历史地理学以及运河学的教学与研究。

一 概况

无锡自古就是鱼米之乡，水运交通发达，文化积淀深厚，是京杭运河沿线最重要的城市之一。

（一）地理环境

无锡地形以平原为主，南部为水网平原，北部为高沙平原，中部为水网圩田，西南部为低山和丘陵地区。北枕长江，与泰州市隔江相望；南抱太湖，与浙江省交界；东临苏州，距上海128公里；西靠常州，距南京183公里。全市总面积4787.6平方公里，其中山区和丘陵面积782平方公里，水域面积1342平方公里，总人口457万，其中市区人口228万。下辖2市6区30个镇、51个街道（2015年）。

无锡地处亚热带季风气候区，年平均气温16℃左右，年平均降水量1100毫米。无锡地表水较丰富，外来水源补给充足，全市共有大小河道3100多条，总长2480公里。无锡临山傍水，风景秀丽，主要山脉蜿蜒起伏于西南边境，河流以运河为主，著名的湖泊有太湖、五里湖、鹅湖等。

（二）历史沿革

无锡别称梁溪，是吴文化的发祥地和核心区，远古时代宜兴灵谷洞古人类在这里活动。六七千年前马家浜文化遗址的发现，五千年前崧泽文化遗址的发现，四千年前高城墩、良渚文化遗址的发现以及三千年前佘城马桥文化遗址的发现，表明了无锡悠久的历史和灿烂的文化。

无锡有文字记载的历史可追溯到公元前11世纪末吴泰伯于梅里建立的句吴国。周代时，无锡先后属越国、楚国。秦代置会稽郡，无锡属之。西汉置无锡县，新莽时更名有锡，东汉时又改称无锡。唐代无锡属江南东道，唐中叶发展成为东南望县。宋代属于两浙路常州，元代属浙江行中书省常州路。清雍正二年（1724）分无锡为无锡、金匮两县，均属常州府。民国元

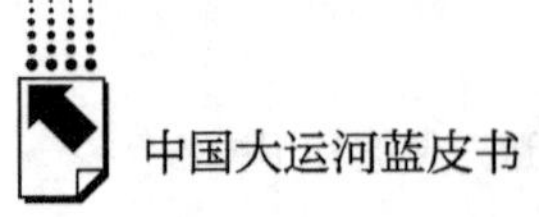

年（1912）又并金匮县入无锡县，属苏常道。

民国以前，无锡是一个县的建置，先后分属会稽郡、常州府和苏州府。1949年分设无锡县和无锡市，1983年划为无锡市管辖。1987年起，先后设江阴、宜兴市、马山区、锡山市。2000年撤销锡山市，设立锡山区和惠山区；撤销马山区，并将郊区更名为滨湖区。2015年撤销崇安区、南长区、北塘区，合并设立梁溪区。

（三）价值特色

无锡自古人杰地灵，为古代吴文化、近代民族工商业和当代乡镇企业的三大文化发祥地。《四库全书》曾把无锡评定为全国“邑里第一”，民国时期的无锡号称“模范城市”。无锡城依山傍湖，得山水之灵气，水是无锡的灵魂和特色，人与水亲密和谐。无锡悠久的历史和灿烂的文化与运河关系密切，大运河穿城而过，运河无锡段是无锡地区通往大江南北的一条黄金水道。江南运河无锡段北起洛社镇，南到无锡与苏州边上的望亭，全长41公里，其中无锡城区段（包含黄埠墩、西水墩两处）、清名桥历史文化街区总长度14公里、保护面积401公顷列入中国大运河世界文化遗产。运河与无锡城市的发展有着密切的关系，航运功能直接或间接地促进了无锡城市经济的发展，成为宜居和旅游度假城市。

（四）运河关联与定位

无锡运河的历史可追溯至3100年前泰伯渎的开凿，造就了中国大运河的最早的部分。秦统一六国后，曾命囚徒开凿“丹徒曲阿”，将江南运河入长江的出口西移至今镇江。

隋代开通了以洛阳为中心的南北大运河，无锡段江南河得到进一步疏浚和开凿。唐元和八年（813），常州刺史孟简对泰伯渎进行了疏浚。北宋皇祐三年（1051），江阴知军葛闳对运河支流锡澄运河的前身——九里河进行了疏浚。嘉祐年间（1056～1063）废除了望亭闸，使运河畅通太湖。南宋嘉定十二年（1219），对九里河进行了拓展凿深，船只经锡澄运河入江的通道更加便捷。宋代随着全国经济重心的南移，无锡成为全国最大的产米区，贩运米粮的船只多沿运河行走。

元代运河穿无锡城而过，可通载重700石的大船。明宣德年间周忱围垦芙蓉湖，改善了无锡的水运交通条件，消除了长江江潮对锡澄运河的影响，使其成为通向长江和太湖的主要通道。天启年间修筑了运河北塘堤岸，崇祯年间疏浚了洛社至无锡南门锡山驿的运河。清乾隆年间因太湖水位下降，无锡知县派人疏浚运河。1949年后，对运河主要支流锡澄运河进行了拓浚。2011年，苏南运河实施“四改三”工程，无锡段三级航道整治成为一条“黄金航道、生态航道、景观航道、智慧航道”。

二　城镇现状

无锡是一座临水而建、因水而兴的城市，运河是关系无锡经济命脉的黄金水道，促进了城市的发展。改革开放以来，无锡城市建设开始跳出老城建新城。今天的无锡，地处连接南北、沟通东西的区域性交通枢纽，集铁路、公路、航空、水运立体交通于一体，是全国十五个经济中心城市之一，也是经济总量占全国前十位的大中城市，是创业、经商、游览和生活的好去处。

（一）经济社会发展

近年来，无锡确立了产业强市主导战略，扎实推进苏南国家自主创新示范区建设，不断提高区域创新能力，保持了实体经济稳定增长，综合实力大幅提升，呈现更多积极变化：一是综合实力稳步提升。二是转型升级步伐加快。三是人民生活不断改善。四是环境质量持续优化。2017年年初的《无锡市政府工作报告》中提到：到2016年年底的五年间，地区生产总值由6679亿元增加到9210亿元，年均增长8.4%；一般公共预算收入由615亿元增加到875亿元，年均增长7.3%；固定资产投资由3169亿元增加到4795亿元，年均增长11.7%；社会消费品零售总额由1946亿元增加到3120亿元，年均增长9.9%；城镇和农村常住居民人均可支配收入年均增长

9.3%和10.1%，分别达到48628元、26158元；居民消费价格涨幅控制在省定范围内，为高水平全面建成小康社会打下了坚实基础。常住人口城镇化率由72.2%提高到75.8%，建成区面积由289平方公里增加到332平方公里。着力推进太湖新城、锡东新城、惠山新城、马山国际旅游岛、古运河风光带等重点区域建设，一批重点项目建成投运。[①] 2016年，无锡市还全面启动了地铁3号线一期建设。该年的江苏省百强民营企业名单中，全市共有18家民企入围，入围数量位列全省第二。

（二）文化事业发展

2015年，无锡全力推进国家公共文化服务体系示范区创建工作，完成了《无锡市文化馆（站）建设标准》等九个指导性技术标准文件的起草和专家论证，制定出台了《无锡市推动公共文化服务社会化发展的指导意见》等三个指导文件。引导文化消费专项资金政府购买公益性文化项目75个，购买经费达850万元，带动社会力量投入公共文化服务资金近2000万元。成功举办了第十七届中国上海国际艺术节无锡分会场活动以及太湖读书月活动。

2016年，无锡市还大力推进现代公共文化服务体系建设，不断壮大文化产业规模，提升文化遗产保护水平，加快推进新闻出版广电融合发展，积极引导文化市场繁荣有序发展：一是公共文化服务体系建设成为全国示范，二是公共文化服务政府购买成为全国现场，三是“管办分离”深化改革激发了新的活力，四是文艺精品创作生产取得丰硕成果，五是重大文化活动精心组织影响越来越大，六是加大文化遗产保护传承弘扬优秀传统文化，七是文化产业突出政策引领逐渐加速发展，八是新闻出版广电和文化市场管理成效显著。

三　运河文化遗产构成

大运河无锡段历史悠久，遗产丰富，古运河两岸文化资源丰富，包

① 无锡市第十六届人民代表大会第一次会议《政府工作报告》，2017年2月14日。

括生活文化、民族工商业文化、水乡建筑文化、宗教文化、水弄堂文化等。

（一）物质文化遗产

运河穿无锡城而过，保留至今的无锡跨塘桥至清名桥900米河段，集中了塔窑祠寺、会馆驿站、码头仓储、桥梁闸坝、庙宇衙署、街肆商铺等众多的历史遗存遗迹。南长街、南下塘、淘沙巷、祝大椿故居、薛南溟旧宅、张元庵、镇福庵、南水仙庙等古桥古宅古庙，构成了古朴、典雅、秀丽、多彩的水乡风情，这些文化遗存分布在无锡古城内外，共同构成了丰富的运河文化资源。无锡运河文物古迹最为密集，沿线有国家级文物保护单位6处、省级文物保护单位24处、市级文物保护单位35处。

1. 运河河道

无锡拥有中国大运河最古老的河段，经过重新疏浚和整治后，至今仍发挥着巨大的航运作用。运河河道自今洛杜经石塘湾、城区、新安至望亭进入苏州地区，全长40.8公里。“水弄堂”是运河无锡段以清名桥为中心形成的特有文化景观，是由桥梁、窑址、弄堂、馆院、寺塔等众多景观组成的特色环境。

2. 桥梁码头

运河无锡段水道纵横，桥梁众多，历史上著名的桥梁有清名桥、伯渎桥、跨塘桥、耕读桥、宝塔桥等。其中跨越运河的清名桥是无锡市现存规模最大、最完整的一座单孔石拱桥，全长约43米，是运河水弄堂的标志性景观；伯渎桥与清名桥相对，位于古运河与伯渎港交汇处，横跨伯渎港；宝塔桥始建于宋代，清代改建为石拱桥，2002年重建并更名宝塔桥，为沟通南长街和南禅寺商城的重要通道。渡口码头遗址主要有位于北塘米市附近运河中流的黄埠墩，运河水流被黄埠墩一分为二，是船只来往休息的必经之地；位于大运河与梁溪河分流处的西水墩，上有水仙庙等文物古迹。

3. 仓储堆栈

无锡城运河两岸因地处交通要道，仓储码头密集。元代时建有亿丰仓和丰积仓，明代时建有东仓和西仓。清代时每年所存储的大米达130万石以上，无锡成为运河沿线的主要粮食码头。无锡市政府2007年6月公布的第一批工业遗产保护名录中，有三处仓储遗址。位于无锡大运河边的北仓门蚕丝仓库旧址，是典型的民国建筑风格，2004年被改造为北仓门艺术生活中心。

4. 明清砖窑

无锡历史上有上百座烧制砖瓦的土窑，主要分别在城南的运河东岸。清名桥以南的大窑路，便是因窑而得名，建造于明朝洪武年间的大窑路窑址，距今已经有600多年的历史，这里原有砖窑百余座，现仍有20余座。今天，通过清名桥历史文化街区的窑群博物馆，可以一窥运河畔窑业的历史风貌。

5. 民族工业遗产

无锡是我国民族工商业的发祥地，著名的民族企业家集团有荣氏、杨氏、薛氏、周氏、唐蔡、唐程等，遗留下来丰富的工业遗产。其中，位于古运河上西水墩东南的茂新面粉厂厂房，现在已经被辟为“无锡民族工商业博物馆”；创建于清宣统年间的永泰丝厂，现仍保存完整，是无锡近代工商业发展的又一见证；创建于1930年的鼎昌丝厂，位于南门外黄泥浲金沟桥街，是无锡工业企业旧址保存比较完好的一处。基于这样一个基础，2006年在无锡召开了全国第一届工业遗产大会。

6. 街巷建筑

运河两岸留有众多中国传统建筑、西式建筑、学宫书院、祠堂寺庙、名人宅第、衙署文庙等建筑文化遗产。其中，位于无锡东门苏家弄内的东林书院，创建于北宋政和元年，至今仍保留书院正门、石牌坊、东林精舍、丽泽堂、燕居庙、三公祠等文物古迹；位于惠山古镇的祠堂群一条街，以明清建筑为主，至今仍保留着大量的匾额、楹联、碑刻、族谱；荣巷是一条长380多米的老街，包括100多组近现代建筑群，其民居建筑大多保存完好。

7. 寺庙宅第

无锡人文荟萃，留下了自南朝以来的众多寺观庵庙建筑以及名人宅第建筑，著名的南禅寺、广福寺、长泰寺、保安寺、石塘庵、明阳观、双塔寺、东林书院、徐霞客故居、薛福成故居、荣德生故居等。其中，始建于梁武帝太清年间的南禅寺，规模宏大，号称“江南最胜丛林”；惠山寺始建于南北朝时期，至今还存留华山门、唐宋石经幢、金刚殿、金莲桥、金连池、大同殿、云起楼等文物古迹；南水仙庙建于明代，现仍保存山门、戏台、大殿等建筑；薛福成故居建于清朝末年，由门厅、正厅、房厅、藏书楼、东花园、后花园、西花园等组成。

8. 民居店铺

无锡市运河两岸或街道两边分布着许多的民居店铺，体现了吴文化的建筑风格。尤其是南禅寺至清名桥之间的运河两边，清代至民国的民居老宅鳞次栉比，著名的如张氏嘉乐堂、湖山草堂、茹经堂、聂耳亭、小娄巷、日晖巷等，宅第布局考究、装饰华丽，具有极高的历史文化价值。民居遗址外，店铺字号多临河而建，靠近码头渡口，其中“两岸人家尽枕河”的清名桥历史街区，是京杭大运河沿线保存完整的古运河河段。

9. 园林建筑

无锡园林历史悠久，属于南方园林风格。位于惠山东麓的寄畅园建于明代，是江南地区唯一保留比较完好的明末清初时期的文人园林；位于无锡西郊的梅园建于1912年，是我国最早以梅花为主题的园林；蠡园位于无锡五里湖畔，早在民国初年有人就进行了开发，1952年无锡市人民政府对蠡园进行了全面整修；地跨锡山、惠山的锡惠公园，历史人文积淀深厚，有“唐宋元明清，从古看到今”的美誉。

（二）非物质文化遗产

南北经济文化交流的过程中，无锡段运河沿线形成了丰富的非物质文化遗产，体现了运河沿线居民的情感寄托和生产技艺。据统计，无锡市有9项非物质文化遗产入选国家级非物质文化遗产名录，有21项遗产入选省级非物质文化遗产名录，有111项遗产入选市级非物质文化遗产名录。

1. 饮食文化

运河的畅通促进了包括饮食文化在内的南北经济文化的交流与传播，酱香排骨和黄酒酿造通过独特工艺制作而成，为无锡饮食文化的代表。无锡酱排骨起源于清光绪初年，2006 年被列入江苏省非物质文化遗产保护名录，经营酱香排骨的肉庄也被授予“中华老字号”。酒类主要有惠泉酒、玉祁双套酒等，创始于清嘉庆年间，是黄酒酿造业中仅存的传统酿造法，被列为江苏省非物质文化遗产。

2. 民间传统手工技艺

无锡民间工艺源远流长，有 12 个大类 50 多个品种。例如惠山泥人、紫砂陶器、无锡刺绣等。无锡惠山泥人以鲜明的地方特色、丰富的题材和浓郁的江南乡土风俗气息而称誉海内外，距今已有 400 多年的历史。泥人以外，具有千年历史的紫砂壶，工艺精湛，享誉海内外。无锡刺绣有着悠久的历史，最早见于明代，目前已被列入国家级非物质文化遗产。

3. 民间音乐舞蹈艺术

无锡的民歌、戏剧、舞蹈等民间艺术，体现了运河文化与民间艺术的结合。吴歌作为世界遗产宝库中的一颗明珠，具有独特的语言文化研究价值。无锡锡剧曲调优美，富有江南水乡情趣，是与黄梅戏、越剧并称的华东地区三大剧种，至今已有二百多年的历史。吴歌、锡剧都是国家级非物质文化遗产。

四　航运交通与运河旅游开发现状

无锡运河至今仍在发挥航运的作用，是活着的、流动的重要人类遗产。无锡段运河是京杭大运河历史最久、文化内涵最丰富、传统风貌最浓厚的河段之一，旅游资源优势明显。

（一）运河航运交通

京杭大运河是北煤南运和长三角地区外向型经济的大通道，港航发展与运河沿线城市经济发展紧密相关。苏南运河无锡段的治理与保护从未间断过，早在 1958 年，国务院批准了无锡市区段运河的改造方案。1987 年，无锡市公布了《无锡市区古运河管理办法》《无锡市区古运河保护规划》，对运河进行清淤截污，修复生态。20 世纪 90 年代中期，市区河道逐步禁航，并关闭了沿岸的一些污染企业。2003 年，无锡市决定停止古运河的客货航运，古运河完全退出航运的历史舞台。2005 年，无锡市实施了古运河水环境整治和两岸绿化环境工程建设。2007 年年底，实施了环城古运河风貌带综合整治工程，拆除了沿河危旧房和违章建筑，整修了各类驳岸和民居。2009 年国庆节，环城古运河水上游项目重新全线开通。2011 年，无锡段运河三级航道提升整治完成，通航船舶吨位达到 1000 吨，成为支撑无锡城市建设乃至长三角一体化发展的水运经济命脉。2015 年 12 月，锡澄运河航道整治工程通过交工验收，此次升级整治，全线由五级扩容为三级航道。更好地将长江与京杭大运河连接贯通起来，对完善长三角高等级航道网络有着特别重要的意义。2016 年 3 月，无锡市交通局召开古运河游船航行安全协调工作会议。2017 年 8 月 25 日，无锡市航道管理处对苏南运河市区段进行航道巡查，重点对航道内存在的垃圾、违章建筑、碍航设施等脏、乱、差的环境问题和存在明显缺陷的绿化问题进行全面排查，力争把苏南运河市区段打造成干线航道绿化环境综合整治的示范段。

（二）运河旅游开发

无锡境内的古运河全长 40 多公里，纵贯整个城区，伴随着运河的改道整治，老运河所承载的历史信息得以保存，转化为休闲、游览为主的旅游航运通道。2014 年 6 月大运河申遗成功后，包括无锡在内的运河沿线城市，都在考虑如何把遗产保护和旅游利用结合起来，对遗产进行保护性旅游开发。

1. 旅游发展定位

无锡市一直重视古运河旅游的开发和发展。根据 2016 年 1 月 15 日无锡市第十五届人民代表大会第五次会议批准的《无锡市国民经济和社会发展第十三个五年规划纲要》的要求：全市要树立“大旅游”理念，依托旅游休闲示范城市建设，加快推进现代旅游体系建设，整合和利用现有旅游资源要素，优化规划布局，谋划新品线路，推动旅游与文化、商贸、体育、农业、工业等行业深度融合发展。据《无锡日报》报道：目前无锡已经明确的建设原则是“文化引领、商业支撑、旅游带动、产业融合”，建设文化景观长廊、生态旅游长廊和高端服务产业长廊，推动古运河无锡段从传统观光旅游向现代休闲度假旅游转变。①

2. 旅游开发举措

2010 年，无锡成立城投旅游发展有限公司，开发环城古运河水上游项目。2012 年 2 月，全国欧美市场组团人无锡运河文化考察活动成功开启。2013 年 4 月，江苏省旅游局专家组一行专程赴清名桥古运河景区，现场调研和指导国家 4A 级旅游景区的创建工作。据《无锡日报》报道，2013 年 9 月正式启动了古运河风光带建设，瞄准建设文化景观长廊、生态旅游长廊、高端服务产业长廊，精心雕琢城市名片的目标，依托“千里运河独此一环”的优势资源，加快整合改造古运河沿线部分地块，着力培育老城厢的高端服务业。② 并在黄埠墩、江尖、西水墩、望湖门、跨塘桥、清名桥、南水仙庙、下甸桥等处建立导游碑，碑上用中英文详细介绍无锡城区古运河沿线上的古迹名胜，并配备导游图，让中外游客和市民了解无锡古运河的历史和文化。2015 年 9 月，根据江苏省政府关于同意设立江苏省无锡江南古运河旅游度假区的批复，设立无锡江南古运河省级旅游度假区，该度假区面积约 12.8 平方公里，包括老城区、清名桥历史街区、环城古运河、惠山古镇等。

2016 年 3 月，无锡古运河风光登上邮资明信片，囊括了黄埠墩、运河公园、彩虹桥、北仓门、淘沙巷、望湖门、清名桥、京杭大运河流域图等无锡古运河知名景点。2016 年 8 月，“花漾运河 · 美丽传说——2016 无锡 · 品质梁溪 · 江南古运河国际风情夜游节”开幕，古运河夜游节活动持续一个月，该活动组织了百余场，涵盖吃、购、娱、游四大夜游需求。

2017 年 8 月，京杭大运河城市旅游推广联盟年会在无锡市梁溪区隆重

① 《无锡古运河迎来融合发展契机》，《无锡日报》2016 年 3 月 29 日。

② 《4A 级景区标准建古运河风光带》，《无锡日报》2013 年 12 月 13 日。

召开，据报道，此次会议旨在进一步宣传京杭大运河旅游文化资源，共同推广整体旅游品牌，推动运河文化传承创新和文化传播，进一步提高运河的知名度、美誉度和影响力。2017 年传统“七夕”节，江南古运河旅游有限公司对运河游船线路进行优化，推出环城游线路的升级版，提供各类接待、商务会议及家庭宴请等个性化定制服务。

五　运河文化遗产的保护与传承

运河无锡段物质和非物质文化遗存丰富，被誉为“运河绝版地”。今后要进一步挖掘运河无锡段文化内涵，传承延续大运河文脉，提升城市的文化竞争力，促进城市可持续发展。

（一）申遗成功之前的工作

运河申遗成功之前，无锡加快企业转型，加强对城区运河治理监管，通过组织知名专家来无锡考察，进行遗产资源调查和遗产价值研究，整治水体和遗产环境，设置运河遗产保护标志，积极举办大型文化活动，召开全国性的学术研讨会，参与运河沿岸城市的研究合作等。出台了一批有关的政策法规，如《无锡市历史街区保护办法》《无锡市古运河管理暂行规定》《清名桥古运河景区管理办法》《关于全面建立“河长制”，加强综合整治和管理的决定》《历史文化遗产保护条例》等，为无锡市的文化遗产保护提供了法律保障，极大地增强了保护工作的刚性和力度。注重古运河原生态风貌的保护，建成了清名桥沿河历史街区，对原有街、弄、码头肌理也很好地保护，保留了千年以来的原生态风貌和浓郁的江南民俗风情。

中国文化遗产保护无锡论坛自 2006 年起永久落户无锡，已连续成功举办了六届，先后围绕文化线路、文化景观等重大主题研究，达成并发表了五项《无锡建议》，对推进和引领大运河文化遗产保护事业产生了深远影响。2007 年起，无锡全面实施了古运河风貌带综合整治工程，自黄埠墩起至南长桥全长 11 公里，整治范围 153 万平方米。同年还制定了《无锡惠山泥人传承扶持办法》，筹措传承扶持资金 40 万元。同年恢复了明代以来的惠山庙会，举办了“惠山民俗文化庙会暨吴地非物质文化遗产展示活动”。2008 年，启动了五大街区的保护修复工程，修复了清名桥街区的民居建筑群以及多处名人旧居，建成了窑群遗址博物馆、丝业博物馆等，恢复开通了古运河水上游，策划了江南民俗风情之旅、民族工商休闲之旅和“古运河之恋”婚庆游三条旅游服务线路。

2010 年发表了《关于文化线路遗产保护的无锡倡议》，专门制定了运河文化遗产保护相关规划。同年，古运河景区周边环境改造启动，对道路沿街进行统一规划调整，对不相协调的广告牌及设施及时修缮更换。2011 年协办了在中国美术馆举办的“中国历史文化名街”主题艺术展，并同时举行了清名桥街区北京推介会。

2012 年 7 月，无锡编制颁布了《大运河（无锡段）遗产保护规划》，成立了“大运河无锡段遗产保护规划办公室”，率先通过了省级专家组评审，成为运河保护利用的纲领性法律文件。同年 9 月，时任市委书记黄莉新专题调研大运河风光带规划建设情况，强调按照“彰显文化底蕴、提升城市品位、发展特色产业、改善人居环境”的要求，打造无锡最具特色的城市名片，把古运河两岸建成文化景观长廊、生态旅游长廊和高端服务产业长廊。2013 年 11 月，在无锡太湖国际博览中心举办第三届中国（无锡）国际文化艺术产业博览交易会，连续五天的文博会现场观展人数超 12.6 万人次，现场销售额达 1.32 亿元。

（二）申遗成功之后的工作

2014 年 6 月 22 日，大运河申遗成功，成为中国第 46 个世界遗产项目。运河申遗成功后，无锡市对运河遗产保护、传承和利用工作做了研究和部署。2014 年 11 月 4 日，由清华大学建筑学院和北京市建筑设计研究院有限公司联合编制的《无锡市古运河风光带沿线城市设计》通过部门审查和专家论证。2016 年 12 月，“发现运河美”大型摄影图片展在无锡市图书馆展出，作品聚焦当代京杭大运河流域无锡古运河段沿岸的自然风光、丰富的历史遗存、醇厚的民俗风情和多姿多彩的城市建设，定格运河之美、百姓之乐，展现无锡政治、经济、文化、生态文明等领域的建设成就。2016 年 12 月，“运河陶 · 丝路情——当代紫砂茶器展”在无锡博物院拉开帷幕。据《宜兴日报》报道，本次展览是“宜兴窑系”巡展活动之一，展览以“宜兴窑系”的历史发展脉络为主线，以“大运河”为纽带，本着“一带一路”文化大发展大繁荣的战略思路，通过紫砂茶器展览、技艺展示等形式，在宣传展示宜兴紫砂艺术的同时，进一步深化“运河”与“陶”之间的文化元素融合。① 2017 年 4 月，在古运河畔举办“江南古运河诗会”暨“古运河文化与当代诗歌创作论坛”。2017 年 5 月，无锡市规划局召开了《无锡历史文化名城保护规划》初步方案会议，就历史文化保护规划涉及的相关问题进行了研究分析，梳理了历史文化脉络和现状历史文化资源，提炼了历史文化名城价值与特色，并从市域、市区两个层面提出保护策略。

六　存在问题与对策

（一）问题

无锡在运河文化遗产保护、传承与利用方面已做了许多卓有成效的工作，很多工作都走在了运河沿线城市的前列，目前大部分文化遗产已经得到较好的保护与规划，“水弄堂”运河文化街区更是在全国都有很大的知名度，成为运河遗产开发的典范。但如何更加科学地将保护与开发并举，仍有很大的改进空间。

一是自然环境问题突出，某些地段未能达到高起点规划，一些开发导致原有的风貌得不到有效保护，运河文化遗产的真实性和完整性受到影响，还需要进一步做足“水文章”，进一步营造生态景观，老城区转型升级尚需进一步推动；二是运河非物质文化遗产的传承与保护还存在不少问题，运河文

① 《“宜兴窑系”展在无锡拉开帷幕》，《宜兴日报》2016 年 12 月 12 日。

化与吴文化的结合还需要做功课；三是部分景点因过于追求速度而达不到精细的标准，景区品位有待进一步提升，进出设施需要进一步配套完善，管理和服务水平距离高品位的精品景区还有一定差距，高端服务业建设是一个短板；四是旅游开发利用不足，古运河旅游资源还需要进一步整合，旅游项目配套服务开发、旅游市场促销以及宣传推介还需要进一步加大，沿线各地旅游业发展互动还需要进一步加强，市场运作水平有待进一步提升，产品特色有待进一步突出。

（二）建议

针对上述问题，可以从五个方面着手解决。

1. 加强组织领导，做好顶层设计

要抓住中国“一带一路”倡议的新机遇，主动融入国家重大开放战略，强化组织领导和管理，力争走在全国大运河文化带建设的前列。要凝聚各方智慧，重视大运河文化带建设规划的编制与实施，层层落实责任，有序推进，将大运河遗产保护纳入各级领导责任制。按照大运河保护国际组织的规范原则和文物保护有关规定，将运河保护利用工作纳入城市经济社会发展总体规划，建立大运河遗产长效保护管理机制，并与旅游、文化、生态等专项规划相衔接。还要加强同其他城市的交流与合作，形成推动大运河文化带建设的强大合力。

2. 开展学术研究，协调保护利用

立足于大数据时代的发展特征和趋势，加强运河文化的基础研究工作，推动精准型、跨学科的运河文化研究，拓展研究的广度与深度；处理好保护与利用的关系，确定保护规划思路，建立保护区分层控制体系，做好预警监测；培训专门人才对其进行规划、展示和管理，大力发展文化产业和旅游产业，开展全域旅游，打造出新的精品旅游线路。

3. 加强环境保护，推进生态建设

促进人与自然和谐相处，推进生态无锡城市建设，使人文景观与自然景观有机结合，凸显运河在生态无锡城市建设中的价值，提升居民生活品质。

加强运河文化遗产环境和景观保护工作，充分保护和合理利用自然山水环境资源，突出江南水乡城市的特色，保护城与水相依的格局，改善运河水质，打造生态运河，使青山绿水成为居民生活中息息相关的一部分。

4. 加强非遗保护，加大宣传展示

借鉴成功的历史经验，进一步落实非物质文化遗产的保护原则，坚持保护为先、活态展示的理念，通过博物馆与纪念场馆展示相关技艺，加强对传承人的保护。进一步突出特色的提炼和培养，提升文化传承和产业影响力，塑造整体形象，营造舆论氛围，加强大运河遗产宣传展示以及古运河旅游品牌化建设，打造好运河金字招牌和旅游金名片。

5. 完善基础设施，加强服务建设

完善公共服务设施，完善配套设施，加大中心城区改造力度，加快推进新城建设，做强特色产业。完善信息基础设施，提升智慧城市发展水平，健全生态文明长效机制。加强大运河遗产监测保护，对硬件设施和软件服务进行提档升级，加快马山国际旅游岛、古运河风光带建设。利用大数据推进旅游信息化建设，提供智能化服务，加强对从业人员的培训，优化大运河旅游产品结构。

B.27
杭州城市与大运河杭州段发展报告*

马智慧　蒋尚坤　张唱晓**

摘　要：　本文梳理了京杭大运河的南端城市——杭州的自然地理和历史沿革概况以及发展现状；介绍了大运河杭州段遗产情况，总结了杭州运河综合整治与保护开发工程的经验和成就以及大运河杭州段在交通建设、旅游发展、文化传承等方面的探索。系统分析了杭州城市与大运河的关系，梳理了目前遗产保护传承方面存在的问题，并对下一步大运河遗产的开发利用，提出了应对之策。同时还提出，在大运河文化带建设成为国家战略的背景下，杭州要努力实践和探索大运河文化带建设的“杭州模式”，全方位、立体化地展示大运河杭州段的文化特色，让宏阔开放、历久弥新的运河文化成为杭州建设世界名城和打造东方文化国际交流重要城市的有力支撑。

关键词：　京杭大运河　遗产保护　杭州市　杭州模式

杭州位于京杭大运河的南端，是一座有着悠久历史和灿烂文化的古

---

* 【基金项目】杭州市科技计划项目软科学重点课题“国际峰会经常化背景下杭州城市国际化提升思路研究”（20150834M03）；杭州市社科优秀青年人才培育计划资助。

** 马智慧，历史学博士，杭州国际城市学研究中心（浙江省城市治理研究中心）副研究员，主要从事文化遗产学、城市学研究；蒋尚坤，杭州师范大学经济与管理学院硕士研究生，主要从事城市学研究；张唱晓，杭州师范大学经济与管理学院硕士研究生，主要从事城市经济发展研究。

城，是国务院首批命名的国家历史文化名城，中国七大古都之一。杭州作为浙江省省会，是浙江省的经济、文化和科技中心，也是长江三角洲中心城市之一。杭州还是长江三角洲区域性金融服务中心、现代物流中心和交通枢纽；国家高技术产业基地、信息经济中心和创新中心；国际电子商务中心和重要的旅游休闲中心。大运河作为杭州的“生发之河”，书写并见证了杭州“倚河而兴”的发展史。可以说，京杭大运河就是杭州的“城之命脉”。

一 概况

（一）地理环境

杭州地处杭州湾西端、长江三角洲南翼，位于钱塘江下游、浙江省北部、京杭大运河南端，市域处于北纬29°11′~30°34′和东经118°20′~120°37′之间。杭州山水相依，湖城合璧，风景如画，江、河、湖、海、溪“五水共导”，堪称人间天堂。全市的丘陵山地主要集中分布在中部、南部和西部，占总面积的65.6%；平原占26.4%，主要分布在东北部；江、河、湖、水库占8.0%，拥有中国南部沿海地区最大的水库——新安江水库（又名千岛湖），京杭大运河和以大涌潮闻名的钱塘江穿城而过。

（二）历史沿革

杭州是华夏文明的发祥地之一，历史文化积淀十分深厚。萧山跨湖桥遗址的发现，证实杭州有8000年的文明史；而被誉为“中华第一城”的良渚古城遗址的发现，则证实了杭州有5000年的建城史。自秦代设县至六朝时期，杭州三面环山，东南一面临水，与大海相通，只是一座“山中小县”。隋朝设杭州郡，至唐末，在凤凰山脚建新城，凿运河，浚西湖，杭州逐渐成为因湖而名、倚河而兴的东南名郡。自吴越建都至北宋，杭州一跃而为

“东南第一州”，赢得了“上有天堂、下有苏杭”的美誉。南宋定都临安，杭州成为当时世界第一大都会，人口达百万之多，城区东南至钱塘江，西南至六和塔，西至天竺、灵隐，北至西溪、武林门。元、明、清三代，杭州作为省会，城市格局没有发生大的变化。1912 年，原钱塘、仁和县并置杭县。1927 年，划杭县城区等地设杭州市，杭州置市始此。1949 年 5 月 3 日，杭州解放，揭开了杭州发展的历史新篇章。1994 年，杭州升格为副省级城市。从 2001 年开始，通过撤市（县）建区，目前已经形成下辖 10 个区的“新杭州”。

（三）价值特色

杭州以风景秀丽、精致和谐著称，素有“上有天堂，下有苏杭”的美誉。历史文化积淀深厚，代表性的文化有良渚文化、吴越文化、南宋文化等。物产丰富，丝绸、茶叶、瓷器等闻名海内外。杭州是一座大气开放的“创新活力之城”，一直以来，杭州都是改革开放的积极探索者和大胆实践者，民营经济改革创新的“试验田”，新技术、新产业生发的“理想地”，是长江三角洲区域性金融服务中心、现代物流中心和交通枢纽、国家高技术产业基地、信息经济中心和创新中心；是国际电子商务中心和重要的旅游休闲中心；一座注重发展质量的“品质之城”，一座崇尚休闲、追求休闲的“东方休闲之都”。杭州也是生态文明之都，山明水秀，晴好雨奇，浸透着江南韵味，凝结着世代匠心。

（四）与运河的关联与定位

流淌了一千多年的京杭大运河奠定了杭州的城市格局，繁荣了城市经济，拓展了城市地域，丰富了城市文化，见证了杭州的成长与变迁。京杭大运河不仅是关系到杭州城市兴衰的生命之河、哺育杭州成长的母亲河，更是一张珍贵的世界名片、杭州城市品牌。“杭州”之名，由河而生。大运河使杭州与隋朝东都洛阳直接贯通，杭州的城市地位也得以显著提升。历史上“杭州”之名始于隋文帝开皇九年（589），并由此成为专有地名。其后，运河是“杭州城市发展及其基本形态形成的主导因素”①。如今，京杭大运河作为杭州拥有的两处世界遗产之一，也是杭州得以闻名世界的一张金名片。在新一轮的杭州城市总体规划中，沿河地带的再开发是杭州城改造与城市空间创新的重要依托。“唤醒京杭大运河深厚的历史文化底蕴，与钱塘江、西湖共导城市空间，充分发挥运河的城市新功能”②，大运河对于杭州建立具有浓郁东方特色的现代化、国际化大都市具有十分重要的意义。

二　现状

（一）人口经济等规模延展

2016 年，杭州常住人口 919 万人，其中城镇人口 700 万人，占 76.2%；户籍人口 736 万人，其中城镇户籍人口 469 万人。杭州是我国近年来人口增量最多的五个城市之一。2016 年，杭州全市实现生产总值 11050.49 亿元，居全国大中城市第十位；一般公共预算收入达到 1402.38 亿元，总量居省会城市第一。三次产业结构为 2.8∶36.0∶61.2。其中信息经济实现增加值 2688.00 亿元，占 GDP 的 24.3%，对 GDP 增长的贡献率超过 50%。随着信息经济时代的发展，杭州在城市竞争力的各大指标领域已经与一线城市并驾齐驱。

（二）社会文化等内涵发展

2016 年，全市人均可支配收入 46116 元、消费支出 31905 元，城镇人均住房面积 35.8 平方米；全市拥有各类医疗卫生机构 4712 个，其中医院 277 座；全市体育场地面积 1658.22 平方米，锻炼人口占 40.5%，较上年增

① 杨建军：《运河地带在杭州城市空间中的功能和形象规划探索》，《经济地理》2002 年第 2 期。

② 杨建军：《运河地带在杭州城市空间中的功能和形象规划探索》，《经济地理》2002 年第 2 期。

加0.3%；拥有公共图书馆16个，文化馆16个，各类艺术表演团体21个，全市图书馆藏书1489万册；全市共有447所小学，在校学生54.30万人；初中249所，在校学生21.58万人；普通高中77所，在校学生11.04万人；学前三年幼儿入园率为98.8%；普通高等院校39所，在校学生48.10万人，其中在校研究生5.30万人；全市拥有非物质文化遗产保护项目368个；拥有世界遗产两处——西湖文化景观、中国大运河（杭州段），良渚古城遗址列入中国世界遗产申报预备名单；文创产业快速发展，加入全球创意城市网络，文创产业竞争力位居全国第三名；杭州成为全国“最美现象”发源地，蝉联全国文明城市称号；成功举办G20杭州峰会，并获得2022年亚运会举办权，入选全球百强国际会议目的地城市、全球52个最值得访问的旅游目的地，成为国内首个全球学习型城市网络城市、全球首个可持续发展试点城市。

三 运河遗产

（一）遗产概况

在中国大运河世界文化遗产中，杭州拥有“江南运河嘉兴—杭州段”“浙东运河杭州萧山—绍兴段”两个遗产段，6处遗产点，数量仅次于扬州的9处和济宁的8处，居全国第三位。

1. 富义仓

始建于清光绪六年（1880），竣工于光绪十年（1884），位于胜利河与京杭大运河主航道交汇处。富义仓与北京南新仓并称为“天下粮仓”，有“北有南新仓，南有富义仓”之说。现今大部分仓廒均保存完好，可作为研究古代仓储制度的例证。富义仓见证了杭州湖墅地区历史上码头装卸业、仓储和米市等经济业态的发展繁荣，也是杭州运河文化的重要组成部分。

2. 桥西历史街区

位于拱宸桥西侧，京杭大运河杭州段主航道西岸，桥西历史街区是京杭大运河杭州段历史文化遗存比较集中的区域，也是清朝和民国以来，运河沿岸古镇民居建筑保存最为完好的地段。它集中反映了清末民初杭州的自然环境特色以及城市建设风貌，近代工业发展过程中的生产工具、厂房和航运机械被保留了下来，此外，一些饮食、民俗、礼仪、伦理等社会文化载体也保存完好。

3. 凤山水城门遗址

位于中和路和中山南路交汇处，横跨中河东西两岸。元至正十九年（1359），张士诚重筑杭州城，设水门五、旱门十，凤山水城门即五水门之一。凤山水城门作为研究杭州城池变迁的坐标，是杭州五水门中唯一尚存的一座，具有重大历史意义。随着航运的发展和城市变迁等因素，大运河杭州段的河道尺度、线型以及驳岸等均发生着变化，而难能可贵的是，凤山水城门下约 20 米的河道至今保留着元朝时期的原貌。

4. 拱宸桥

拱宸桥作为京杭大运河杭州段的标志，位于杭州市区大关桥、大运河杭州塘上以北，东连台州路和丽水路，西接桥弄街。始建于明朝崇祯四年（1631），清光绪十一年（1885）重建，几经废兴。拱宸桥横跨大运河杭州段主航道东西两岸，是一座三孔驼峰薄墩薄拱联拱石孔桥。随着拱宸桥的建成，其周边逐渐发展成街市，是运河沿岸航运从业者、近代产业工人、个体工商户的集聚区，也是杭州近代重要的商业中心。

5. 西兴过塘行码头

位于浙东运河的端头，西兴老街官河沿岸。过塘行一般都设在水陆交通要道上，门面不大，一般两三开间门面、一两层房屋，主要起货物中转、票据交换的作用。数百年来，浙东地区的棉花、丝绸、粮食、山货和盐酒均过西兴而转运至中原各地。大城隍庙遗址、浙东运河之头、西兴码头等都是杭州与浙东之间运河交通的重要标志。

6. 广济桥

这座桥在京杭运河上已经存在了 500 多年。它就架在广济大街北端。今广济桥，初建于明弘治年间，清康熙年间重修。塘栖广济桥是当今京杭大运河上仅存的、最大的石拱桥。桥顶拱圈上“弘治二年”的字样还依稀可辨。

（二）运河工程

1. 河道遗产

杭州段的首批申遗点包括5段河道。

上塘河可追溯至约公元210年修筑的陵水道之一段，后为江南运河（浙江段）故道。从大运河全线贯通（7世纪）至14世纪，上塘河均为大运河南段的主航道。

杭州中河南通龙山河，北接上塘河，南北贯通杭州城区中部；开凿于唐代，现为城市景观河道。

杭州塘南段作为江南运河的支线，开浚于1247年；在1359年修缮治理后成为运河的主河道，为4级航道，至今基本保存了原有线位。

西兴运河开凿于307年。通过疏浚，1170年前后与山阴故水道连通，是浙东运河重要部分。

龙山河开凿于10世纪，极大地完善了钱塘江运口，使钱塘江与大运河得以贯通。今龙山河连接中河，南起闸口，北至凤山门，为城市的景观河道。

2. 相关工程

（1）运河综合整治与保护开发工程。2000年，杭州市人大通过《关于加快运河综合整治的决议》，开始了大运河杭州段综合整治的新历程。大运河杭州段综保工程被列为杭州市新世纪“十大工程”之一。运河综保工程坚持三大目标——还河于民、申报“世遗”、打造世界级旅游产品，坚持“保护第一、以人为本、生态优先、综合整治、拓展旅游”五大理念，落实“创新运作体制、精心编制规划、多元筹措资金、修复人文生态、改善自然生态、再现旅游景观、改善居住条件、完善交通网络、落实长效管理、深化运河研究”十大举措，棚户区和城中村改造、污染企业搬迁、历史街区保护、配套基础设施建设、绿化景观提升、水体治理、运河申遗等成果丰硕，成效显著。通过综合保护，运河文脉得以延续，城市环境得到改善，居民生活品质得到提升。自2006年起，“新运河”连年获得了广大市民游客和社会各界的广泛认可和良好评价。

（2）两岸城市景观提升工程。大运河“申遗”成功后，为进一步展示遗产文化，凸显大运河杭州段景观风貌特色，提升文化品位、生态品质和生活内涵，实施了大运河杭州段两岸城市景观提升工程。工程范围南至三堡船闸，北至杭州行政北部、东部边界，以长54公里的河道为骨架，绕城高速以南段的城区段以主要道路围合街区界定，绕城以北段的郊区段按1000米宽度界定，涉及用地面积约90平方公里。此外，结合周边城市重要区域、湿地、山体等元素适度扩展，面积约160平方公里。工程在对运河文化遗产、运河景观价值再认识的基础上，从杭州“一河、一湖、一城、一江”的大遗产区的空间格局角度出发，力图维护运河文化遗产、彰显运河文化、解决运河两岸存在的问题，从“价值凝练、文化引领、城河互动、观景合一”四个方面对运河两岸景观提升进行引导和控制。

（三）运河交通

1. 疏浚、航运

公元前482年，越王勾践开挖越水道（今崇长港），成为江南运河嘉兴—杭州段中最早的一段。公元前221～前206年，江南运河（镇江京口—杭州），全线通航。其中，陵水道（今上塘河）为公元前210年前后秦始皇下令在今嘉兴和杭州之间所筑。

隋炀帝大业六年（610），对江南运河进行全线整治，并确定了其主航线：北起京口，向南流经曲阿（今江苏丹阳）、无锡、毗陵（今江苏常州）、吴郡（今江苏苏州）、嘉兴，再流经上塘河至杭州余杭接钱塘江。江南运河一直作为中央政府运送漕粮的主要通道，经过历朝历代的修缮与维护，线路大致未变。隋代大运河的开通，使杭州成为京杭大运河的南终点。伴随着江南运河的开通，杭州“倚河而兴”，城市地位显著提升，为杭州吸收先进文化、促进城市发展与繁荣奠定了坚实的基础。唐时，杭州借大运河与扬州、广州并列为国内三大通商口岸。南宋时期，随着漕运的发展繁盛，商业和手工业空前繁荣。对江南运河杭州—嘉兴段的大规模治理与疏浚不下 10 次，漕运功能进一步加强。作为南宋的都城，杭州当时人口达一百多万，是当时世界上首屈一指的大都市。宋代江南运河上复闸工程的使用，标志着大运河的工程技术和管理水平达到高峰。北宋元丰三年（1080），诏令疏浚苏州至杭州段运河，长达八百里。淳祐七年（1247）大旱，上塘河断流，因此开浚支线下塘河，自崇德（今桐乡市崇福镇）西流经塘栖南，再折至杭州。元代，上塘河逐渐淤浅，下塘河的作用日渐重要。1359 年，元末起义军领袖张士诚发动军民进一步治理下塘河，并自此取代上塘河，成为江南运河南段的主航道（即今嘉杭运河崇福镇至杭州段），直至现代。

明代，杭州城北一带的运河中舟行如梭，街市繁盛，有“十里银湖墅”之称。清末，大运河的很多河段都淤废湮没，但是杭州段的交通功能一直没有丧失。伴随杭州早期现代化进程，大运河在近代杭州城市发展中的作用，不仅没有降低，反而得到了加强。运河促进了沿线城市杭州的发展，两岸官办粮仓集聚，富义仓被誉为“天下粮仓”。民国时期，杭州城外河道如龙山河、古新河、上塘河、下塘河等变化不大，且基本通畅；杭州城内不少河道被填塞，淤塞严重。①

中华人民共和国成立后，京杭大运河经过治理，进入了新的历史发展时期，从山东济宁至浙江杭州的 900 公里运河航道得以修缮。千年古运河焕发了生机，航道运输出现了空前繁荣。迈入 21 世纪以来，大运河杭州段主要开展了航道提升改造工程。工程主要由“四改三”（即把原有的四级航道改造成三级）段和二通道新开挖段组成。“四改三”段全程长 33.9 公里，一段起自塘栖，经五杭，终于博陆；另一段起自塘栖北侧的邵家村，经绕城高速，沿大运河往南，终于上塘高架谢村。二通道新挖段全长 26.4 公里，起自博陆，经沪杭高速路、沪杭铁路、320 国道，终于八堡。其他工程还包

① 《扬波逐流两千载：京杭大运河杭州段的前尘往事》，腾讯网，http://zj.qq.com/a/20141001/014883.htm，2014 年 10 月 1 日。

括：新建桥梁 31 座、改建桥梁 1 座；新建 1000 吨级双线船闸 1 座；新建锚泊区及服务区 2 处；实施博陆至八堡段水利设施、沪杭铁路改造、八堡出海口海塘加固等。所有工程项目预计 2020 年完成。

2. 改造、利用

（1）还河于民，显著改善民生。累计征迁农户、居民 6500 余户，搬迁企业 451 家，完成保障房 172 万平方米、道路 59 条、桥梁 18 座、学校 11 所，完成三大历史街区、富义仓、拱宸桥等历史文脉保护点约 29 万平方米，沿岸公园绿化整治建设 130 万平方米，改造和提升杭州核心滨水区域品质，运河主城区两岸约 23 公里游步道、景观带基本全线贯通，成为市民、游客休闲健身、游览观光的“休闲长廊”，重塑特色城市滨水风貌景观，惠及沿岸 200 多万居民。

（2）完善交通网络。以综合整治理念为引领，将运河交通网络纳入大运河（杭州段）综合保护工程，改善运河航运功能，构建畅通便捷的运河交通网，增强运河的可进入性。大运河（杭州段）综合保护工程在不断优化区域空间布局的前提下，以中心城区综合交通系统规划为基础，合理构筑运河两岸道路网络，规划建设城市主次干道 24 条，长约 52 公里，新建、整治桥梁 24 座。目前，已建、在建道路 14 条，桥梁 16 座。启动运河新城规划建设，率先实施道路、河道、桥梁等基础设施工程，改善城北交通环境，累计投入约 60 亿元。此外，在运河两岸修建 21 公里游步道，可以让游客近距离观赏运河风景，而且已经成为深受市民欢迎的休闲健身之路。开通了运河“水上巴士”线路，设置站点 7 个，添置水上巴士 6 艘。开通以运河为中心的 3 条水上黄金旅游线路，新增各类运河漕舫游船 16 艘、码头 7 座。进一步完善沿线停车场、河道慢行系统。整个区域形成了两岸路网与河网、动态交通与静态交通、游步走廊与集散广场有机衔接、水上公交与陆地公交畅通便捷的交通环境。

（3）加强保护，重现运河风韵。坚持应保尽保原则，充分保留运河沿岸的古街、古桥、古塔等古建筑以及非物质文化遗产，充分展现运河沿岸的特色历史文化风貌。按照申遗标准和要求，完成环境整治等工作。申遗的成

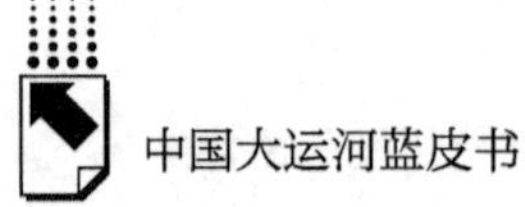

功，打响了品牌，提高了影响力，为世界了解大运河、了解杭州提供了一个重要平台。

（4）整合资源，发展休闲旅游。挖掘、保护、利用34万平方米有代表性的城市记忆与历史建筑，形成历史街区、博物馆群落、工业遗存酒店、厂房改造商业等物业；运河手工活态馆、运河庙会、新年走运大会等成为具有杭州特色的文化体验品牌，投资建设并维护运河景观亮灯工程成为杭州夜间旅游精品；建成武林门与运河天地两大核心交通枢纽，水上观光游览和水上巴士成为城市名片；建设投资运营拱墅区、塘栖古镇两大4A级旅游景区。贯穿江干、下城、拱墅、余杭的运河游线和旅游产品初步打造成型，年旅游直接营收约10080万元，并在带动属地区域附加消费与相关产业就业方面发挥了重要作用。

（四）运河文化

杭州始终坚持“应保尽保”原则，高度重视对运河历史文化遗存的保护和修缮，确保运河两岸的物质和非物质文化遗产充分保留，展现运河原汁原味的历史文化风貌，营造特色文化氛围。

1. 物质遗产

运河沿线相关的历史文物、历史建筑、古籍文献、碑刻、水利工程、工业遗存、文化遗存等均属于运河遗产范畴。其中较为重要的是各种类型的桥梁、码头及其遗址、历史文化街区等。随着时代的变迁，千年运河两岸的码头，由天然港湾变为人工港埠，再演变为一种历史文化遗产，体现了当时的运河文化特色。历史文化街区是体现运河文化的重要空间载体。大运河（杭州段）拥有拱宸桥、小河直街、大兜路、市南街、三条半弄、塘栖水北街等历史文化街区。特别是活态传承的小河直街历史文化街区，位于杭州运河、小河、余杭塘河三水交汇口，是杭州市历史文化名城保护规划划定的历史地段之一。时至今日，依然能在小河直街看到会所、作坊、店铺、茶楼、船埠、河坎、商行等传统遗迹。它是一条集中反映清末民初城市平民居住生活文化、生产劳动文化和运河航运文化的重要历史文化街区，是运河市井文化的缩影。这里的居民仍然保持着传统的杭州民俗。

2. 非遗项目

因运河而生的沿岸饮食、水利法规、民间风俗习惯、祭祀信仰、神话传说、诗词歌赋、音乐戏曲等非物质文化遗产是大运河杭州段文化价值的重要体现。大运河（杭州段）自开通以来，发展形成了一个极其丰富的文化空间，以两岸城镇为其所依托的文化空间，以运河为脉络，不断产生出诸如张小泉剪刀锻造技艺、王星记制扇、西湖绸伞等传统手工技艺以及小热昏、运河庙会、龙舟竞渡等民俗与竞技等各种各样的“非遗”项目。经初步调查，与杭州运河生活相关的非物质文化遗产有 20 多种。这些丰富多彩、具有较高历史文化价值的精神产品，对杭州及其周边地区的社会、经济等起到了极大的推动作用。

3. 生态环境

良好的生态环境是大运河可持续发展的立足点，河道功能是大运河发挥服务功能的基本载体。随着“申遗”工作的展开和 G20 杭州峰会的承办，通过实施清淤、截污、驳坎、配水等一系列综合措施，极大地改善了运河的水质。编制完成了《杭州市运河清洁水体专项行动方案》《京杭运河（杭州段）水环境治理方案（2014 ~2017 年）》《杭州市京杭运河“河长制”工作方案》并组织实施。2013 年，完成三堡船闸至德胜桥段运河清淤疏浚工程 5 万立方米，引配水量约 6 亿立方米。2014 年，每月定期开展运河市区段水质监测分析，对 44 个断面进行包括 8 项常规指标的水质监测和评价，完成运河沿岸 500 米范围内截污纳管项目 37 个，整治公建单位 40 余家，新增截污量 3294 吨/日。“申遗”成功后，继续实施生态环境保护工程，使大运河杭州段成为杭州的“生态长廊”。

（五）运河旅游

1. 旅游发展定位

打造世界级旅游产品、发展保护性旅游，是大运河杭州段旅游发展的基本定位。自 2004 年杭州市旅游委员会和杭州市运河集团共同编制完成《杭州大运河国际旅游区旅游策划与城市概念设计——旅游为导向的世界级运河开发经典》起，大运河杭州段的国际化旅游目的地打造不断深入推进，形成了一系列有特色的旅游产品体系，在杭州休闲旅游市场上独树一帜。大运河杭州段以京杭大运河杭州景区为核心载体，坚持工业遗产、历史街区、生态绿道、民俗会展、商贸商务、文化创意、宜居宜业联动发展，不断拓宽旅游产业，让运河更开放、更包容、更有市场，打造国际旅游目的地。景区范围南起武林门、北至石祥路，总长约 7.5 公里，运河两岸平均辐射距离约 0.5 公里，旅游景区的红线范围为 4 平方公里。2012 年，大运河杭州段已经成功创建国家 4A 级旅游景区。经过 5 年的发展，已经积累了一定的市场知名度和美誉度，创建 5A 级旅游景区已被提上议事日程。

2. 旅游发展举措

（1）构建运河景观带。利用丰富的历史文化遗产，建设和布局与运河沿线旅游景观带相适应的业态，结合现代产业，形成三大特色历史文化街区、拱宸桥西博物馆群落、运河天地、香积寺、塘栖古镇、浙窑公园等重要节点，加快发展旅游业和文化创意产业，满足中外游客和广大市民在日常生活和旅游（吃、住、行、游、购、娱）等方面的需求，体现运河“宜居、宜游、宜文、宜业、宜商”的特色。2016 年，京杭运河浙江段提升改造工程全线开工，杭州还将多出一条全新的“运河二通道”。大运河杭州市区段坚持以保护为主的理念，优先发展历史文化产业和旅游业。

（2）成立运河旅游联盟。2014 年，利用申遗成功契机，加强与市旅游委员会合作，与京杭大运河沿线 6 省 18 市共同成立“城市旅游推广联盟”，达成《杭州共识》，彰显杭州运河的地位和影响力，并举办首届中国大运河庙会，共计迎接游客 89.9 万人次，收获了人气和口碑。

（3）提升旅游服务水平。调整旅游产品结构，完善旅游服务配套设施，使其成为集休闲娱乐、观光度假、美食购物、文化教育于一体的国际化旅游目的地。第一，加强购物及商贸功能。合理恢复运河沿岸的街市景观，在满足游客购物需求的同时，满足其追忆历史的心理需求。第二，加强休闲游憩功能。以树木、绿地等绿化手段美化运河沿岸环境，搭建亲水楼台，以创建良好的近水空间，满足市民日常休闲的需要。第三，加强水陆游憩交通服务功能。通过梳理交通组织系统，打通周边城区与运河的脉络，打通运河内部自行车绿道和游步道之间的系统通廊，以绿道走向和组织实现遗产间的有机联系，并形成运河与西湖、西溪湿地、钱塘江的互通。

（六）保护传承

1. 保护工作

高度重视对文化遗产的保护，坚持“保护第一，应保尽保”的原则，充分保留运河沿岸的古街、古桥、古塔等古建筑以及非物质文化遗产，充分展现运河沿岸的特色历史文化风貌。加强运河文化研究工作，“以研究带保护”，编纂和出版《运河全书》等书籍40余册，共计400余万字。保护和修缮拱宸桥西、小河直街、塘栖水街、大兜路、三条半弄、市南街等历史文化街区以及桑庐、乾隆御碑、富义仓等历史遗存，总面积29万平方米。

2. 传承措施

通过运河博物馆、杭州工艺美术博物馆群等文化场馆，集中向国内外游客展示京杭大运河对杭州城市发展的突出贡献以及在我国社会发展过程中的突出作用，弘扬大运河蕴含的深厚悠久的历史文化。

注重运河沿岸老厂房和仓库的改造利用，按照“应保尽保、修旧如旧”的原则，几近荒废的通益公纱厂、长征化工厂、杭一棉、红雷丝织厂、大河造船厂、桥西土特产仓库等重要工业遗产变身为文创产业基地、博物馆，为运河周边居民营造了良好的文化氛围。

打造运河文化创意产业走廊。深入挖掘大运河沿岸的历史文化资源，充分发挥品牌项目的引领作用，依托旧仓库、旧厂房等旧建筑载体，融合文化创意元素，发展建筑设计、广告设计、新传媒、工业设计等产业，打造集休闲观光、设计服务、民俗风情、创意体验、非遗保护等于一体的文化创意产业功能区。

打造以运河文化为主题，以漫游廊道、历史街区、古韵漕舫、工业遗产

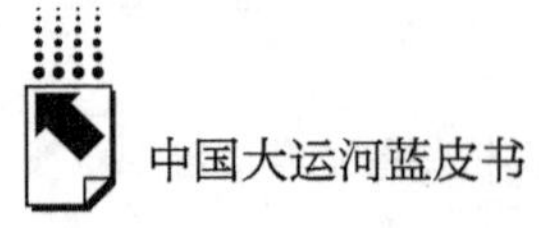

为核心的黄金旅游线路，使之成为杭州主要的旅游休闲板块之一。

建设运河高端商务带。实施一批高端商务项目，建成一批城市综合体，打造具有厚重历史文化底蕴、生态生产生活共美的高端商务区。

四 存在的问题与对策分析

（一）城镇、运河、遗产关系分析

1. 城镇与运河

杭州因运河的开通发展而日渐繁荣，大运河也是杭州的母亲河。京杭大运河不仅是维系杭州城市兴衰的生命之河、哺育杭州成长的母亲河，更是杭州珍贵的城市品牌。杭州市第十二次党代会提出：要以高端商务、金融服务、现代物流、文化创意、商贸旅游等产业为特色，着力打造运河沿岸高端服务业集聚发展带。保护和发展好大运河杭州段，讲好大运河的“杭州故事”，是杭州市责无旁贷的时代使命，也是建设独特韵味别样精彩世界名城的重要抓手。

2. 运河与遗产

杭州位于京杭大运河的南端和浙东运河的西端，大运河杭州段是中国大运河的重要组成部分。杭州拥有“江南运河嘉兴—杭州段”和“浙东运河杭州萧山—绍兴段”两处中国大运河世界文化遗产段，入选 6 处遗产点，数量仅次于扬州的 9 处和济宁的 8 处，居全国第三位。在大运河“申遗”成功后不久，李克强总理在杭州视察大运河时指出：京杭大运河是人类智慧的创造，而如今的大运河则是对历史遗产的再创造。要用活用好大运河这笔丰厚的遗产，不仅在于保护，也在于创造。保护好、传承好大运河杭州段历史文化遗产，功在当代、利在千秋。

（二）遗产保护传承与发展利用对策

1. 问题归纳

（1）管理体制不顺，条块分割严重。大运河（杭州段）的保护与发展存在条块分割的问题，缺乏统一管理机构。大运河杭州段保护发展涉及宗教部门、文物部门、税务部门、园林部门、港航部门、城管部门、农林部门等，而沿线的景点和景区又隶属于不同的行政区域。由于存在条块分割现象，难以形成合力，必然会影响整体保护和发展。

（2）两岸用地繁杂，布局零散。经过对运河沿岸的综合整治和保护，两岸景观得到明显改善，但整体功能分区仍不明晰，运河流经区段用地状况各异，既有新近扩展的城镇，也有历史悠久的老城，而沿线的城市集聚度较低、功能分区和布局较为分散。杭州主城区外的河段，两岸的用地更是繁杂，仓储、码头、工业、居住等用地交错分布；建筑物大多都逼近岸线分布，沿河地带空间被严重挤压，或者直接占用岸线空间，运河沿岸很少有开敞的休憩空间，以致公众难以接近运河水面，存在视觉通透性差的问题。

（3）货运繁忙，存在负面影响。由此产生了水质污染、河面堵航、桥梁破坏等一系列问题，对运河生态环境、观光旅游、水上游憩等造成严重安全隐患与影响。

（4）建设侵蚀，运河遗产保护区孤岛化。大运河遗产的基本特征是作为整体的价值大于单个部分的简单相加，而目前大运河遗产仍然停留在仅保护核心区的状态，缓冲区内各类型的文化遗产、遗产周边环境、景观完整性却被忽视。大运河遗产所面临的首要威胁是城市建设不断扩张对运河周边土地的侵蚀，造成对运河周边历史环境的破坏，这一情况在大运河杭州市区地段尤为明显，在城市边缘地带，同样存在建设侵蚀遗产区的情况。

（5）传承乏人，非物质文化遗产保护难。大运河沿线非物质文化遗产是遗产运河“精神感觉”这一评价标准的依托。而许多与运河生活相关的非遗项目，却在城市的环境中找不到生存空间，面临传承乏人的困境。

2. 对策指引

（1）加强协调，强化综合治理。一是加强部门间、区域间的协调，强化综合管理。二是推进设计组织理想的管理架构，来统合职能交叉部门的管理职能，并制定相应的日常管理运作方式。通过京杭运河（杭州段）综合保护委员会统筹管理，解决跨区域、跨部门的权属障碍；运河流域的拱墅、下城、余杭、江干、萧山五城区应该设立特定机构负责运河管理事务，并形成与运河综合保护管理中心的联络机制，主要管理运河流经区域内的日常事务，是为第二层级；相关文物管理、城市规划、城市建设、城市交通、城市环保等部门均应建立长效的联席会议制度，与运河保护管理中心共同进行运河保护管理，分别对运河管理中所出现的文物、建设、规划、环境、交通问题负责。三是制定和执行好运河（杭州段）系统化保护管理法规。针对杭州运河遗产管理的主要问题，严格执法。明确划定运河遗产保护核心区、缓冲区，用于遗产地核心区、缓冲区日常管理和长期管理，并监督约束文物、建设、规划、环境各交叉职能部门的合作工作；制定运河文化遗产保护手册，并发放至相关城市基层管理、城市规划和建设等管理机构，作为运河保护和建设的参考。

（2）维持大运河遗产特征，从整体上加以保护。一是对大运河物质文化实施整体性的保护。当前对重点遗产段和遗产点的保护已很充分，但对很多有待发掘、保护和展示的遗址却稍显不足。应以大运河作为物质文化遗产“点、线、面”保护的纽带，对运河沿线的物质文化遗产进行摸底调查，并实施运河遗产分类登录制度，形成运河遗产的分级保护制度。二是对大运河历史区域环境实施完整性的保护。在城市建设规划中要体现对遗产缓冲区和核心区留有余地的思想。综合考虑城市经济、社区、建设等利益相关者制定和实施保护区规划，详细制定核心区和缓冲区范围内建筑高度、轮廓以及交通组织等重要影响因素，使缓冲区和核心区最大限度地保持有效性。三是对大运河历史文化遗产景观实施整体性的保护。运河遗产也是一种文化景观思路，为形成运河文化景观遗产的整体性保护策略，有关部门提出了大运河遗产景观廊道建设。将运河人文和自然环境进行归纳整理，以人的活动为出发点，基础设施建设与遗产保护点—线—面相结合，形成生态绿色通道，从而推动城市区域内遗产保护和有机更新。

（3）活态保护，保留大运河遗产生长空间。从居民的情感和生活方式出发，使各类非物质文化遗产的原生态的生长空间得以充分保留，将生活习俗放归于运河原生自然空间，以人的活动来维系运河文脉。

（4）加强研究，传承运河文脉。进一步加大对运河文化的研究力度，积极吸收各方面的学者、专家等专业人士，共同推进大运河（杭州段）文化研究工作的开展。搜集和整理运河文化的相关文献资料，加强对运河及运河文物等的保护、抢救和修复工作。发掘、抢救和保护运河及相关非物质文化遗产，认真做好运河文化的研究和成果转化工作，为文化遗产的发掘和保护提供思路和建议。

综上所述，在"后申遗时代"，中国大运河如何规划建设国家级的"大运河文化带"，保护好、传承好、利用好大运河丰富的文化遗产，建设世界级文化运河，是增强"文化自信"的重要抓手。杭州是中国大运河沿线的重要节点城市、枢纽城市，也是大运河"申遗"的发起城市，在中国大运河文化带建设中，理应走在前列，发挥示范带头作用。要通过建设大运河文化带，提高人们对大运河的关注度，唤起全社会保护大运河的自觉意识，增强文化自信。要在总结经验的基础上，立足杭州实际，努力实践和探索大运河文化带建设的"杭州模式"，全方位、立体化地展示大运河杭州段的文化特色，让宏阔开放、历久弥新的运河文化成为杭州建设世界名城和打造东方文化国际交流重要城市的有力支撑。

参考文献

张翼、周洪双：《"运河文化经济带"啥模样：贯通"一带""一路"》，《光明日报》2017年3月25日，第5版。

李韵：《大运河保护"卡"在哪儿》，《光明日报》2014年9月29日，第5版。

陈怀平、李天姿、苑惠琼：《"一带一路"文化带政府跨域文化管理研究》，《理论导刊》2016年第10期。

杭州运河（河道）研究院：《关于大运河杭州段打造国际旅游目的地的若干思考》（内部资料），2017年6月。

王晓：《后申遗时代大运河遗产整体性保护的对策建议》，《城市学研究信息（城市治理研究成果要报）》2016年5月5日。

浙江省环境保护厅：《2016年浙江省环境状况公报》，http：//www. zjepb. gov. cn/

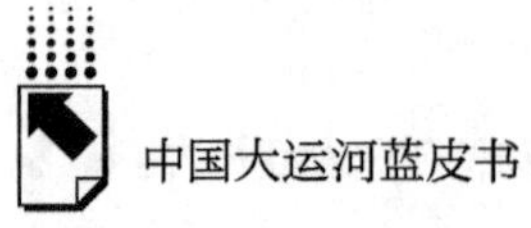

hbtmhwz/sylm/tzgg/201706/t20170602_ 460584. htm，2017 年 6 月 2 日。

丘萍：《京杭大运河杭州段保护性旅游发展研究》，博士后出站报告，浙江大学，2017。

奚雪松、陈琳：《美国伊利运河国家遗产廊道的保护与可持续利用方法及其启示》，《国际城市规划》2013 年第 4 期。

王元：《活态世界遗产英国运河管理规划解析——兼论对中国大运河的启示》，《城市规划》2015 年第 6 期。

唐剑波：《中国大运河与加拿大里多运河对比研究》，《中国名城》2011 年第 10 期。

杭州运河（河道）研究院：《中国大运河保护与利用的“杭州模式”》（内部资料），2017 年 7 月。

杭州市城市管理委员会：《杭州市城市管理“十三五”规划》，http：//www. hangzhou. gov. cn/art/2017/7/30/art_ 1256297_ 8824795. html。

杨阳腾：《开发“京杭大运河经济带”》，中国青年网，http：//news. youth. cn/jsxw/201703/t 20170307_ 9234350. htm，2017 年 3 月 7 日。

B.28
浙江省绍兴市运河发展报告

马峰燕*

摘　要： 绍兴是浙东运河上的代表城市，绍兴的运河是大运河在长江以南开凿历史最悠久的河段。本报告以绍兴为个案，介绍其在城镇建设、人口、经济发展、运河工程、交通与旅游、文化传承等方面的成绩以及存在的问题。报告内容主要包含运河城市绍兴的概况、近几年绍兴城镇经济社会发展的现状、绍兴运河遗产的内涵与保护传承、当前绍兴在运河遗产保护与城乡发展建设中存在的矛盾和基于此而提出的若干对策。报告着重介绍了大运河（绍兴段）的遗产内涵、遗产保护利用的现状、运河旅游的发展定位与举措；分析了绍兴的城镇、运河、遗产三者之间的关系；揭示了运河遗产保护传承存在的三个主要问题。这三个主要问题为：一是运河遗产保护管理缺少组织，二是运河遗产保护利用缺乏规范，三是运河遗产监测管理力量较弱。报告从加强组织领导、加强法制建设、完善工作机制三个方面，就当前存在的问题，提出了解决思路。

关键词： 浙东运河　文化遗产　绍兴市

绍兴位于中国大运河的南端，是著名的水乡、桥乡、酒乡、书法之乡和名士之乡，运河文化深厚，遗产资源丰富，是中国大运河沿线重要的城市之一。

* 马峰燕，历史学博士，绍兴市文物管理局主任科员。

一　概况

绍兴是首批国家级历史文化名城，是中国大运河的重要组成部分——浙东运河的诞生地，是一座因水而生、因水而荣的城市。

（一）地理环境

绍兴市位于浙江省杭州湾南岸，西接杭州，东连宁波，南邻金华、台州，北通嘉兴。东北距上海约200千米。绍兴市下辖3个区、2个县级市和1个县，分别是越城区、柯桥区、上虞区、诸暨市、嵊州市和新昌县。绍兴市政府驻越城区。全市面积8273.3平方千米，人口443.1万人（2015年年底）。

绍兴市区地形分为两部分。北部为平原，由钱塘江冲积而成。海拔在4.5米至5.5米之间。地表河流纵横，湖泊密布，具有典型的江南水乡特色。南部为丘陵和山区，属于会稽山脉，平均海拔在500米以下。境内主要河流有浙东运河、杭甬运河、平水江、兰亭江等。主要的湖泊有鉴湖、青甸湖、贺家池等。

绍兴市地处亚热带季风气候区，温暖湿润，四季分明。无霜期在200天至250天之间。年平均气温为15.3摄氏度，平均降水量1461毫米。降水以春雨、梅雨为多，夏秋之际常受台风影响，降台风雨。

（二）历史沿革

绍兴古城创建于越王勾践七年（前490），迄今已历2500多年，是浙江省历史最悠久的城市。

绍兴在远古时称为於越、大越。春秋时，越王勾践在此建立都城。都城分为小城和大城两个部分，基本上奠定了后来会稽郡城和绍兴府城的规模。

秦于此置山阴县，属会稽郡。东汉永建四年（129），分会稽郡置吴郡，会稽郡治驻山阴县，山阴城成为会稽郡城。两晋时称会稽郡为会稽国。南朝宋复称会稽郡，并在此设置东扬州。此时，会稽郡城获得很大发展，民户众多，商业繁荣，号称“海内剧邑”。

隋开皇九年（589）废会稽郡，改东扬州为吴州。不久，越国公杨素命人扩建“罗城”和“子城”。这次扩建使绍兴古城的轮廓基本定型。大业元年（605），改吴州为越州，是为越州名称之始。唐中期以后，“越州”的名称稳定下来，一直用到北宋，城市称为越州城。北宋皇祐年间（1049～1054），地方官员开始修凿越州城的城壕，即今绍兴环城河的前身。

南宋建炎四年（1130），宋高宗下诏于次年改元绍兴，升越州为绍兴府。越州城改称绍兴府城。南宋时期，由于绍兴是皇室陵寝所在，又是赵宋宗室的重要聚居地，成为陪都。嘉定十六年（1223），知府汪纲主持了大规模的城市建设，使府城的格局基本定型。

元至元十三年（1276），改绍兴府为绍兴路。至正十三年（1353），浙江廉访佥事笃满帖睦尔增筑城墙，将今市区府山以西一片土地划入城内。此后绍兴府城完全定型，城市面积达到8.3平方千米。元末，复置绍兴府，明清时相沿不变。民国时期，绍兴城墙被逐渐拆除，后来在城墙基址上建成了今天的环城路。

1949年以后，绍兴城市建设日新月异，但基本格局尚存。如今绍兴古城内还保存了8片历史街区和为数众多的文物古迹。

（三）价值特色

绍兴历史悠久，文物古迹众多，文化积淀深厚，是浙东运河上最重要的城市。这里有中国最古老的运河之一——山阴故水道，有中国最壮观的运河航运设施——绍兴古纤道，有江南最早的运河水源工程——古鉴湖。此外，绍兴还有许多运河文化遗产，在彰显中国特色的运河文化发明创造精神、保障国家政治经济社会发展、促进区域内外文化和宗教交流等诸多方面发挥着重要作用。

（四）运河关联与定位

绍兴悠久的历史和灿烂的文化莫不与运河有着密切的关系。早在春秋时期，越国建都绍兴之时，便开通了山阴故水道，是中国早期著名的人工运河之一；其后，西晋时开凿的西陵运河（后称西兴运河），南宋时全线贯通的浙东运河，使绍兴成为古代中国东南沿海地区交通发达、经济繁荣、文化灿烂的大都会。如今，运河沿线保留的众多独具特色的历史文化遗产，更是这座城市赖以生存和发展的宝贵资源。

目前，绍兴古城内保留着八字桥历史文化街区等8片历史文化街区和众多文物遗存，它们是绍兴古城的核心部分，代表着这座城市与运河之间相伴相生的历史渊源关系，反映了历史的真实信息。另外，绍兴的大部分运河河道仍然发挥着航运功能，其中城市段则向休闲娱乐功能过渡。运河上许多水工设施仍发挥着重要作用。

二　城镇现状

绍兴市是浙江省辖地级市，是具有江南水乡特色的文化和生态旅游城市。

（一）人口经济等规模延展

绍兴全市面积8273.3平方千米，其中市区面积2942平方千米（包含越城、柯桥和上虞3个区）。近年来，绍兴在人口经济发展方面一直稳中有增。2013年，市区人口216.3万人。2015年底，市区人口增至218.4万人。

目前，绍兴所属柯桥区、上虞区、诸暨市、嵊州市和新昌县进入全国综合经济实力百强县行列。2015年，绍兴市经济社会发展总体平稳，实现地区生产总值4466.7亿元，同比增长7.1%；一般公共预算收入362.9亿元，同比增长5.8%；固定资产投资2582.8亿元，同比增长12.1%；社会消费品零售总额1621.1亿元，同比增长9.0%；外贸出口总额271.4亿美元，同比下降8.8%；研究与试验发展经费支出占生产总值的2.3%左右；城镇常住居民人均可支配收入46747元，农村常住居民人均可支配收入25648元，分别同比增长8.3%和9.0%；居民消费价格指数同比上涨1.2%；城镇登记失业率2.56%；城镇新增就业11.4万人；人口自然增长率0.43‰。

（二）社会文化等内涵发展

绍兴号称水乡、桥乡、酒乡、书法之乡和名士之乡。越剧、绍剧、黄酒等文化遗产都是绍兴古城的文化元素。近年来，绍兴在社会文化发展方面取得了长足的进步。

2015年，绍兴市圆满承办第27届中国戏剧梅花奖（绍兴）现场竞演活动，举办了“文化遗产日”庆祝活动10年回顾展、绍兴师爷讲故事全市比赛、水乡社戏专场展演等活动。越剧《钗头凤》、越剧《屈原》、绍剧小戏《奈何桥》、越剧《梁山伯与祝英台》（巡演）等4个剧目首次入选国家舞台艺术基金资助项目，获得国家艺术扶持资金共620万元，居浙江全省地市级城市首位。

截至2015年年底，绍兴全市有国家级非物质文化遗产24项，省级非物质文化遗产72项，市级非物质文化遗产243项。其中，2015年11月，全市有“绍兴谜语”“绍兴清音班”“绍兴民间棋类游戏”“绍兴扇艺”“绍兴腐乳制作技艺”“刘阮传说”等35个项目列入第六批市级非遗项目，8个项目列入扩展项目。

2015年，绍兴全市拥有艺术表演团体7个，群艺馆、文化（馆）站131个，公共图书馆总藏量382.01万册。

三　运河遗产

大运河（绍兴段）古称浙东运河，历史悠久，遗产丰富，是中国大运河内河航运通道与外海连接的纽带，是古代海上丝绸之路的重要端点之一，在中国大运河体系中拥有重要地位。

（一）遗产概况

大运河（绍兴段）以绍兴古城为中心，向西经柯桥，至钱清出境到杭州；向东经皋埠、陶堰、东关至曹娥江，过曹娥江后分为南北两线，北线经百官、驿亭至五夫长坝出境，南线经梁湖、丰惠至安家渡出境，全长101.4千米。其中，梁湖至安家渡一段运河因航道升级改造，未能列入世界文化遗产保护范围，因此，大运河（绍兴段）列入世界文化遗产保护范围的河道，全长77.6千米。

大运河（绍兴段）各类遗产共计69处（项）。其中，大运河水利工程遗产44处，大运河聚落遗产9处，其他大运河物质文化遗产7处，大运河生态与景观环境2处、大运河相关非物质文化遗产7项。以下择要介绍遗产的情况。

（二）运河工程

大运河（绍兴段）运河工程主要包括河道遗产和相关工程两个方面。

1. 河道遗产

大运河（绍兴段）涉及中国大运河的两段大的河道。其一是浙东运河杭州萧山—绍兴段，地处曹娥江以西，分为西兴运河、绍兴护城河、绍兴城内运河、山阴故水道等河段；其二是浙东运河上虞—余姚段，主要是虞余运河（上虞段）。

（1）西兴运河，位于绍兴古城迎恩门以西，经柯桥、钱清出境连接萧山西兴，在绍兴境内长约22千米。西晋永嘉元年（307）前后，由会稽内史贺循主持开凿，有灌溉、通航之利。因起点在西兴，故名“西兴运河”。

（2）绍兴护城河，总长约12千米，其中环城北河属于浙东运河，长2.7千米。绍兴护城河开凿于北宋皇祐年间（1049～1054），兼有防御和通航功能。在20世纪80年代曾进行过疏浚。1999～2001年，绍兴市政府对环城线航道进行了全面综合整治，大规模疏浚航道，并对两岸进行砌坎，增加岸上绿地，改善了通航条件，成为景观航道。

（3）绍兴城内运河，是浙东运河的一个重要节点，长3.3千米。运河西自迎恩门入城，依次为下大路河、萧山街河、蕺山河（香桥至长桥段）、都泗河等河段，向东经都泗门出城。运河在城内又与众河网相连，组成古城航道网络。

（4）山阴故水道，西起绍兴东郭门，东至上虞区东关的练塘，全长约20.7千米，开通于春秋晚期越国建都绍兴之时，即公元前490年，至今已有2500多年的历史。山阴故水道是连接越国都城和练塘、富中大塘、银山等生产基地的水上通道。东汉永和五年（140），马臻在绍兴修建鉴湖后，山阴故水道被围入鉴湖，航道也随即向东延伸到曹娥江边。山阴故水道，是中国大运河主要河段中修建年代最早的河段之一。

（5）虞余运河，西起上虞百官街道赵家村，东至驿亭镇长坝闸，流入余姚市，在绍兴境内长15.7千米。旧名五夫、百官河，初建于南宋嘉泰年间（1201～1204）。清咸丰八年（1858）开凿新河，修建广济涵洞，运河起点移至大坝头。1979年修建赵家升船机坝，又开浚新河，起点又北移至赵家村。

2. 相关工程

大运河（绍兴段）的相关工程包括水源工程——鉴湖遗址、各种闸坝等水利工程设施、古纤道和古桥等航运设施，数量众多，现择要介绍若干工程。

（1）鉴湖遗址，位于越城区府山街道鉴湖前街及东浦镇胜利西路沿线的南侧。鉴湖又称镜湖、庆湖、长湖等。东汉永和五年（140）由会稽太守马臻率民建造，东起蒿口斗门（今上虞区蒿坝镇），西至广陵斗门（今柯桥区南钱清），东西全长56.5千米，堤坝控制集雨面积610平方千米，具有拒咸、蓄淡、防洪、灌溉、通航和养殖等多种功能。北宋时，豪强开始围湖垦田，湖面逐渐缩小。南宋以后，鉴湖逐渐湮浅。今残存一段狭长的水面。由于鉴湖堤与古运河基本平行，鉴湖的多处闸、堰都和运河相通，鉴湖是运河的重要水源。鉴湖遗址现与柯桥区大王庙合并公布为省级文物保护单位。

（2）曹娥江两岸堰坝遗址，是浙东运河上由绍兴经上虞、余姚至宁波最重要的水利航运枢纽遗址，包括百官坝遗址、大坝遗址、顶坝底遗址、梁湖堰坝遗址、拖船弄闸口遗址等。其中，历史最悠久的是顶坝底堰坝和拖船弄闸口遗址。

顶坝底堰坝，又名曹娥堰，约形成于西晋时期，位于上虞曹娥街道上沙村南，萧曹运河端点，是萧曹运河与曹娥江之间最早的堰坝。现存建筑为清代所建。坝头原为曹娥江下游绍兴与上虞间水陆运输、货物转运的集散地，西为百步街，东为庙后街，极为繁盛。1964 年，拆石坝改建升船机渡船过坝。1984 年，因运河改道直接从曹娥老坝底入曹娥江，顶坝底失去作用并逐渐废弃。20 世纪 80 ~90 年代修筑萧绍海塘时被拆除，逐渐失去了往日的面貌。

拖船弄闸口遗址，位于上沙村中，原系西边萧曹运河与东边曹娥江的连接枢纽，旱闸坝。东西两端原均设有盘车旋转推绞，使船脱离水面牵引上岸，然后在船下垫擂棍，交替前移，把船拖出旱闸坝，推入江（运河）中。据当地村民讲述，此弄（坝）历史久远，可追溯至晋代，现存建筑为清代所建。随着交通路线的转移，该弄（坝）现为水泥铺地（原为青石板），两边为民居“蚕食”，使弄面宽较窄。现为全国重点文物保护单位。

（3）五夫长坝及升船机，位于上虞区驿亭镇五夫村虞余运河终端。长坝，又名柯家闸，明洪武七年（1374）建成，后废，明万历年间，改闸为石坝，称为长坝。清咸丰年间，坝上有“货盘班”盘驳过往物资。1953 年，人力拖坝改为人力绞盘车拔。1977 年 7 月，在原坝址上建造了 40 吨级的升船机。现水闸系 1987 年在原址重建。五夫长坝及升船机现为全国重点文物保护单位。

（4）绍兴古纤道，初名运道塘，俗称纤塘路，为古人行舟背纤和躲避风浪之用，形成时间较早。据记载，唐以前已出现，明代时改用石砌，历代维修不断。直至 20 世纪 70 代，古纤道仍在发挥其原有的作用。进入 20 世纪 80 年代以后，随着交通形式的改变，古纤道逐渐失去其原有的功能。这条纤道的东段，大都一面临水，依岸砌筑。西段则东起柯桥街道上谢桥，西至钱清镇板桥，全长7.5千米，依次穿越柯桥、柯岩、湖塘、钱清四个镇、街。它处于大运河柯桥区段南侧，紧靠104国道。这段古纤道可分为一面临水、依岸砌筑和两面临水、破水砌筑两大类。随着交通运输事业的发展，古纤道的功能已从单一的行舟背纤发展成为观光旅游等多种用途。中华人民共和国成立后，在20世纪70年代中期进行过一次修理。20世纪90年代以来，古纤道进行全面大修理，使残破中断的纤道连成一线，恢复了昔日水上长虹的壮观景象。绍兴古纤道现为全国重点文物保护单位。

绍兴浙东运河除了上述古纤道之外，还有渔后桥古纤道、皋埠段古纤道、上虞古纤道，现均为全国重点文物保护单位。

（5）八字桥，始建年代不详，南宋宝祐四年（1256）重建。位于绍兴古城的城内运河的运道上。八字桥为梁式石桥，主桥东西向，横跨稽山河，总长32.82米，桥洞净跨4.91米，宽3.2米，洞高3.84米。金刚墙用条石叠砌，主桥孔两侧各立石柱九根与金刚墙连接。其西侧第五根石柱上镌“时宝祐丙辰仲冬吉日建”题记。桥面用七根石梁铺就，两侧设覆莲望柱与勾栏。石桥设落坡踏跺四道，东端分南、北落坡与沿河石板小路相连，西端分西、南落坡连八字桥直街和沿河石板小路。此桥为我国早期简支梁桥中的孤例。建造者结合周边环境，因地制宜，合理设计了跨越三河、沟通四路、状如八字的桥梁，巧妙地解决了复杂的水陆交通问题。现为全国重点文物保护单位。

（6）广宁桥，始建年代不详，北宋绍圣四年（1097）重修，明代万历初年又重修。位于绍兴古城八字桥历史文化街区内，横跨城内运河。该桥为单孔七折边石拱桥，全长57.20米，宽5米。拱券为纵联分节并列砌置，矢高4.60米，净跨5.70米。桥洞内两侧各设宽0.50米的纤道，券顶石镌刻有“鲤鱼跳龙门”“金龙伴玉兔”等六幅圆形浮雕，并有捐资事由题刻。桥身块石叠砌，桥面两侧置石勾栏，间立覆莲墩石望柱，栏末置抱鼓石收结。坡道绵长，踏跺落差平缓。桥梁现状整体结构完整，稳固。现为全国重点文物保护单位。

（7）太平桥，地处柯桥区柯岩街道阮四村，横跨浙东运河。始建于明万历四十八年（1620），清咸丰八年（1858）重建。全长40米，由一孔拱桥和八孔梁桥组成，拱桥高高隆起，净跨8.4米，拱券采用纵联分节并列砌筑，拱脚内侧铺设有石板纤道，桥上行人，桥下背纤行舟，宛若古代立交桥。拱桥的北面连接着梁桥，靠南的三孔较高，其余五孔渐次降低，每孔跨径约4.8米。设计者既考虑到大船只可由拱桥出入，也兼顾小船可经较为低矮的梁桥分流，是河网地区一桥多功能的特有形式。现为全国重点文物保护单位。

绍兴浙东运河上古桥众多，除了上述古桥外，光相桥、迎恩桥、融光桥、泾口大桥等均为全国重点文物保护单位。

（三）运河交通

大运河（绍兴段）是一条至今仍然大部分可以通航的古运河，并经常得到疏浚和维护。

1. 疏浚、航运

1981～1983年，绍兴浙东运河曾进行过全面整治。1999年，绍兴古城护城河曾经进行过综合整治工程，沿河均有条石砌坎的长堤。绍兴古城的城内运河在1999～2000年也曾经整治过，逐步恢复了内河水系。目前绍兴古城依靠分布在河网水系的3座翻水泵站、9台水泵、11座内河节制闸，控制内河水系的水循环，通过将城外河水翻入内河，对内河实现动态换水，内河水质得到明显改善，尤其是位于历史街区的城内运河，水体景观及岸线环境均较好。2007～2015年，大运河（绍兴段）先后经过3轮“清水工程”，2016年，又推行了“五水共治”工程，已经全面消除了劣五类水，水质断面均已经达标。目前，绍兴城区的运河都成为景观河段，并开设了水上游线路。

2. 改造、利用

大运河（绍兴段）河道目前可以分为城市景观河段和通航河段。其中，景观河段主要分布在居住区，如绍兴古城的城内运河、护城河、柯桥区柯桥街道的运河以及驿亭镇虞余运河驿亭至五夫段。由于柯桥中国轻纺城段市场五桥和104国道北复线1号桥在设计时考虑不周，致使一般的船无法从桥下经过，只能绕行支线航道。绍兴古城以东的原山阴故水道河段现为6级航道标准。上虞区境内曹娥江西岸的萧绍运河和曹娥江东岸的虞甬运河，1998年前后可通航40吨级船舶，现在基本不通航。上虞区四十里河段航道（大库至安家渡段），自2001年以后成为新杭甬运河的一部分，经过拓宽和疏浚，目前达到4级航道标准，可以通航500吨级船舶。

（四）运河文化

大运河（绍兴段）文化遗产丰富，其中物质遗产主要体现了中国传统的治水文化以及人与水相互依存的关系，而非物质文化遗产则体现了运河沿线居民的情感寄托和生产技艺。

1. 物质遗产

大运河（绍兴段）的物质遗产比较典型的有大禹陵、马臻墓和八字桥历史文化街区。

（1）大禹陵，位于绍兴市东南会稽山山麓，相传是大禹的葬地。为纪念大禹治水的功绩，历代有不少皇帝和官员沿着浙东运河来此祭祀大禹。大禹陵由禹庙、禹陵、禹祠三大建筑群组成。禹庙始建于南朝梁大同十一年（545），以后历代均有所修建。庙内自南向北依次分布有辕门、照壁、岣嵝碑亭、棂星门、午门、祭厅、大殿等建筑。其中明代翻刻的岣嵝碑，文字奇古，记述了大禹治水的经过和功绩。禹庙祭厅是历代祭禹的场所，祭厅东、西两侧为配殿，其中东配殿内放置有明、清时祭禹的碑刻30余通。禹陵在禹庙左侧，有明代绍兴知府南大吉书写的“大禹陵”碑一通，其后为近年重建的享殿。禹祠又在禹陵的左侧，相传始建于夏代少康之时，以后曾多次毁废，又多次兴建。现存的禹祠也是近年重建的。大禹陵是中国水文化和运河文化的标志性建筑，现为全国重点文物保护单位。

（2）马臻墓，位于绍兴市区偏门跨湖桥之畔。马臻，陕西茂陵（今兴平市）人。东汉永和五年（140）任会稽太守，任内主持修建了鉴湖，被称为鉴湖之父。后人为纪念马臻，在湖边立庙、建墓。马臻墓始建年代失考。

据记载，唐代已有墓存。现墓为清康熙五十六年（1717）绍兴知府俞卿重修。墓面石前设长方形石祭桌。墓前立石牌坊，额坊题刻“利济王墓”四字，明间两柱镌联“作牧会稽，八百里堰曲陂深，永固鉴湖保障；奠灵窀穸，十万家春祈秋报，长留汉代衣冠”，为清嘉庆十二年（1807）所建。现为浙江省文物保护单位。

（3）八字桥历史文化街区，位于绍兴古城八字桥直街一带，面积约19.66公顷。稽山河和城内运河（都泗河）两条河道，在街区内相交，呈丁字形。古朴的八字桥与河道两旁恬淡素雅的民居十分协调。街区内的水道有一河两街、一河一街、有河无街等多种形式。沿河水街用石板铺地，沿岸每隔十余米便有石阶下水，原先为上下船之码头，极富水乡特色。街区家家依水，户户枕河，是绍兴古城街河布局的典型代表。八字桥历史文化街区是全国纳入大运河遗产点的两处历史文化街区之一，遗产价值极高。

2. 非遗项目

大运河（绍兴段）沿线非物质文化遗产众多，在古代沿着运河传播到大江南北。在此列举其中两个影响较大的例子。

（1）梁祝传说。这个传说叙述了东晋青年男女梁山伯与祝英台的爱情悲剧，最早可追溯至东晋穆帝时期，距今约有1600余年的历史。“梁祝传说”自产生以来大体可分为三个阶段：晋至唐末，为“传说”的形成期，故事情节以晚唐张读的《宣室志》为代表，主要表现为民间口口相传；宋至明为发展期，歌谣、曲艺、戏剧等各种文学形式大量出现，故事情节也日益丰满，代表作品是李茂诚的《义忠王庙记》；清末至现代为成熟期，强调了爱情悲剧主题，形成了相对稳定的故事结构。

（2）绍兴黄酒酿制技艺。绍兴酒是中国黄酒的杰出代表，根据所处位置及操作技巧不同，绍兴酒分“东帮”“西帮”二大流派，地处绍兴城西东浦、阮社、湖塘等地的酿坊称为“西帮”，地处绍兴城东斗门、马山、孙端、皋埠、陶堰、东关等地的酿坊称为“东帮”。绍兴黄酒酿制技艺始于春秋，成于北宋，兴于明清，是越地先民基于丰富实践经验转化而成的一种酿酒技术。它是中华民族宝贵的历史文化遗产，具有较高的学术价值、历史价值、艺术价值和良好的经济价值。2006 年 5 月，绍兴黄酒酿制技艺入选第一批国家级非物质文化遗产名录。

3. 生态环境

大运河（绍兴段）沿线水网密集，但随着城市化进程不断加快，如今保存下来的生态景观数量越来越少，面积也有所缩小。目前，具有典型性的还有瓜渚湖、皂李湖和陶堰圩田等。

（1）瓜渚湖，古名桥塘湾，位于柯桥区中国轻纺城东北，南阔北狭，其形若瓜，故名。瓜渚湖是运河沿线重要的湖泊。现有水面面积 1.5 平方千米，为绍兴平原第三大湖。周围有九十八井、三庙、四祠堂，可谓步步皆风景，处处有史迹。附近有感圣湖，宋高宗避难泊于此，与瓜渚湖相连。随着中国轻纺城的兴起，该湖已成为旅游业开发热点之一。

（2）皂李湖，位于上虞区梁湖镇境内。据记载，唐贞观初，乡人曹、黎两姓割己田创湖，名曹黎湖，后谐音变为此名。三面环山，由东北向西南呈长条形，面积 1.74 平方千米，为上虞第一大湖。湖南面有南大泊，湖西面有西大泊，两泊水面面积各 300 亩左右。皂李湖是浙东运河四十里河河段的重要水源，有灌溉与养殖之利。

（3）陶堰圩田，位于绍兴城东陶堰镇运河沿线，是南宋以后围湖造田的产物。经过历代整治水道、浚治河浜、疏排水潦、修筑圩岸，形成了河渠纵横的圩田体系。目前，大运河（绍兴段）两侧的代表性圩田景观以陶堰镇周边的圩田为主。

（五）运河旅游

绍兴是我国著名的旅游城市，而大运河（绍兴段）沿线旅游资源丰富，景点密布，向来是旅游的热点地带。

1. 旅游发展定位

绍兴目前的旅游规划主要有：《绍兴水城旅游发展规划》（2005～2020）、《绍兴旅游发展规划》、《绍兴市旅游发展总体规划》（2006～2020）等。这些规划均认识到了浙东运河在旅游产业发展中的潜在作用和地位，尤其强调了大运河在旅游空间结构中的骨架作用，认识到了大运河在组织区域旅游中的作用和地位。但在规划编制时均未能从文化线路角度系统地分析和认知大运河遗产体系，仅把大运河作为组织区域旅游的空间纽带，没有认知到大运河及其相关遗产的内在文化联系。因此，从文化线路的理念出发，发掘大运河遗产体系的文化内涵和整体价值，通过合理、系统的旅游规划，全面揭示和开发大运河的遗产文化和经济价值是未来旅游规划和建设中需要认真考虑的方面。

2. 旅游发展举措

（1）在保护的前提下，充分挖掘和展示大运河（绍兴段）的水体文化内涵，以休闲度假市场需求为导向，整合运河沿岸丰富多彩的大运河文化旅游产品，形成运河遗产、水乡风貌及民俗文化旅游观光带，使游人在旅游的过程中，体验和感受运河文化遗产的价值。

（2）规划和建设设施完善、质量较高的运河遗产体验型旅游线路，合理开展大运河旅游活动，最大限度地让地方社区和居民从遗产保护中受益，促进沿线经济的可持续发展。

（3）加强对大运河（绍兴段）旅游事业的管理，协调运河沿线旅游与遗产保护的关系，以促进运河沿线经济社会发展与运河遗产保护的和谐统一。

（六）保护传承

自中国大运河申遗启动以来，大运河（绍兴段）的保护传承工作就一直在进行。运河申遗成功后，相关的制度举措也逐步确定下来。

1. 保护工作

运河申遗成功之前，绍兴开展了以下保护工作。

（1）遗产资源调查。大运河（绍兴段）所在的浙东运河是2008年10月纳入大运河申遗范围的。从2008年12月至次年2月，绍兴市运河申遗办在有关部门的配合下，对运河遗产资源进行了全面的调查，形成了《大运河（绍兴段）运河概况及遗产构成》。

（2）遗产价值研究。2009年，绍兴市运河申遗办公室委托中国城市规划设计研究院编制了《大运河（绍兴段）遗产保护规划》。2010 年，报绍兴市政府审议通过。后被纳入省、国家关于运河遗产的保护规划之中。同时，绍兴市对运河遗产点段进行了遴选和推荐，使运河河道本体、八字桥、八字桥历史文化街区、绍兴古纤道进入申遗预备名录，最终成为世界文化遗产。

（3）抢救性遗产保护。在申遗期间，绍兴全市对皋埠段古纤道、上虞清水闸管理用房、上虞东关古纤道等多处重要的运河遗产进行了抢救性保护。其中，2011 年实施了皋埠段古纤道一期 2.6 千米保护修缮工程。2013 年实施了皋埠段二期 5.2 千米的保护修缮工程。这两期工程均由绍兴市水利局实施，投资近 1000 万元。2012 年 6 月，上虞完成了清水闸环境整治和管理用房保护修缮工作。2013 年上半年，上虞东关古纤道维修工程完成，累计修理纤道 4 千米，投资达到 1000 万元。

（4）整治水体和遗产环境。从 2007 年至 2012 年，绍兴市先后实施了两个“清水工程三年计划”，使绍兴河道水质达到四类水标准。从 2013 年至 2015 年，又实施了新一轮清水工程，进一步改善河道水质。在 2014 年运河申遗成功时，大运河（绍兴段）全线水质均已达到四类水标准，个别河段达到三类水标准。此外，绍兴市完成了八字桥历史文化街区、绍兴古纤道、绍兴环城河等主要遗产点段的遗产保护和环境整治工作，使遗产区的环境风貌达到了“有序、整齐、清洁、美观”的效果。

（5）设置运河遗产保护标志。在运河申遗期间和申遗成功之后的一段时间里，绍兴市在运河沿线树立遗产标志碑、界桩、点段解说碑、温馨提示碑、文物标志碑等，共计 170 余块，总投资 70 余万元。

运河申遗成功之后，绍兴继续开展了运河遗产保护工作，包括以下几项内容。

（1）建立运河遗产“四有”档案。2015 年以来，绍兴市完成了古纤道（皋埠段）、广宁桥、迎恩桥、泾口大桥等运河文化遗产全国重点文物保护单位的“四有”[①] 工作。

① “四有”，指有保护范围、有保护标志、有记录档案、有保管机构。

（2）增加对运河遗产保护的资金投入。近年来，柯桥区完成了2000多米运河河道疏浚工作和稽山桥段古纤道等遗产维修工作，该区在运河遗产保护上每年投入超过300万元。同时，绍兴市和上虞区也有相应的投入。

（3）调整和扩大部分遗产保护范围。根据国家文物局2015年9月下发的《大运河遗产缓冲区调整方案》，绍兴市将绍兴古城的运河缓冲区扩大至《绍兴历史文化名城保护规划》划定的护城河两侧保护范围界线，并及时公布了相关文件。

（4）建立运河遗产保护队伍。目前，大运河（绍兴段）全线已经落实了业余文保员，对运河遗产的安全隐患将会及时上报主管部门。同时，绍兴市文物管理局也落实专人负责运河遗产监测信息收集和监控工作。

2. 传承措施

大运河申遗成功后，绍兴市率先对运河遗产保护、传承和利用工作进行了研究和部署。2014年9月，绍兴市出台了《关于加强大运河（绍兴段）世界遗产保护、利用、传承工作的意见》，规定了以下传承措施。

（1）将运河保护利用工作纳入城市经济社会发展总体规划，并与旅游、文化、生态等专项规划相衔接。

（2）建立大运河（绍兴段）遗产长效保护管理机制。主要包含三个方面：一是成立保护管理机构。在原申遗领导小组基础上，成立绍兴市运河保护管理领导小组，统一协调运河遗产保护管理的各项工作。二是明确属地管理原则。绍兴市下辖越城、柯桥、上虞负责本行政区域内运河遗产保护管理的职责。三是落实长效保护管理机制。在涉及运河的有关工程的规划设置、项目立项、方案审批和工程实施等环节上，做好部门协商；加强各地保护管理机构和人才队伍建设；将大运河遗产保护纳入各级领导责任制。

（3）加强大运河（绍兴段）遗产本体监测保护工作。这项工作包括完善大运河（绍兴段）监测预警和档案体系，落实监测平台管理和遗产巡视巡查，改善遗产保存状况和水质，加强对遗产区、缓冲区内有关建设活动的管理等。

（4）加强大运河（绍兴段）遗产环境和景观保护工作。进一步研究运河遗产缓冲区体系完善方案。制定相关遗产区、缓冲区管理和环境景观保护的实施细则，明确新建建筑高度、体量、形制、色彩控制的具体技术指标，确保运河环境景观免受新建筑影响。

（5）加强大运河（绍兴段）遗产宣传展示和旅游管理工作。包括加强运河遗产的旅游规划研究，建设完善绍兴运河文化馆，深入挖掘运河遗产的历史文化内涵，积极开展宣传片的拍摄制作和播放工作，做好世界遗产“三进”（进学校、进社区、进广场）工作等。

四　存在的问题与对策

当前，绍兴城乡发展处于一个迅速变化的时期，城中村改造和美丽乡村建设如火如荼，运河遗产保护与城乡发展建设的矛盾较为明显。如何化解这些矛盾，研究切实可行的对策，成为亟待解决的难题。

（一）城镇、运河、遗产关系分析

1. 城镇与运河

大运河是一个线性的文化遗产，而绍兴市最主要的城镇都是沿着这条线性文化遗产分布的。在运河这条线上聚集着大量的人口和产业，任何一处运河遗产的保护工作都会涉及规划、城建、国土、农林、水利、交通、环保、文物、旅游等多个职能部门。尤其是在涉及运河沿线重大基础设施建设领域，很容易造成矛盾冲突和盲区。近年来，在运河沿线城市土地开发建设方面，经常会出现运河遗产保护受到冲击的问题，暴露出当前运河遗产管理体制和机制的各种漏洞。

2. 运河与遗产

当前，大运河（绍兴段）已列入世界遗产的运河河道本体、八字桥、八字桥历史文化街区、绍兴古纤道等遗产都得到了有效保护。然而，在长达101.4千米大运河（绍兴段）沿线还散布着更多的运河文化遗产，目前对这些文化遗产的保护还有待加强。此外，运河沿线的整体历史环境和传统风貌还需要进一步研究、规划。

（二）遗产保护传承与发展利用对策

1. 问题归纳

从上述情况分析来看，当前绍兴运河遗产保护传承主要存在如下问题。

（1）运河遗产保护管理缺少组织。运河申遗时，曾经成立了大运河（绍兴段）申遗领导小组，负责领导协调各部门做好申遗工作。2014 年运河申遗成功后，大运河（绍兴段）申遗领导小组职能终止，没有后续组织来负责协调遗产保护利用过程中的各种事项，致使运河遗产保护利用工作进展放缓。

（2）运河遗产保护利用缺乏规范。绍兴市在运河申遗期间公布了《大运河（绍兴段）遗产保护规划》。申遗成功之后，又出台了《关于加强大运河（绍兴段）世界文化遗产保护、利用、传承工作的实施意见》。但是目前绍兴市运河沿线城市化发展迅速，不少部门各自为政，规划和意见层出不穷，使得运河遗产的保护利用缺乏规范。

（3）运河遗产监测管理力量较弱。目前，绍兴市在运河上设置的监测点较少，人力、物力投入还不能满足监测需要。大部分监测数据要依靠水利、环保等部门提供，数据获得的时间滞后。监测工作基本是按照要求填报数据，不能发挥预警功能。

2. 对策指引

针对上述问题，可以从以下几个方面着手解决。

（1）加强组织领导。成立以市主要领导为组长的大运河（绍兴段）文化带的建设领导小组，由市发改委负责牵头实施工作。按照大运河保护国际组织的规范原则和文物保护有关规定，组织领导大运河（绍兴段）文化带的建设。

（2）出台法规文件。目前，绍兴市已经拥有了地方立法权限，而当前运河沿线建设活动频繁，遗产保护利用缺少必要的规范，问题和矛盾突出，建议尽快研究出台《大运河（绍兴段）遗产保护利用条例》，使运河遗产保护利用活动有法可依。

（3）加强遗产保护。要切实保护各类运河遗产构成要素及其周边环境，确保运河遗产的真实性和完整性。健全完善工作机制，通过建立不同层级的会商平台，协调解决涉及运河遗产保护工作中遇到的问题。严格落实运河遗产区、缓冲区内建设项目的报批程序，保护运河沿线景观风貌。全面提升安全保护、监测预警的整体水平，对威胁运河遗产的主要因素进行监控和预警，加大执法监督力度，加强遗产巡视巡查，及时发现并消除威胁遗产本体的各类安全隐患，对损害运河遗产的违法违规行为要及时查处整改。

皮 书

智库成果出版与传播平台

✧ 皮书定义 ✧

皮书是对中国与世界发展状况和热点问题进行年度监测，以专业的角度、专家的视野和实证研究方法，针对某一领域或区域现状与发展态势展开分析和预测，具备前沿性、原创性、实证性、连续性、时效性等特点的公开出版物，由一系列权威研究报告组成。

✧ 皮书作者 ✧

皮书系列报告作者以国内外一流研究机构、知名高校等重点智库的研究人员为主，多为相关领域一流专家学者，他们的观点代表了当下学界对中国与世界的现实和未来最高水平的解读与分析。截至 2022 年底，皮书研创机构逾千家，报告作者累计超过 10 万人。

✧ 皮书荣誉 ✧

皮书作为中国社会科学院基础理论研究与应用对策研究融合发展的代表性成果，不仅是哲学社会科学工作者服务中国特色社会主义现代化建设的重要成果，更是助力中国特色新型智库建设、构建中国特色哲学社会科学“三大体系”的重要平台。皮书系列先后被列入“十二五”“十三五”“ 十四五”时期国家重点出版物出版专项规划项目；2013~2023 年，重点皮书列入中国社会科学院国家哲学社会科学创新工程项目。

皮书网

（网址：www.pishu.cn）

发布皮书研创资讯，传播皮书精彩内容
引领皮书出版潮流，打造皮书服务平台

栏目设置

◆ 关于皮书

何谓皮书、皮书分类、皮书大事记、
皮书荣誉、皮书出版第一人、皮书编辑部

◆ 最新资讯

通知公告、新闻动态、媒体聚焦、
网站专题、视频直播、下载专区

◆ 皮书研创

皮书规范、皮书选题、皮书出版、
皮书研究、研创团队

◆ 皮书评奖评价

指标体系、皮书评价、皮书评奖

◆ 皮书研究院理事会

理事会章程、理事单位、个人理事、高级
研究员、理事会秘书处、入会指南

所获荣誉

◆ 2008 年、2011 年、2014 年，皮书网均在全国新闻出版业网站荣誉评选中获得“最具商业价值网站”称号；

◆ 2012 年，获得“出版业网站百强”称号。

网库合一

2014年，皮书网与皮书数据库端口合一，实现资源共享，搭建智库成果融合创新平台。

皮书网

“皮书说”
微信公众号

皮书微博

中国社会发展数据库（下设 12 个专题子库）

紧扣人口、政治、外交、法律、教育、医疗卫生、资源环境等 12 个社会发展领域的前沿和热点，全面整合专业著作、智库报告、学术资讯、调研数据等类型资源，帮助用户追踪中国社会发展动态、研究社会发展战略与政策、了解社会热点问题、分析社会发展趋势。

中国经济发展数据库（下设 12 专题子库）

内容涵盖宏观经济、产业经济、工业经济、农业经济、财政金融、房地产经济、城市经济、商业贸易等12个重点经济领域，为把握经济运行态势、洞察经济发展规律、研判经济发展趋势、进行经济调控决策提供参考和依据。

中国行业发展数据库（下设 17 个专题子库）

以中国国民经济行业分类为依据，覆盖金融业、旅游业、交通运输业、能源矿产业、制造业等 100 多个行业，跟踪分析国民经济相关行业市场运行状况和政策导向，汇集行业发展前沿资讯，为投资、从业及各种经济决策提供理论支撑和实践指导。

中国区域发展数据库（下设 4 个专题子库）

对中国特定区域内的经济、社会、文化等领域现状与发展情况进行深度分析和预测，涉及省级行政区、城市群、城市、农村等不同维度，研究层级至县及县以下行政区，为学者研究地方经济社会宏观态势、经验模式、发展案例提供支撑，为地方政府决策提供参考。

中国文化传媒数据库（下设 18 个专题子库）

内容覆盖文化产业、新闻传播、电影娱乐、文学艺术、群众文化、图书情报等 18 个重点研究领域，聚焦文化传媒领域发展前沿、热点话题、行业实践，服务用户的教学科研、文化投资、企业规划等需要。

世界经济与国际关系数据库（下设 6 个专题子库）

整合世界经济、国际政治、世界文化与科技、全球性问题、国际组织与国际法、区域研究 6 大领域研究成果，对世界经济形势、国际形势进行连续性深度分析，对年度热点问题进行专题解读，为研判全球发展趋势提供事实和数据支持。

法律声明

“皮书系列”（含蓝皮书、绿皮书、黄皮书）之品牌由社会科学文献出版社最早使用并持续至今，现已被中国图书行业所熟知。“皮书系列”的相关商标已在国家商标管理部门商标局注册，包括但不限于LOGO（ ）、皮书、Pishu、经济蓝皮书、社会蓝皮书等。“皮书系列”图书的注册商标专用权及封面设计、版式设计的著作权均为社会科学文献出版社所有。未经社会科学文献出版社书面授权许可，任何使用与“皮书系列”图书注册商标、封面设计、版式设计相同或者近似的文字、图形或其组合的行为均系侵权行为。

经作者授权，本书的专有出版权及信息网络传播权等为社会科学文献出版社享有。未经社会科学文献出版社书面授权许可，任何就本书内容的复制、发行或以数字形式进行网络传播的行为均系侵权行为。

社会科学文献出版社将通过法律途径追究上述侵权行为的法律责任，维护自身合法权益。

欢迎社会各界人士对侵犯社会科学文献出版社上述权利的侵权行为进行举报。电话：010-59367121，电子邮箱：fawubu@ssap.cn。

社会科学文献出版社